逐字寻源百家姓

刘琳琳　　苏塍博◎编著

文物出版社

图书在版编目（CIP）数据

逐字寻源百家姓 / 刘琳琳 , 苏塍博编著 . -- 北京：
文物出版社 , 2024. 12. -- ISBN 978-7-5010-8630-6

Ⅰ . H194.1

中国国家版本馆 CIP 数据核字第 202409QX46 号

逐字寻源百家姓

封面题字、内文书法：苏士澍

编　　著：刘琳琳　苏塍博

责任编辑：张小舟

责任印制：王　芳

出版发行：文物出版社

社　　址：北京市东城区东直门内北小街 2 号楼

邮　　编：100007

网　　址：http://www.wenwu.com

邮　　箱：wenwu1957@126.com

经　　销：新华书店

印　　刷：天津裕同印刷有限公司

开　　本：1194mm × 889mm　　1/32

印　　张：14.25

版　　次：2024 年 12 月第 1 版

印　　次：2024 年 12 月第 1 次印刷

书　　号：ISBN 978-7-5010-8630-6

定　　价：128.00 元

有关姓氏的猜想

（代前言）

战国有一本史官编著的书《世本》，对黄帝至春秋时诸侯、大夫姓氏的起源流布做了详尽的记述。原书虽然在宋代就已失传，但至少告诉我们，华夏文明中的姓氏可真是源远流长，在东周时就已经发展到需要史官专门记述的规模。

时至今天，中国人的姓已经有3000多个，但习以为常之下，姓氏的文化属性反而淡化了。说起自己的姓，或者漠然，或者讲一段道听途说的故事。就连历次国学热、蒙学热中急先锋的《百家姓》，也大有沦为识字课本之势。

姓氏的起源，既体现当时的时代特征，又有漫长岁月积淀的痕迹，称得上是历史的活化石。为什么会产生姓氏呢？因为有群体间的交往。套用后世的一个术语，就是因为人的社会属性。如果像老子描述的小国寡民，鸡犬声相闻但民不相往来，则姓氏就没有产生的环境。同一个小村里，抬头是你低头也是你，一个"嗨"可以解决所有的沟通问题。但不同群体间的接触情况就复杂多了，不管是什么原因，每个踏入异邦的人都需要一个"社会性符号"来表示自己的来历和社会身份。等到部族融合到了一定规模，内部分工也越来越细，交换网络逐渐形成，身处其中的每个人只要和其他节点发生关系，也需要一个表明自己身份的"社会性符号"，或被动地被冠以一个"社会性符号"。

这个"社会性符号"，就是姓氏。

姓，左边的构件"女"是义符，表示姓的来历和母亲相关；右边的构件"生"是兼有表意功能的声符，确定姓随生母而来——姓，是表明谁生了你。

这里有个误区，人人都有母亲，但当时并不是人人都有姓。用到姓的语境，一般是用来分别。捡果子到了一个地界，一看标志，这是姬家的，不是我姜家的；猎物中箭倒地，一看箭头上的标志，这是姒家的，不是我妫家的。

也就是说，如果一个母亲没钱没枪没地盘，那她就没必要有姓，她的孩子自然也没有姓。

上古八姓，也可以理解为母系社会中八个威震群雄的大姐。

那时的普通人在日常交流中如何被称呼呢？有名。名，上边的构件"夕"是兼有表意功能的声符，义为月亮初生；下边的构件"口"是义符，表意为呼唤。天色昏暗，父母喊你回家吃饭，那个独特的称呼就是名。

一个厉害的母亲，众多的子女中又有能力出众者，开辟出新的疆土，也会设计一个独有的 logo 以宣示主权，这就是氏。大家看到这个标志就会说，这个姬家的轩辕氏，不得了啊。

进入农耕文明，母系社会结束，姓的功能变为表明出身来历，氏则继承了体现实力地盘的社会功用。

这一时期，有姓无氏的，是破落户；有氏无姓的，是崛起的新贵；有姓有氏的，是王者贵族，是时代的主宰。

时代再发展，有了帝，有了王，有了诸侯，有了官，有了职业，有了地名……于是，中国姓氏史上最重要的一个转变发生了——氏不再是一个群体的共同标志，而成了强调个人身份或特征的一种符号。

比如，一个公，他的儿子在没继位为公的时候，为了显摆自己的身份，就会说，我是公子纠，我是公子小白。如果公子没当上公，当上了父亲，他的孩子就琢磨，还是爷爷比较唬人，于是就这么表明自己的身份，我是公的孙，你可以叫我公孙龙。

同一个人，在不同的时期不同的环境，可以有不同的氏。比如商鞅，祖上曾经是某个公的孙，虽然破落了，但依然很倔强地用着公孙的氏，叫公孙鞅。到了秦国，因为来自卫国，人家又叫他卫鞅。工作干得不错，老板奖励他一块封地"商"，于是又被叫作商鞅。

氏的数量爆炸式增长，一个直接的后果就是氏逐渐取姓而代之，或者叫姓氏合一。至迟在秦汉之时，姓氏便不再分家。因为司马迁在《史记》中经常有这样的句型：某人，姓某氏。

根据现有记述，再加一点猜想，可以梳理出中国姓氏来源的九种情形。

第一，上古传下来的姓，比如姬、姜、妘、姒、妫、嬴等。

第二，上古传下来的氏，比如夏、商、周等。

第三，诸侯的国号，比如齐、楚、燕等。

第四，祖上的官职，比如上官、司徒等。

第五，祖上的职业，比如吕、张、马等。

第六，老家的地名，比如蒋、阳、崔等。

第七，祖上的个人特征，比如苍、冉、耿等。

第八，家族史上的重要事件，比如爱、赏、归等。

第九，祖上的字或号，比如孔、惠、卓等。

现存对姓氏进行总结的书籍，影响最大者非《百家姓》莫属。这部书以四字一句的韵语形式，收录了440个常见姓氏（宋编本）。对启蒙阶段的孩子来说，既可以识字（朗朗上口），又可以浮光掠影地感受一下历史（各姓名人），还能经由对自己姓氏的兴趣增强家族认同感（先祖事迹）。

《百家姓》版本众多，收录姓氏不同，解读也各有千秋。本书选择的是收录504个姓氏的通行本，采用的研究方法是对每个字的造字本义进行解析。希望能拂去一些传说的迷雾，更清晰地呈现姓氏的本原。

本书的选题由大气团（北京）文化有限公司策划，在搜集、分析资料及写作过程中得到了著名书法家苏士澍先生的指导。苏先生幼承家学，文史功底深厚，尤其对文字用力甚勤，颇能从一笔一画中厘出丰富的文史信息，对本书的总体思路及许多结论起到了关键的作用。

特别需要感谢的是，本书即将杀青之际，苏先生亲笔书写了《百家姓》全文，为本书呈上了最大的亮点。古意十足的小篆，既是美不胜收的书法作品，又恰到好处地体现了姓氏的特点——历史与传承。

目　　录

一　赵钱孙李　周吴郑王

Zhào
赵（趙）

| 金文 | 小篆 | 隶书 | 草书 | 行书 | 楷书 |

【造字本义分析】，左边的构件"走"是义符，本义为奔跑；右边的构件"肖"是兼有表意功能的声符，本义为小而形似。赵字的本义是走路步幅小而速度快。

【姓氏起源推测】当代人工智能技术中有一项"步态识别"，可见走路的姿态是一个很显著的特征。

战国时有赵国，春秋时属于晋。赵作为地名最早见于史册，是周穆王将随自己出巡驾车有功的造父封于此地。需要注意的是，汉字发明的最大动因是政治，政府为了方便记录、考课，才固定了这么一套大家公认的符号系统。因此，赵字最初并不是主观而取的氏，是政府为了标示这个区域而取的地名。取名的依据就是当地人特有的走路姿态，步幅小而速度快。

《庄子》中有个"邯郸学步"的寓言故事，可以作为旁证。战国时有个燕国的少年随父母到赵国经商，看到这里的人走路快而轻盈，艳羡不已，于是一心模仿。结果小碎步没学会，自己本来的走路姿势也忘记了。

赵由地名到国名，当地人外出，他的名之前便会被冠以赵这个社会性符号。赵某、赵某某，赵这个姓氏就此传布开来。

Qián
钱（錢）

小篆	隶书	草书	行书	楷书

【造字本义分析】 錢 ，左边的构件"金"是义符，最初的字义一般指青铜；右边的构件"戋"是兼有表意功能的声符，本义为两军交战戈尖相对的前线，表意为距离极近。钱字的本义是薄形的金属工具。

【姓氏起源推测】最早大规模流通的金属货币是布币，形态像个铲。所以《说文解字》说钱就是锹很有可能。在刚有点眉目的农业时代，金属农具的地位堪比现在的芯片，在市场中是绝对的硬通货。既能换一顿烧烤，也能换一把琵琶。久而久之，不具有实际使用价值但更便于计数的微缩版金属铲就有了交易价值。一般等价物当久了，政府就有可能把官方铸币也称为钱。

钱姓的起源有两种可能：如果在锹和铲的时代，那是以职业为姓氏，钱姓的始祖应该有高超的铸造技艺，出品的钱供不应求，从而被冠以钱这个社会性符号；如果是政府统一铸币之后，那就是以官职为姓氏，有不少的铸币官被称为钱某。

Sūn
孙(孫)

| 甲骨文 | 金文 | 小篆 | 隶书 | 草书 | 行书 | 楷书 |

【造字本义分析】 ，左边的构件"子"是义符；右边的构件"幺"是兼有表意功能的声符，本义为最小的一束丝，字内表意为延续。孙字的本义是比子还小的后代。

【姓氏起源推测】据说西周有五等爵位，公、侯、伯、子、男。这个顺序提醒我们，并不是家中的每一个孩子都会被称为子。（公、侯是 BOSS，伯是待上位的嫡长子，子是有继承顺位的嫡子，男是没有继承权的庶子）春秋战国时能力出众但并非出身王族的大学者，获得的最高尊称也是子。更提醒我们子并不仅是指刚会挥动手臂的小孩子，而可能是指嫡系后代中长子之后具有继承权的弟弟们。他们的后代，就是孙。

从前的封建时期，嫡长子在家族中的地位极其重要。一千多年的封建时代和一千多年的帝制时代，嫡长子更是成为关系家族甚至国家稳定的关键人物。秦始皇、汉武帝、隋文帝、唐高祖、宋太祖、明太祖，无一不是因为嫡长子的问题导致国家陷入动荡。当然，在大多数时期，嫡长子继承制还是执行得很好。维持稳定团结的同时，副产品是造就了为数不少的处境尴尬的"子"，以及为数更多家境日下的"孙"。这些"孙"在社会交往中，他们的社会性符号往往是王孙某、公孙某、某孙某。这是孙姓的主要来源。

另有一说，春秋时卫武公的儿子取名惠孙，他的后代也有取孙为氏者。

Lǐ
李

| 甲骨文 | 金文 | 小篆 | 隶书 | 草书 | 行书 | 楷书 |

【造字本义分析】 ，上边的构件"木"是义符；下边的构件"子"是义符。李字的本义是树上的果实。李是先民最早发现的高产量可食用果实。

【姓氏起源推测】在漫长的采拾经济阶段，先民们发现了众多的可食用果实，但独有李和籽两个字用到了"子"这个构件。籽是所有高秆穗状作物颗粒状收获的总称，李却并非所有长于树上水果的泛指。

根据现代农业科技工作者的研究，李在海拔 400 米至 2600 米的环境均可生长。可以想象，这种随处可见且味道甜美的果实在石器时代先民的食谱中有多么重要的作用。步入农业文明，李自然进入种植的名单。魏晋时竹林七贤中的王戎，就因善于种李而致富。如果王戎不是已经有了一个显赫的王姓，他极有可能在社交圈中被称为李戎——善于种李是李姓可能的起源之一。

李姓的另一个源头是同音的理。据说尧舜时的贤臣皋陶担任断狱的理官，因此以理为氏。他的后代在商纣王时为避祸，改理为李。

唐朝的皇帝姓李，因功赐姓李的文臣武将不在少数，也是后世李姓一个重要的源头。

Zhōu
周

甲骨文	金文	小篆	隶书	草书	行书	楷书

【造字本义分析】 ，外围的四条边表意为边界；中间的"十"字表意为均匀分割；四个点表意为庄稼。周字的本义是按标准确定了边界和面积的大田。

【姓氏起源推测】由采拾经济步入农业文明，是人类发展史上的重大突破。但种植业的组织形式又决定了群体间的差异。粗放式的刀耕火种要看老天爷脸色，有一茬没一茬，不得不依靠渔猎经济加以补充；规划田亩精耕细作则收获稳定且丰富，顺带着生发出了政治、经济、军事等一系列制度。

周的本义是规划田亩，最早在土地上大做文章的部族即以周为氏，作为商的一个诸侯，其蒸蒸日上的实力也膨胀了其扩张发展的雄心，最终举兵克商，建立周朝。周作为姓氏，应该在部族定名之后就开始应用了。西周时期，周作为姓氏或许只有出使外域时才用得到。平王东迁之后，周天子威望不再，终于在战国后期沦为东周、西周两个小国。这一时期，由此外出的人多以周为氏；两国灭亡后，遗民或也有以周为氏者。

Wú
吴(吳)

| 甲骨文 | 金文 | 小篆 | 隶书 | 草书 | 行书 | 楷书 |

【造字本义分析】吴，上边的构件"口"是义符，字内表意为歌唱；下边的构件"天"是兼有表意功能的声符，本义为舞动身躯。吴字的本义是且歌且舞。也有字形将构件"天"写成"矢"，表示侧首而歌。

【姓氏起源推测】历来说吴姓的起源，多讲周族始祖古公亶父长子太伯为让贤于弟弟季历，向南远走蛮荒，于落脚处建立吴国。但并无太多笔墨，来记录太伯如何创业建国，分析太伯为何以吴为氏。

周人是黄帝的支脉，姬是姓，周是氏。且不论太伯为何出走，一个掌握了先进农业知识部族的"太子"，到茹毛饮血的地方创业，无异于降维打击，很容易产生一些"神迹"，从而取得至高无上的地位。也就是说，姬姓的又一位年轻才俊拓荒成功，需要一个新的氏。也许在成天琢磨种地的太伯眼里，本地土著无忧无虑纵情歌舞的形象对他触动至深，便以吴为氏。于是吴人有了吴地、吴国的归属，也有了自己的社会性符号，吴姓也由此汇入华夏家庭。

Zhèng
郑（鄭）

西	𓏸	鄭	郑	鄭	鄭
金文	小篆	隶书	草书	行书	楷书

【造字本义分析】𓏸，奠是郑的本字，上边的构件"酉"是酒坛；下边一横和两点的指事符号表意为洒向地基处，用意应为祈求建筑平安。金文有字形增加义符"郭"，小篆字形改为"邑"，表意都为重要的城。郑字的本义是在邦国建立之初举行祭祀的城。

【姓氏起源推测】郑是个不一般的字。新房奠基是常见之事，新城奠基在土地利用并不饱和的古代也不罕见。但将一个城命名为郑，意为奠基之处，则至少要上升到国的高度了。

据记载，周宣王令他的弟弟姬友在南郑建国。可知西周时即有"南郑"的地名，推想一下，可能还有个"北郑"。南郑、北郑，是哪一朝奠基的地方呢？从地图来看，南郑约在今陕西华县，离周原不远，郑或许就是周人定鼎之后祭地的所在。春秋初，姬友的儿子郑武公定都新郑。这个"新"，可能是相对于旧的南北郑而言，应与周公营造东都有关。从新朝奠基开始，有了郑的地名；周宣王封建弟弟姬友，有了郑国。郑姓的兴起，地名和国名都是源头。

Wáng

王

| 甲骨文 | 金文 | 小篆 | 隶书 | 草书 | 行书 | 楷书 |

【造字本义分析】，象形字。上边收束的部分可能是安装把手的地方，下边的长横则是指杀伤力巨大的阔刃。王字的本义是象征武力霸权的宽刃大斧，后专指最早掌握冶炼锻造技术的首领。

【姓氏起源推测】远古时期，最先能驾驭火的部族首领称皇；有资格带领众人祭天的首领称帝；对一个有限区域有管理权的称君。

称王，则不必有皇的胆略和帝的威望，只要武力强大，能令若干个君臣服即可。

但周初周公定礼，天子称王。王所代表的就不只是简单的武力。春秋时，齐桓晋文威震天下，但不敢称王，所表达的心里话是我作为家里最出息的孩子，并没有想取代家长的意思。等到秦国的惠文王出现，一些能打或爱打的君才纷纷撕下伪装，自行称王。在国际交往的语境中，于是多了不少某王或王某。他们的后裔，即有以王作为社会性符号。秦始皇一统天下，自称皇帝后，王的含金量严重缩水，充其量相当于周时的君。西汉吴楚之乱后，王更是贬为有身份无实权的虚衔。众多的王，其后裔也多由世袭而惯性地以王为氏。

二　冯陈褚卫　蒋沈韩杨

Féng

冯（馮）

小篆	隶书	草书	行书	楷书

【造字本义分析】，左边的构件"仌"是兼有表意功能的声符，右边的构件"马"是义符。冯字的本义是马借着河面结冰而渡河，引申为凭借。

【姓氏起源推测】有句标语，在有些乡镇的墙上至今隐约可见，叫作"要想富，先修路"。两千二百多年前，秦始皇做的两件和修路有关的事也是遗存至今。第一件是阻断交通的长城，现在成为人头攒动的旅游景点；第二件是加强交通的秦直道，现在被称为高速公路的鼻祖。

交通，对于军事和经济均极为重要。大自然对此提供的障碍则有山与河。生活在大河两岸的先民对此痛苦不已，区区几十米、一百米的距离，却不得不奔波很远，通过桥梁或水流平缓的渡口才能完成交通。所以，在河面结冰的冬日，体会到两点之间线段最短简直令人欣喜若狂。

但另一个物理知识也令先民们印象深刻，那就是冰的摩擦系数极小。所以，在冰面上通行并非易事，值得造一个"冯"字加以描述。善于在冰上驭马的高手，他的社会性符号便是冯某；或者，有一时期冰上驭马交通是一个官方的职业，那么优秀的从业者也会被称为冯某。河边的村镇如果地形适合结冰时通行，冯也可能作为地名，则当地人外出，也是冯某。

冯姓另有一个传说的源头。司马迁在《史记》中大触龙鳞，其后人为避祸改姓，分为两支，一支在司的左边加一竖，改姓同；一支在马的左边加个仌，改姓冯。

Chén
陈 (陳)

金文　　小篆　　隶书　　草书　　行书　　楷书

【造字本义分析】陈，左边的构件"阜"是义符，本义为山坡；右边的构件"东"是兼有表意功能的声符，本义为行囊。陈字的本义是像山坡一样堆积的旧行囊。

【姓氏起源推测】有学者认为陈阵相通，不确。陈字的表意声符是东，本义是行囊。造字是官方行为，绝对不会为老百姓出门背的破口袋造一个字。所以这个东，是古时公务人员出差的标准行囊。这种行囊放在本部门专门的置架上，就是曹；用久了要更新，把旧的行囊放在统一收纳行囊的仓库之中，就是陈。所以陈就有了旧的含义。众多部门的旧行囊分列一处，这就是陈列。

陈变为姓氏，有两个线索：第一，负责统一管理"东"的官职，包含陈字，担任此官职者的社会性符号为陈某，其后裔有以陈为氏者；第二，政府存放"东"的仓库被称为陈，久之成为地名，进而成为国名（春秋时的陈国），则此地人在对外交流时的社会性符号也有冠以陈氏者。

Chǔ
褚

褚　　褚　　褚　　褚　　褚　　褚
金文　　小篆　　隶书　　草书　　行书　　楷书

【造字本义分析】褚，左边的构件"衣"是义符；下边的构件"者"是兼有表意功能的声符，本义为部族聚食时依据成员的分类及等级确定煮食的部位，并用竹枝（箸）插在肉上加以标示。褚字的本义是确定官服型号式样的衣袋。

【姓氏起源推测】者字组的词有记者、学者、智者、长者等，翻译成口头语就是什么样的人。结合者字的字形，其造字的场景就跃然纸上了。请了十二个小弟来赴宴，锅里咕嘟了一头猪。事先按照职位、等级分配好吃肉的部位，插一根有明显标记的竹枝，大家按此分食，高效有序。老大出场，统一和所有到场小弟寒暄祝酒，就称诸。造字是官方行为，参加宴会的都是体制内的人，他们所穿的官方制服，既要统一又要有序，这就是褚。

　　将者字具体的吃肉行为加以提炼，其主要精神是对应。褚是发放制服的衣袋，用来保证一一对应。从古至今，政府的核心是有序，有序的保证是各种规则。官员或将士穿错衣服，是极为严重的失误。因此，褚的制作需要专门的技艺；褚的管理有一个专门的官职褚师。褚姓的起源也就有了两个线索：第一是制褚的高手，被称为褚某；第二是管褚的褚师，被称为褚某。他们的后裔，有以褚为氏者。

Wèi
卫（衛）

甲骨文	金文	小篆	隶书	草书	行书	楷书

【造字本义分析】 ，外边的构件"行"是义符，本义为路口；中间的构件"韦"是兼有表意功能的声符，本义为绕城巡逻。卫字的本义是在路口巡逻以保证各个方向的安全。

【姓氏起源推测】卫，是动态的守护，是多向的守护。卫守护的范围，小至某一位重要人物，大至都城或中央政府。单人的卫，是卫兵；若干卫兵聚守的地方，是卫所。

夏商周时期，政府组织形态由部族过渡到国家，中央的概念逐渐清晰。围绕着政治中心的战略要冲，有颇具规模的屯军，用以拱卫中央。

卫姓的起源，有三个线索：第一是出色的卫兵被称为卫某；第二是卫戍部队的长官被称为卫某；第三是卫所驻地往往被称为某卫。演化成地名后，当地人在对外交流中的社会性符号，也可能是卫某。

Jiǎng
蒋(蔣)

小篆　　隶书　　草书　　行书　　楷书

【造字本义分析】蔣，上边的构件"艹"是义符；下边的构件"将"是兼有表意功能的声符，本义为用于取食肉类的手持板状工具。蒋字的本义是一种叶子长而直的植物，一说即茭白。

【姓氏起源推测】将字的本义是拿来，颇不好理解。如果把将字的构件拆解开来，其含义就形象了。左边的"丬"，原来是筑墙的工具，具体用法是两块木板对放，在中间的空当填满泥土并捣实，就形成了墙体。"丬"作为将字的构件，表意就是像这种筑墙工具一样细长的有把手的木板。将字右上的构件是"肉"；右下的构件"寸"表意为紧握。

用细长的木板把肉稳稳取过来，就是"将"（所取的应该不是块状的肉，而是不好用叉、匕的碎肉，放在罐里，称酱）。狗狗完成了指定动作，用木板取一块肉来表示鼓励，就是"奖"。

蒋字的本义指向单一，是一种叶片细长平直像取肉木板一样的植物。按照汉字的造字逻辑，这种植物既然值得官方专门为它造一个字，那就一定有明确的使用价值，比如包粽子。蒋作为姓氏的线索也很清晰：第一是在蒋的使用层面技艺高超的人，会被冠一个社会性符号蒋；第二是蒋聚集生长的地方，会以蒋作为地名，由地名演化为姓氏。

周公旦的第三个儿子姬伯龄封地为蒋邑，他的后人也有以蒋为氏者。

Shěn
沈

| 甲骨文 | 金文 | 小篆 | 隶书 | 草书 | 行书 | 楷书 |

【造字本义分析】 外边的构件"水"是义符；里边的构件"牛"是义符。沈字的本义是用牛、羊、人等牺牲祭祀河神。

【姓氏起源推测】沈是个合并简化字，有两个对应字形。从文献来看，两个字形都曾用作姓氏。可能是姓氏合一后俗盛于雅，字形复杂本义难解的"瀋"逐渐并入了读音相近的"沈"。但其起源还是各有路径的。

沈，反映的是河流荣枯给两岸百姓带来的灾难。束手无策之际，只好借助丰富的想象进行解释，认为河也是个生命体，由一个河神主宰。吃饱喝足就乖乖地去灌溉；饿了肚子就要闹脾气发洪水。所以河流众多的地区，一般有用牺牲去祭祀河神的传统。这就是沈。河神日常的口粮，不外乎猪、牛、羊三牲。但有时候按礼数沉了三牲，河神还是不依不饶地闹，就会被认为这不是饿，是馋了，要换换口味，得吃人了。

负责祭祀河神的巫觋，或以沈为氏；不幸被做了人牲的人，或也会被冠一个沈的社会性符号，其后代也有可能以沈为氏。

现在被简化作沈的瀋，本义源于酿造。瀋和酿，都是用谷物发酵产生汁液，但工艺应该不同。瀋的结果，或许是一种成本高昂的酒或调味汁，以致失传。古时有河叫瀋水，可以推想瀋的工艺中需要加入水，而水质对瀋的产品质量有直接影响。瀋作为姓氏，源头之一是技艺高超的制瀋者；源头之二是瀋水两岸的居民；源头之三是以瀋命名的城邑。

周文王的第十个儿子季载，封地叫作滫邑。他的后裔，也有以滫为氏者。

Hán
韩（韓）

韓　韋　韩　韓　韓

小篆　隶书　草书　行书　楷书

【造字本义分析】韓，左边的构件"㪔"是兼有表意功能的声符，本义为朝阳照射下的旗帜，表意为直立的旗杆；右边的构件"韦"是义符，本义为围绕。韩字的本义是围绕旗杆的护栏。

【姓氏起源推测】旗杆，有两个使用场景。一是军营，一是领地。带护栏的旗杆应为长期树立，可排除军营。带护栏的旗杆规格不低，或为领地政治中心树立的代表主权的标志物。高大威严的"韩"，无疑是个醒目的地标。王朝虽有更替，韩字却极有可能留下来成为地名。当地人或以韩为氏。

此外，"韩"这样重要的所在，应有专门的卫兵守护。负有如此特殊使命的卫兵，或被称为韩。他们的后裔，或以韩为氏。

还有一种可能，作为护栏的韩给先民们以灵感，将之发展成为一种建筑形式。人类有着很辛酸的居住史。最早是穴居，虽然部分隔挡住野兽侵袭，但饱受风湿之苦。然后是构巢而居，采光通风都不错，狼虫虎豹也知难而退，但总是因为下雨而忧心忡忡，更令人烦心的是时不时还打个雷。接下来的半地穴式建筑和干栏式建筑完成了革命，极大地改善了人类的居住环境。干栏式建筑多见于长江以南，但韩这个字的起源却在淮河以北。北方善于构建这种高层木屋的部族或以韩为氏，部族被征服后其聚居地仍以韩命名，当地人对外交流时的社会性符号，即有韩。

15

周成王的三弟叔虞的后人毕万受封于韩原，后建韩国。毕万的后人以及韩国的国民，也有以韩为氏者。

Yáng
杨（楊）

| 金文 | 小篆 | 隶书 | 草书 | 行书 | 楷书 |

【造字本义分析】 楊 ，左边的构件"木"是义符；右边的构件"易"是兼有表意功能的声符，本义为日光。杨字的本义是生长在日光充足的平原地带的高大树木。

【姓氏起源推测】 杨字的表意声符"易"，字形是太阳和光线的组合，表意为日光。作为造字构件，表意之一是日光的温暖，如"汤"；之二则是日光的明亮，如"场""杨"。日光照耀下的一大片空地，就是"场"；日光下高大挺拔的树木，就是"杨"。

茅盾先生曾写过一篇《白杨礼赞》，可见杨树是一种很引人注目的植物。杨树繁茂的地方，可能以杨为地名。周成王的三弟叔虞的次子姬抒，周康王时获得封地杨，建立杨国。杨地的居民、杨国的国民、姬抒的后裔，都是杨姓的源头。

三　朱秦尤许　何吕施张

Zhū
朱

| 甲骨文 | 金文 | 小篆 | 隶书 | 草书 | 行书 | 楷书 |

【造字本义分析】，构件"木"是兼有表意功能的声符；居中的短横是指事符号，表意为断开之处。朱字的本义是将树木从中切断。朱作为构件表意有两个，一是圆形，一是树心的暗红色。

【姓氏起源推测】不同于砍个树枝做拐杖或柴火，朱是将巨大的树干拦腰切断。所以朱字的本义也可以理解为伐木。伐木的断面是圆形，所以圆形的玉石就称为"珠"；用语言下个命令就可以将人或树拦腰砍断，就是"诛"。

为什么而伐木呢？建筑。同样作为古代文明，古埃及、古希腊、古罗马都留下了不少建筑遗迹，因为其主要材料是石头，可以抵得住历史的风雨。而我国的先民很早就发现了木头的妙用，建筑华美，居住舒适，付出的代价则是难以久存。现存最早的古代建筑只有唐代的两座寺庙。

没有先进工具和外部动力的支持，当时的伐木不但需要过人的臂力，更需要高超的技巧，应该是一个专门的职业。而持续不断的采伐又需要当地有丰富的森林资源和便捷的运输条件，这样的地方也可能被官方命名为朱。所以，朱姓的起源线索，一是职业；二是地名。

一说，颛顼玄孙陆终的第五个儿子曹安的后裔曹挟，周初获封于邾（邾即朱邑，伐木者聚居的地方），建邾国。则曹挟的后裔有以朱为氏者；邾国国民也有以朱为氏者。

Qín
秦

| 甲骨文 | 金文 | 小篆 | 隶书 | 草书 | 行书 | 楷书 |

【造字本义分析】，上边的构件是双手握持用于脱粒的杵；下边的构件"秝"是义符，字内表意为大量的禾苗。秦字的本义是大规模的脱粒，意即适宜禾苗生长的地方。

【姓氏起源推测】收获、脱粒，这是农业发明之后每年各地都要进行的劳作项目。如此普通的场景，怎么会值得专门造一个字来表示其特殊的含义呢？站在造字官员的角度，秦字的含义或许就是政府的粮食基地。

这个肥沃富饶的地方在哪里呢？从秦国的发展历程看，应该是今天的甘肃天水，河西走廊的东端。三面环山，地势平坦，没有风沙，毗邻黄河，真是个适宜谷物生长的好地方。秦国的始祖造父为周穆王驭马有功，获得封地赵。在造父的后人中，又有一位善于养马的非子，得到周孝王的赏识，获得封地秦，就是天水。赢姓的非子从此以秦为氏。

西周末年，犬戎作乱，秦地的首领秦襄公率兵一路护送平王东迁，因功获得诸侯身份，正式建国，且得到授权向东打击犬戎，由此发展成雄霸一方的秦国，并最终一统天下。秦地、秦国、秦王、秦人，都是秦姓的源头。

Yóu
尤

甲骨文	金文	小篆	隶书	草书	行书	楷书

【造字本义分析】 $\overset{}{\mathcal{F}}$ ，构件"又"是兼有表意功能的声符，本义为伸手取物；手指处的短横为指事符号，表意为突出。尤字的本义是手指细长超出常人，一次可抓取更多物品，引人注目。

【姓氏起源推测】旧说，五代王审之在闽称王。当地姓沈的人为了避王审之的讳，去掉沈字的三点水，以右边的尤为姓。这个说法有明显的漏洞。作为姓氏的沈简化前的字形无论是沈还是瀋，怎么避讳都很难和尤联系起来。沈字右边的构件不是尤，而是冘，沈字本义为沉，读音也是沉。

从尤字的本义推想，尤作为姓氏极有可能是源于身体特征。尤姓始祖或许有着超长的手指，在一些分配场合，主持者发布规则说每人只能抓一把，我每次都是捡了芝麻丢了西瓜只落得仨瓜俩枣，而这位手指细长如鱿鱼的老乡却可以一次抓取八颗鸡蛋十二个核桃，自然令人印象深刻，称他为尤某，其后裔遂有以尤为氏者。

Xǔ
许（許）

| 金文 | 小篆 | 隶书 | 草书 | 行书 | 楷书 |

【造字本义分析】，左边的构件"言"是义符；右边的构件"午"是兼有表意功能的声符，本义为观测日影的木杆上日影折返点的刻度，字内表意为态度转为同意。许字的本义是以言语表示同意。

【姓氏起源推测】中国的姓氏，以名词和形容词为主，动词极少。许是表示同意的动词，是如何成为姓氏的呢？有两个线索。

第一，尧帝时有一个著名的隐士许由，因为德才兼备，尧有意将帝位禅让给他。许由听到这个消息，不但一口拒绝，还跑到河边去洗他的耳朵。许由并不是姓许名由，而是他的名叫许由，意思是同意某事要有根据。他的后裔，可能有以许为氏者。

第二，武王伐纣时，有一个不认同他以臣弑君行为的高士伯夷，不食周粟而亡。武王感念伯夷志行高洁，赐其后人文叔一片土地。文叔不是王室同宗，不能用封建之名，这一赏赐行为可称为许。许国的国名可能由此而来。文叔以许为氏，是许姓确定的一个始祖。

Hé
何

| 甲骨文 | 金文 | 小篆 | 隶书 | 草书 | 行书 | 楷书 |

【造字本义分析】 ，字形为一个肩扛长戈的士兵，突出张嘴的特征；"戈"兼做声符。何字的本义是武装巡逻的士兵对可疑的人和事进行询问。

【姓氏起源推测】旧说，韩国被灭后，遗民流散各地，有一支因当地方言将韩读作何，便改姓为何。这个说法近乎荒谬。交通不便时，方言的密度极大，若是走一个地方改一次姓，那宋人编撰的就不是百家姓，而是万家姓了。

韦与何都是巡逻。二者的不同是，"韦"是沿着固定的环绕路线巡行，字形也没有突出武器，大约只是携带随身的短刀。"何"则肩扛威力巨大的戈，且遇到可疑情况随时可停下来盘问，显然级别更高，责任更重。担此重责的士兵，或被称为何，有可能被冠以何这个社会性符号。他们的后人，或以何为氏。

Lǚ
吕(呂)

| 甲骨文 | 金文 | 小篆 | 隶书 | 草书 | 行书 | 楷书 |

【造字本义分析】吕，两个口字形的构件表意为外形相似的物体。吕字的本义是造作所需的数量巨大的标准器，比如铸钟（律吕），比如建造房屋（宫、营）。

【姓氏起源推测】吕是很令人类自豪的一个字，因为这个字证明人类在制造和建筑两个领域达到了很高的水准。规格相同的标准件，意味着可以快速制作同样的物品，可以快速建造同规格的高大房屋。因此，吕或是专门制造标准件的职业，或是政府管理营造的部门（司空）中一个极为重要的职位。吕姓起源的一个线索就是由职业、职位发展而来。

姜姓的一支在夏朝被封为吕侯，很可能是因为在制吕的岗位上功勋卓著。吕侯建吕国，其后裔有以吕为氏者。

Shī
施

| 小篆 | 隶书 | 草书 | 行书 | 楷书 |

【造字本义分析】施，左边的构件"㫃"是义符，本义为战旗；右下的构件"它"是兼有表意功能的声符，本义为蛇，小篆写作字形相近的也。施字的本义是像蛇一样蜿蜒飘动的旗帜。

【姓氏起源推测】旗帜是一支军队、一个部族，甚至一个国家的象征，其精神意义非同小可。要进行某项工程，先要择一醒目之处，把旗帜树起来，这就是措施、设施；有了旗帜的威慑或感召，各项工作推行下去，这就是施工、施行。

作为王权标志的旗帜，制作也不是易事。材质的选择、长宽的比例、图案的设计等，都需要足够的经验和技艺。只有质量上乘的旗帜才能称为施，其直观的表现就是能在微风中柔顺地摆动。专门制作高质量旗帜的职业，或被称为施，从业者的后人，或以施为氏。

商王室有七个分支，其中一支就善于制作美观优雅的旗帜，并因此以施为氏，其后裔或以施为氏。

Zhāng
张(張)

| 金文 | 小篆 | 隶书 | 草书 | 行书 | 楷书 |

【造字本义分析】 張 ，左边的构件"弓"是义符；右边的构件"长"是兼有表意功能的声符，本义为老人下垂的头发。张字的本义是拉动弓弦使弓背与弦之间的距离增大。

【姓氏起源推测】《吴越春秋》里有一段歌谣，"断竹续竹，飞土逐肉"。描述的是人们利用竹子的弹性发射弹丸，来打击小型动物。少年时拥有过类似武器的人不难想象，这种打猎方式应该效率极其低下，脑袋上打几个包并不影响动物们逃之夭夭。弓箭就不同了，远程瞄准，一击致命。传说，是黄帝发明了弓箭。另一说，是黄帝的孙子姬挥受星座排列启发发明了弓箭。黄帝凭借这种"核武器"屡战屡胜，而弓箭也由此逐渐普及，成为冷兵器时代绝对的王者。

弓箭的使用量巨大，制作弓箭便成了一个重要的职业，称作弓正。检验良弓，张力是一个重要的指标。手艺高超的弓正，有可能因为他所制作的弓张力超群而被冠以张这个社会性符号，张姓或由此起源。

Kǒng 孔

| 金文 | 小篆 | 隶书 | 草书 | 行书 | 楷书 |

【造字本义分析】 ，下边的构件"子"是义符；上边的弧线形构件 是指事符号，表意为束起的头发。孔字的本义是男子告别少年时代，束发成年。

【姓氏起源推测】家天下之后，贵族家庭的男子因为涉及继承大事，其成长阶段很受人关注。头发是人的一个重要体貌特征，也被用来标记男子的成长。幼儿时期随心所欲地披散叫垂髫；童年时梳两个抓髻叫总角；约15岁时束发进入青年时代；20岁时冠礼成人。束发之时，正是新陈代谢的峰值，所以孔在很多语境中用作程度副词"很"。至于小孔的含义，则是束发后发簪扎出来的。

孔是个含义很美的字，可用作人名。商纣王有一个哥哥微子启封于宋，后人中有一位名叫孔父嘉，因卷入宋国内乱被杀。他的后人以孔为氏，避祸于鲁国，经六世，孔子出生。

另有一说，商族的姓是子，商汤代夏后，他的一支后裔从他的字天乙中取了个乙，与子合为孔，作为新的氏。

Cáo
曹

| 金文 | 小篆 | 隶书 | 草书 | 行书 | 楷书 |

【造字本义分析】 ，上边的构件"東"是义符，本义为官方标准的出差行囊，两个東并列，表示多个行囊并列；下边的构件口是义符，表意为存放行囊的设施。有字形将构件口写作日，表意行囊要保持干燥；有字形写作曰，表意出差者和管理者的沟通。曹字的本义是负责存储、发放出差行囊的部门。引申出同类、政府机关等含义。

【姓氏起源推测】从现有文献看，夏商周三代，"天下"的面积即极为宽广。中央与地方，不同机构之间的政令沟通，没有电子通讯的工具，只能依赖于人力的往来。来回传送消息的官差随身携带的行囊，就是东。因为一早就要出门，所以东就成为日出方向的称呼。普天之下莫非王土，政令往来必然繁复。频繁的出差就需要大量的东；大量的东就需要专门的管理机构，这就是曹。

曹与陈，都是管理出差行囊的机构。不同之处在于，曹是使用频率极高的现役物资；陈是偶尔一用的过气物资。打个比方，陈是图书馆，曹是阅览室。管理曹的，应该是个级别不高的小官职，也难得有立功的机会，但其工作繁重，被称呼的次数应该不少，或许由此发展为姓氏。曹的所在地或也以曹为地名。武王伐纣之后，就把他的弟弟叔振铎封于曹。

官职、曹地、曹国，是曹作为姓氏的起源。

Yán

严（嚴）

| 金文 | 小篆 | 隶书 | 草书 | 行书 | 楷书 |

【造字本义分析】 ，上边的构件"岩"是兼有表意功能的声符，字内表意为坚定的；中间的构件"厂"上部与"岩"相连；下边的构件"敢"是义符，本义为手持器械扑击猛兽。严字的本义是在专门的场所内以坚定的标准约束受训的对象。

【姓氏起源推测】人类借助于各种工具，总算反败为胜，在食物链上压了野兽一头。但人对于工具的过分依赖和野兽天生的钢牙利爪，依然让人们在面对野兽时不敢掉以轻心。战斗力极强的特种战士在专门的场所以野兽作为陪练，也有一系列强制的标准，这就是严。训练场墙壁密布的尖石，是严厉；训练场出入口牢固的挡板，是严格。

这种特殊的训练场，需要专门的管理职位，或以严为名。管理者，或被称为严某。在这特殊的训练场完成训练的超级战士，或也被称为严，其后人或以严为氏。

另有说法严姓晚出，是庄姓在东汉时为了避明帝刘庄的讳，改姓含义相近的严。

Huà
华(華)

| 金文 | 小篆 | 隶书 | 草书 | 行书 | 楷书 |

【造字本义分析】，下边的"于"字形构件是义符，表意为两对对开的叶片；上边的构件是一朵外形夸大的花。华字的本义是开到极盛时刻的花，外形瑰丽，也寓意着一年的丰收。

【姓氏起源推测】华和花同源，都是指植物结出果实之前绽开的花朵。不过上古先民每天担心着吃和被吃，可没有闲情逸致赏玩或伤怀。他们所惊喜的，是花开之后便有充足的果实来安慰一冬寂寞的胃肠。最早发现这一规律并加以利用的部族，以华为氏。稍晚一点精于播种收获的部族，以夏为氏。两个部族融合之后便成为华夏民族的主流。华族、华地，都可能是华作为姓氏的源头。

春秋时宋戴公的儿子考父封地在华，考父的后裔和华国遗民也是华姓氏的源头。

Jīn
金

金

| 金文 | 小篆 | 隶书 | 草书 | 行书 | 楷书 |

【造字本义分析】 金，左边两点的构件表意为金属熔液；右上的构件"亼"是兼有表意功能的声符，本义为聚集；右下的构件"王"是义符，本义为象征权力的巨斧。金字的本义是汇聚起来可以铸成斧钺等宽刃武器的物质。

【姓氏起源推测】铸造是一项了不起的发明。有了金属工具的加持，人类的生产跃升至一个新的水平；有了金属武器的助攻，各个群体的兼并融合速度也大大加快。黄帝能在当时快速崛起，即与其掌握冶金铸造技术直接相关。

从字形来看，石器时代先民主要的作战武器是干、戈与单。前两者用于近战，后者用于远程攻击。干与戈共同点颇多，与本段相关的是，干戈都是窄刃，只能用于点状的攻击。可以对一个扇面进行攻击的，是戊、戌、大斧这样的宽刃武器。但宽刃武器并不常见，为什么呢？对制造工艺要求极高。冶金铸造的发明，相当于为王斧的制作突破了技术瓶颈，意义非凡。

黄帝的儿子少昊，以金天为氏，可能就负责整个部落的铸造工作。他的后裔，或有以金为氏者。在姓氏稳定之前的漫长岁月，铸造行业中技艺精湛者，也可能以金为社会性符号，为金这个姓氏增加一个源头。

Wèi
魏

小篆　　隶书　　草书　　行书　　楷书

【造字本义分析】大小篆均无魏字，应为后造字。左边的构件
"委"是兼有表意功能的声符，本义为捆扎禾苗，字内表意为禾苗打
捆堆叠而高；右边的构件"鬼"疑为嵬的简省，本义为山势险峻，岩
石参差像驱鬼面具一样狰狞可怖。魏字的本义是岩石峻嶒的高山。

【姓氏起源推测】魏字的内涵单一，就是用来形容高而险峻的山，
进而发展为地名。

周成王的弟弟叔虞有一个后人叫毕万，被封于韩。韩国春秋时被
晋国吞并，毕万的一支后裔在战国初期三家分晋时复兴韩国。另有一
支后裔魏斯封地在多山的魏地，以魏为氏，三家分晋时建立魏国。

魏斯、魏地、魏国，是魏姓氏起源的三个源头。

Táo
陶

甲骨文　　金文　　小篆　　隶书　　草书　　行书　　楷书

【造字本义分析】𨸏，左边的构件"阜"是义符，本义为山丘；
右边二人相叠的构件表意为人工堆砌。陶字的本义是人工堆砌的山丘

式建筑，即窑炉。小篆字形以匋为兼有表意功能的声符，表意为窑炉中放置烧制的缶类器具。

【姓氏起源推测】对 18 世纪的欧洲人来说，遥远的东方文明的代表就是丝绸和陶瓷。中国陶瓷的历史极其悠久，原始瓷器发明于商周，距今有 4000 年；陶器则更早，现存文物中可见最早的陶器已有 1 万年。

石器时代，少不了和泥巴打交道；进入农耕，更是整天琢磨泥巴。陶器的发明，应该是泥巴的可塑性遭遇了突然的天火。可以想象，那一刻发现泥土性状变化的先民有多么惊喜。那位老前辈想象不到的是，他的这一发现居然改变了人类的生活。

尧帝的尧，是塑形待烧的陶坯；尧帝的氏，是陶与唐。陶是窑炉，唐是搅拌黏土，可见尧帝部族就是以制陶闻名。尧，可认为是陶姓氏的始祖。

武王伐纣后，商所余的七个族中，有一支负责制陶，以陶为氏，也是陶姓氏的一个源头。

民间以制陶为职业的人，或许也以陶为氏，并代代相传。

Jiāng
姜

| 甲骨文 | 金文 | 小篆 | 隶书 | 草书 | 行书 | 楷书 |

【造字本义分析】，上边的构件"羊"是兼有表意功能的声符；下边的构件"女"是义符。姜字的本义是最早驯化羊并以羊角作为冠饰的母系氏族。

【姓氏起源推测】旧说，炎帝生于姜水，所以以姜为姓。这个说法很是错误。第一，姜是古姓，没有再拿来作氏的道理。第二，姓是传自母亲，用来分别血统的，应该说炎帝的母亲就是姜姓。第三，假使姜不是古姓，炎帝确实以地为氏，那姜水又是从何得名呢？

姜字的形状很生动，也印证了父系社会之前众多女性首领存在的猜想。姜姓氏族，或许最早驯化了羊。获得肉食、毛皮的同时，也以羊角作为显示尊崇地位的冠饰。更重要的是，羊因为其敦厚的外形成了祭祀天神的牺牲。姜姓氏族因此地位崇隆，兴盛一时。姜族活动的地域，或称为姜地；姜族赖以生存的河，就是姜水。

氏族、地名，是姜姓的两个源头。

五　戚谢邹喻　柏水窦章

Qī
戚

甲骨文	金文	小篆	隶书	草书	行书	楷书

【造字本义分析】 ，戚字的字形是一种形制特殊的斧钺。斧头上并列的线条表意为繁复的装饰，亦即并非炫耀武力，而只是显示王侯的身份；斧头上圆形的孔洞或表意可将多个串连起来，金文有字形以"卡"为表意声符，正与圆孔构件互证。戚字的本义是一种可串起来的雕饰精美的斧钺，应作为王侯订立婚约时所下的聘礼。

【姓氏起源推测】戚的外形是显示王权的斧钺，却以精美繁复的装饰消除了恶意，真是极为恰当的聘礼。诸侯并立的时代，正如一片丰饶的丛林中卧伏着若干只猛虎，各怀鬼胎，伺机而动，平衡极为脆弱。为了增强自己的实力，或是减少威胁的来源，联姻结盟并不罕见。戚，应该就是因此而出现。聘礼一下，你我便是一致对外的家人。

亲戚，亲是有血缘关系的家人；戚是因婚姻关系而新增的家人。一个娇滴滴的小公主，本来终日无忧无虑地玩耍，而看到戚的那一天，就意味着要从此远离父母故土，嫁作人妇。彼时的愁绪，就是悲戚。

作为聘礼的戚，重要性不言而喻。专门负责监造此类礼器的官员或良匠，或以戚为氏。公主远嫁，应有不少随从同去，他们在异国的社会性符号，或也是戚。如果新娘家实力雄厚，新郎一方或许还会加码聘礼，比如割让一块领地，那这块作为聘礼性质的地方也有可能被称为戚。职业、身份、地名，是戚作为姓氏的源头。

　　春秋时卫国的大夫孙林父因功获封于戚邑，他的后人有以戚为氏者。

Xiè
谢（謝）

| 小篆 | 隶书 | 草书 | 行书 | 楷书 |

　　【造字本义分析】謝，左边的构件"言"是义符；右边的构件"射"是兼有表意功能的声符，本义为发出箭矢，字内表意为离开。谢字的本义是用言语辞别。

　　【姓氏起源推测】谢字的本义是用语言表示一个状态的终结。考虑到造字的官方性质，谢字最初的使用语境应该是一种官员的行为——对某种赏赐的推辞，或主动提出结束自己的任期。在官场，这当然是一种反常行为，做出这一举动的官员或许会被冠以谢这个社会性符号，进而演化为姓氏。某一块被推让的封地，也可能以谢作为地名。

　　周宣王将他的舅舅申伯封在了谢国，申伯的后裔也有以谢为氏者。

Zōu

邹（鄒）

小篆　　隶书　　草书　　行书　　楷书

【造字本义分析】  ，左边的构件"刍"是兼有表意功能的声符，本义为用手摘取细嫩的草芽；右边的构件"邑"是义符，本义为有边界有领主的聚居地。邹字的本义是盛产此类可食用草芽或最早大规模采摘此类可食用草芽的地方。

【姓氏起源推测】刍字的字形是用手摘取草芽。摘的是什么植物呢？极有可能就是茶叶。茶字的读音与刍接近，就是一个证据。茶之外，另一个可能是田里的杂草。刍字读音与锄接近，也是一个证据。

　　如刍的本义是茶叶，那最早发现茶叶妙用并将其纳入食谱的地区就可能因此被称为邹；如刍的本义是用手拔掉田里的杂草，那刍之所以造字，应该是为了命名这种在当时比较先进的农作技术，而最早采用这种技术的地区，就可能因此被命名为邹。

　　地名，是邹作为姓氏的源头。

Yù

喻

| 小篆 | 隶书 | 草书 | 行书 | 楷书 |

【造字本义分析】大小篆均无喻字，或为后造字。左边的构件"口"是义符；右边的构件"俞"是兼有表意功能的声符，本义为用独木舟渡河，字内表意为快速直达。喻字的本义是可以使听者快速明白的语言。

【姓氏起源推测】人类之所以能从众多生物中胜出，长期高居食物链顶端，语言交流是个极为关键的因素。但这么重要的能力，却不是每个人都拥有。有个词语叫作词不达意，说的是他一本正经地邀请你晚上去吃火锅，但你接收到的信息分明是说自己黑得像一口锅。还有一个词叫作不知所云，说的是他一本正经地对你说了很久，但你觉得他好像什么都没说。能把话说明白，不是一件易事。能通过举个例子让听者恍然大悟，更是了不起的能力。这种能力，就是喻。

喻是一个后造字，作为姓氏不会太早。拥有明白表达能力的人，或被冠以喻某的社会性符号，并由此演化为姓氏。

据说，西汉时苍梧太守谕猛的后人在东晋时改谕姓为喻。

Bǎi

柏

| 甲骨文 | 金文 | 小篆 | 隶书 | 草书 | 行书 | 楷书 |

【造字本义分析】，上边的构件"白"是兼有表意功能的声符，本义为火苗的内焰，字内表意为像火苗形状的树冠，下边的构件"木"是义符，本义为树。柏字的本义是树冠像火苗形状的树。

【姓氏起源推测】柏是一种外形特点鲜明的树，而且因为四季常青，又有了很多美好的寓意。柏树多且茂盛的地方，可能以柏为名。柏作为姓氏，可以肯定是源于地名。

据说，炎帝有个老师叫招，帝喾有个老师叫同，二位老师是同乡，都来自柏地。

春秋时有一个柏国，或许就是某位姬姓王室成员封于柏地而建国，后被楚国所灭。柏国遗民或许也有以柏为氏者。

Shuǐ

水

| 甲骨文 | 金文 | 小篆 | 隶书 | 草书 | 行书 | 楷书 |

【造字本义分析】，曲线形的构件表意为河道；两边点状的构件表意为点滴的汇聚。水字的本义是由众多的点滴汇聚而成的河。

【姓氏起源推测】水是生命必需的物质，从古到今，所有的文明都依水而存，无一例外。以水作为地名非常普遍，而由地名就可能演化为姓氏。

因为水对于生物的重要性，所有文明的政治结构中，管理水源的都是一个重要的部门，有若干的水官。官职，也是水作为姓氏的一个源头。

上古时生态不稳定，洪水肆虐，有不少治水英雄，大禹即其中的佼佼者。因治水而被人敬仰者也可能以水为氏。

Dòu
窦（竇）

| 小篆 | 隶书 | 草书 | 行书 | 楷书 |

【造字本义分析】竇，上边的构件"穴"是义符，本义为支撑性良好的空间；下边的构件"卖"是兼有表意功能的声符，本义为用货物交换对方的贝，字内表意为腾出空间。窦字的本义是支撑性良好易于清理的孔洞。

【姓氏起源推测】鲁迅《从百草园到三味书屋》中有一则出自《世说新语》的故事，选文是"笑人齿缺，曰狗窦大开"。狗窦，就是开在墙上的狗洞。墙是个整体结构，显然不能随意凿个洞。窦，是经过精心整修的洞。修窦、通窦，则极有可能是一个职业，或是建筑行中一个专门的分支。精于修窦、通窦的人有可能以窦为氏。

另有传说，中兴夏朝的少康在母亲腹中时经历险境，当时夏王相被杀，怀着少康的王妃慌不择路，从王宫的狗窦中爬出，侥幸逃生。

少康复位后，他有两个王子听说祖母这段传奇后，大受触动，于是以窦为氏。

Zhāng
章

金文　　小篆　　隶书　　草书　　行书　　楷书

【造字本义分析】，上边的构件"辛"是义符，本义为尖刃的刑具，字内表意为刻刀；下边的"日"字形构件表意为待分割的玉石。章字的本义是用刻刀沿着线条分割玉石。

【姓氏起源推测】一块璞石，顺着纹理解成玉石之后，下一步就要按照规划和设计切割玉料。这个步骤就是章。先有了切好的章，才能进行下一步的雕刻。有个成语叫断章取义，就是来自这个制玉的步骤。一部文学作品，要先分了章，之后才是若干段落，也是同理。

切割玉石需要专门的技艺，显然是一个职业。章作为姓氏的一个线索是从职业而来。

从现有文物来看，君王对玉器的需求量极大，则极有可能由一个专门的官方机构负责治章，机构内的官职名称或也包含章，任职者就可能以章为氏。治章机构所在地，也有可能以章为名，进而由地名演化为姓氏。

山东有地名叫章丘，古称鄣，字义就是章邑，做章的城。鄣在西周时是姜子牙后人的封地，春秋时被齐国所灭。鄣国的遗民也有以章为氏者。

六　云苏潘葛　奚范彭郎

Yún

云(雲)

| 甲骨文 | 金文 | 小篆 | 隶书 | 草书 | 行书 | 楷书 |

【造字本义分析】　，上边的构件"上"是义符，有字形省掉一笔，用一横表意天；下边的螺旋形构件是水汽的象形。云字的本义是水汽升腾聚集而成的物象。

【姓氏起源推测】云是天象，和风雨雷电一样，是给上古先民造成极大心理冲击从而由敬畏转化为崇拜的自然现象。母系社会时期有妘姓部落，据推测是因为地形多山水，常年有云气蒸腾的景象，居民以为神灵所居，心生敬畏，从而以云作为图腾。妘姓部落聚居的地方后来以妘为名，妘地人外出，或以云作为社会性符号。

传说帝喾时期的火正祝融就来自妘地，他的一支后裔南迁建立邧国，后被楚国所灭，邧国遗民有以云为氏者。

Sū
苏（蘇）

| 金文 | 小篆 | 隶书 | 草书 | 行书 | 楷书 |

【造字本义分析】 ，上边的构件"艸"是义符；下边的构件"穌"是兼有表意功能的声符，本义为用水草穿过口"鳃"提鱼。苏字的本义是用随手可得的水草或禾苗穿鳃提鱼。如此处理的鱼遇水会复活，复苏的引申义由此而来；鱼的下垂摆动则引申出流苏的含义。

【姓氏起源推测】人类由采拾经济进入渔猎经济，是一个极大的进步。从结果来看，食谱的拓宽、营养的丰富提高了先民的生存率；从过程来看，是先民认识自然、使用工具的一次飞跃，意义非凡。但鱼类走上餐桌，还是经历了一些曲折的。水生动物一旦暴露于空气中，很快就窒息而死，严重影响口感，还可能造成疾病。因此不论用钓钩还是渔网有所收获，都需要解决保鲜的难题。

苏，就是近水地区聪明的先民发明的一种捕鱼方式。不必借助笨重的容器，即可让捕获的鱼在相当长的时间保持新鲜。苏，需要近水的环境和高超的技巧。所以苏作为姓氏的线索有两个：一是精于用这种方式捕鱼的渔民，会以苏为氏；二是普遍善于用这种方式捕鱼的地区，会以苏为地名，进而演化为姓氏。

颛顼的后裔忿生在周武王时担任司寇，因功获封于苏国。苏国春秋时被北方的狄人攻灭，遗民有以苏为氏者。

Pān
潘

| 小篆 | 隶书 | 草书 | 行书 | 楷书 |

【造字本义分析】 潘 ，左边的构件"水"是义符；右边的构件"番"是兼有表意功能的声符，本义为用手撒种。潘字的本义是在水中像撒种一样抄洗米粒。

【姓氏起源推测】进入精耕农业时代，收获的稻米谷实绝对是人类餐桌上的主食。食用方法一般有两种，一是碾压成粉，二是直接蒸煮。由于脱粒环境的简陋粗糙，有不少种皮、沙石、灰尘和米粒混于一处，严重影响口感，所以食用前有一道必不可少的工序，就是淘洗。

番，是撒种，用手在盛放种子的容器中抓啊抓，然后撒向田间。将待食用的米粒浸于水中，像撒种之前抓啊抓，利用水的洁净能力去掉混于其中的杂质，就是潘。

淘米的最佳地点，莫过于河流。经常有大量村民集中淘米的河流，或被称为潘水；河水灰白浑浊如淘米水者，也会被称为潘水。潘水两岸，自然就是潘地。潘地人外出，便会以潘为氏。

像军队一样的大型聚食单位，每天食用的米粒数量惊人，或有专人负责淘米。担负这一职责的人，或被称为潘，其后人或以潘为氏。

周文王的后人姬高封地在毕，以毕为氏。他的儿子季孙，则被封在潘地，其后人以潘为氏。

Gě

葛

| 小篆 | 隶书 | 草书 | 行书 | 楷书 |

【造字本义分析】葛，上边的构件"艸"是义符；下边的构件"曷"是兼有表意功能的声符，本义为因为缺失而大声乞求。葛字的本义是极其贫困的人用来制作衣服的粗纤维植物。

【姓氏起源推测】孟子理想中的和谐社会是耕者有其田。但孟夫子显然忽视了群体的复杂性，历朝历代，都有无田可耕无家可归的流氓苟活于史书的空白处。这样的人，被称为"匄""丐"。一个"匄"，在走投无路时张口乞求，就是"曷"。乞求一口水，就是"渴"；乞求一句安慰，就是"谒"；乞求一件草编的蔽体衣物，就只有"葛"。

葛是种植物，易于生长，根可以食用，纤维又细长坚韧，正好为贫困的百姓提供了织布制衣的原料。葛作为姓氏的线索有两个：一是葛生长繁茂的地方，会以葛为名，进而演化为姓氏；二是民间有常年葛衣这一鲜明特点的人，也会被冠以葛这个社会性符号。

夏朝时有一个诸侯国名葛，葛国遗民有以葛为氏者。

Xī

奚

| 甲骨文 | 金文 | 小篆 | 隶书 | 草书 | 行书 | 楷书 |

【造字本义分析】，上边的构件"爪"是义符，本义为向下用力的手；中间的构件"糸"是兼有表意功能的声符，本义丝线，字内表意为细的绳索；下边的构件"人"是义符，字内表意为奴隶。奚字的本义是用细绳索绑缚牵拉的奴隶。

【姓氏起源推测】在文明还没有发展到尊重每一个个体的时候，武力比法规准则更有效。强的一方获胜，输的一方就有可能失去自由，成为被人呼来喝去的奴隶。奴隶是免费的劳动力，没有任何尊严，与猪狗无异，难免会有人心怀不满，生出斯巴达克斯的小心思。于是奴隶们在往返劳动地点的途中，往往会被绳索缚住手脚，杜绝他们造反的可能。

奚，是用细绳牵拉的奴隶，他们或许是无力反抗，也可能是因长期在某地劳作而已经习以为常。如果是前者，则很难有突出者以奚为氏；如果是后者，则极有可能将奴隶常年关押劳作的地方命名为奚，进而演化为姓氏。

黄帝的后裔姬仲在夏朝担任车正，因功获封地奚，其后人以奚为氏。

Fàn
范

小篆　　隶书　　草书　　行书　　楷书

【造字本义分析】 ，上边的构件艸是义符；下边的构件氾是兼有表意功能的声符，本义为外溢的水。范字的本义是像外溢的水流一样向下披拂的草本植物。

【姓氏起源推测】在成都的桂湖内，有一株500多年历史的紫藤树。每年三四月间，藤萝垂满花架，紫玉纷拂，荫庇百米，蔚为壮观，被称为中国藤王。英国的布莱尼姆宫、意大利的帕拉蒂尼山，同样因为像瀑布一样壮观的常春藤而蜚声宇内。

范，本义指像瀑布一样的植物，应该就是攀爬能力极强的藤类。

现有文献中，范只有姓氏一个义项。可以推知，古代应该极少有人有意识地去种植藤类植物并用它去装饰庭院。又或者，藤类植物因为其极强的寄生能力经常入侵高树和住宅，已经不需要专门培育它的职业。

李白有一句诗："紫藤挂云木，花蔓宜阳春。"高而阔的藤类植物是非常醒目的地标；范，就是很适合用作有此种美景的地名。

地名，是范作为姓氏的源头。

春秋时，晋国的上卿士会因功被封于范地，其后人以范为氏。

楚国有范地，大夫范山、范无宇出于此地。范地人有的以范为氏。

Péng
彭

甲骨文　　金文　　小篆　　隶书　　草书　　行书　　楷书

【造字本义分析】彭，左边的构件"壴"是义符，本义为鼓；右边的构件"彡"是指事符号，字内表意为鼓声。彭字的本义是击鼓发出的声音。

【姓氏起源推测】彭，是鼓声。鼓，是万军主帅。鼓作为乐器有着特殊的地位，鼓的制造和演奏也就需要专门的机构和人员。造鼓机构所在地，终日彭彭声不绝，极有可能以彭为地名，进而演化为姓氏。军中负责击鼓的鼓师，或击鼓技艺高超的鼓师，也有可能以彭为氏。

商朝时有个诸侯国叫彭，开创者据说是颛顼的后裔篯铿，因居住在彭地而以彭为氏，称彭祖。传说他极为长寿，八百岁方终。彭祖的后人，多以彭为氏。

Láng
郎

小篆　　隶书　　草书　　行书　　楷书

【造字本义分析】郎，左边的构件"良"是兼有表意功能的声符，本义为前后皆有通道的建筑物；右边的构件"邑"是义符，本义为有城墙的聚居之地，字内表意为王宫。郎字的本义是和王宫相连的狭长通道。因为王宫侍从都在这里待命，引申为侍从的官名。

【姓氏起源推测】先民们掌握了越来越多的制作工具技巧，便不满足原来简陋的居所，纷纷从洞穴和树杈中走出来，利用土木石材开始驰骋想象，书写中国的建筑史。在单体建筑日渐纯熟之后，又发展出了组合式建筑。最基本的组合式建筑，就是在主屋的前后，各增加一个通道，使安全、通风等居住指标上了一个大台阶，这就是良。早期的良，当然是首领的居所。与首领雄伟的组合式宫殿相连的通道，就是郎。

在一种正向选拔的政治体制下，能在王宫外待命的，都是才能卓越的人，或者已身居高位，或者即将飞黄腾达。对他们的称呼，一般是郎官某某。这是郎作为姓氏的主要来源。

如果回到郎的本义，一座连廊设计精妙的大型建筑也可能被称为郎城，进而由地名演化为姓氏。

春秋时，鲁懿公的孙子费伯在自己的封地修筑郎城，他的后人以郎为氏。

七　鲁韦昌马　苗凤花方

Lǔ

鲁(魯)

| 甲骨文 | 金文 | 小篆 | 隶书 | 草书 | 行书 | 楷书 |

【造字本义分析】，上边的构件"鱼"是兼有表意功能的声符；下边的"口"字形构件表意为养鱼的池塘。鲁字的本义是在池塘内养殖鱼类。

【姓氏起源推测】采拾经济阶段，人类的注意力在植物的生长，于是滋生了种植业；进入渔猎经济阶段，人类手握各种工具，开始关注动物的活动规律，获得丰富的动物蛋白之余，又衍生出了养殖业。

殷墟卜辞中有"贞其雨，在圃渔"的记载。《诗经》里也有"王在灵沼，于牣鱼跃"的诗句。这都是中国人很早就开始凿池养鱼的证据。池鱼跳跃的形象，就是鲁。最早养殖池鱼的地方，就可能以鲁为名。由鲁地，再演化出鲁的姓氏。

西周初，周公的封地在鲁，他的儿子伯禽代他就国。伯禽的后代，有以鲁为氏者。

Wéi
韦（韋）

| 甲骨文 | 金文 | 小篆 | 隶书 | 草书 | 行书 | 楷书 |

【造字本义分析】，上下两端的构件"止"是义符，本义为脚掌，表意为走路；中间的构件"口"是兼有表意功能的声符，表意为外周的城墙。韦字的本义是绕城巡逻。

【姓氏起源推测】在盘庚迁殷之前，氏族、部落、部族、部落联盟并没有明确的都城概念。但不管是季节性迁徙还是定居一地，决策中心都一定是一个守卫森严的地域。有瞭望塔（高），有流动哨（何），还有巡视外周的巡逻队，就是韦。从日常防护的角度看，韦是保证决策中心安全的重要环节。

韦作为姓氏的线索有两个：一是在决策中心（类似后世的皇宫）担任巡逻防卫作用的部门被称为韦，任职的军官和士兵被称为韦某，从而以韦为氏；二是防卫严密的城邑，会被称为某韦城，进而由地名演化为姓氏。

夏朝少康中兴后，把他的孙子元哲封于豕韦，建韦国。韦国被商汤所灭，遗民有以韦为氏者。

另有传说，西汉开国元勋韩信的后人为避祸远走南粤，以韩字的右半边韦改姓。

Chāng

昌

| 甲骨文 | 金文 | 小篆 | 隶书 | 草书 | 行书 | 楷书 |

【造字本义分析】 昌，上边的构件"日"是义符；下边的构件"曰"是义符。昌字的本义是称颂太阳的美好。

【姓氏起源推测】 古人对宇宙还没有直观的印象，所见最大的概念，莫过于天和日。旭日东升，驱散黑暗，万物沐浴温暖。这是何等的威力！所以纵观人类文明，对太阳的崇拜普遍而深入。昌，本义就是歌颂太阳。

上古时期，昌应该是一种集体祭祀太阳神的仪式。主持这一仪式的首领或巫觋，或以昌为氏，代代相传。即使在文明嬗替和认知进步的双重作用下，单纯的拜日仪式失传或并入其他形式的祭祀后，昌依然作为一个意义美好的词，多被用于人名和地名。这也是昌作为姓氏的两个线索。

传说黄帝有一个儿子叫昌意，昌意的后人有以昌为氏者。

Mǎ
马（馬）

甲骨文	金文	小篆	隶书	草书	行书	楷书

【造字本义分析】 , 象形字。突出的特点是鬃毛和长尾。

【姓氏起源推测】马是人类文明史中极其重要的一种动物，在农业、交通、军事等领域都有着举足轻重的地位。善于养马的非子、善于相马的伯乐、善于驭马的造父等，都在历史上留下了自己的足迹。马作为姓氏的线索有两个：一是与马相关的职业；二是以养马闻名的地方。

战国时赵国名将赵奢因功获封于马服，他的后人有以马为氏者。

Miáo
苗

甲骨文	金文	小篆	隶书	草书	行书	楷书

【造字本义分析】 ，上边的构件"屮"是义符；下边的构件"田"是义符。苗字的本义是田地里初生的嫩芽。

【姓氏起源推测】人类发现了种子的秘密，一跃进入农业文明。在作物的整个生长周期中，育苗是第一步，也是最关键的一步。在辛苦地翻土、播种、灌溉之后，是否顺利出苗是检验前期劳作成果的标准。甚至对于一些娇贵的作物，要在专门的场地培育幼苗之后，再通过移植保证作物的成活率。

苗作为姓氏的线索有三个：一是政府专门负责育苗的部门或以苗为名，在此部门担任官职的人以苗为氏；二是善于育苗的农人以苗为氏；三是自然条件优越，种子出芽率高的地方以苗为名，苗地的人以苗为氏。

春秋时，楚国若敖氏作乱，大夫伯棼被杀，他的儿子贲皇逃到晋国为官，因功被封于苗邑。其后人以苗为氏。

Fèng
凤（鳳）

甲骨文	金文	小篆	隶书	草书	行书	楷书

【造字本义分析】 ，上边的"辛"字形构件是王冠，下边的构件是羽毛华美的鸟。凤字的本义是高冠长尾羽，体态优雅外形华美的鸟。后期的甲骨文字形增加声符"凡"。

【姓氏起源推测】由于古代并没有完整的动物学研究，所以很多现在无法见到而文献中有记载的动物并不能确定其是否真实存在。其中最典型的，非龙、凤莫属。

从文字学角度分析，龙和凤都有表意为王冠的义符，更多地体现了人文的含义，或许并非实际存在于自然界的生物。凤作为不存在的神鸟，之所以有众多的传说，在官方造字库中有一席之地，或许是因为有部落对自由翱翔的鸟类产生崇拜，以鸟为图腾。众多崇鸟的部落合并融合中，图腾的叠加形成了凤的形象。凤作为姓氏就是源自凤氏部落。

帝喾时，担任历正的是凤鸟氏。凤鸟氏的后人有以凤为氏者。

Huā
花

| 金文 | 草书 | 行书 | 楷书 |

【造字本义分析】　，与"华"同源。下边的构件是成对的叶片和花萼；上边的构件是花朵的象形。花字的本义是植物在叶子上方盛开的外形瑰丽的部分。

【姓氏起源推测】花是华的分化字。华的本义是花，但在作为部落名称后，华字的内涵逐渐单一，于是再造一个花字来承担其本义。在这样的字义变换中，一部分华姓逐渐以花为氏。

花与华分化后，花也从原来的成果与结实标志中升华出了专门的观赏功能。养花，不再是寄希望于花期之后的收获，而是单纯地为了满足人们的审美需求。

种植、培育鲜花的职业，也是花作为姓氏的一个源头。

Fāng

方

| 甲骨文 | 金文 | 小篆 | 隶书 | 草书 | 行书 | 楷书 |

【造字本义分析】  ，居中的刀形构件表意为一种有尖刃的工具；构件"工"是义符，表意为测量。方字的本义是根据测量结果用犁铧等有尖刃的工具推出田地的边界。

【姓氏起源推测】商代的井田，西周的封建，确立了土地在中华文明中的重要地位。直到 21 世纪的今天，确定土地边界依然是非常严肃的事。商周时，明确方向，定出方形的边界，由专门的政府机构负责。方作为姓氏的一个线索是以官职为氏。

对于当时的中央政府，自己所封的独立区域叫封国，边境之外没有隶属关系的一个个独立区域叫方国。随着历史的发展，有的方国并入中华版图，有的方国逐鹿中原后也融入中华文明。方国原本的区域，可能以方为地名进而发展为姓氏；方国的贵胄和平民，也有以方为氏者。

黄帝的一支后裔以方雷为氏，方雷氏的后人有以方为氏者。

八　俞任袁柳　酆鲍史唐

Yú
俞

甲骨文	金文	小篆	隶书	草书	行书	楷书

【造字本义分析】 ，左边的构件"舟"是义符，本义为小船；右上的箭头形构件表意为头部尖锐的；右下的水滴形构件表意为中空的。俞字的本义是掏空树干头部削尖的独木小船。

【姓氏起源推测】人类的聚居地一般是依水而建，水既提供了饮用灌溉的便利，也提供了出行对岸的阻碍。对于渡河，我们的老祖先真是伤透了脑筋。水浅了趟过去是涉；靠浮力游过去是永；结冰了赶马车走过去是冯。但最普遍的，还是划船。而造船，在19世纪的大航海时代都不是一件易事。在当时的工艺技术水平下，造一艘船无异于现在造一枚火箭。

也许是受了木头浮于水面的启发，掏空树干并削尖头部的独木舟在多个早期文明都曾出现，且持续时间极长。这样的独木舟，就是俞。俞制造工艺简单，划行速度快，应该是让先民惊喜的一项发明，所以有愉字。

近水之处，俞的使用量不小，制造质量稳定的俞或许是一个职业，从业者以俞为氏。从现代的皮划艇运动可以看出，独木舟机动灵活，速度快，但吃水面窄，稳定性差，如果没有高超的操控技巧，极容易倾覆。驾驶小舟劈波斩浪的高手，或许也会被加一个俞的社会性符号。另一个线索是，渡河的愉悦很容易转移为人名，名中有俞的名人，其后人可能以俞为氏。

传说黄帝时期主管医药的俞跗是一名神医，他的后人即以俞为氏。

Rén

任

| 甲骨文 | 金文 | 小篆 | 隶书 | 草书 | 行书 | 楷书 |

【造字本义分析】 ，左边的构件"人"是义符；右边的构件"工"是兼有表意功能的声符，本义为测量器具。任字的本义是负责测量的人。

【姓氏起源推测】文明发展到一定的程度，各种规范逐渐建立，周密的规划也成为常态。一国之内，哪里是农业区，哪里是工业区、商业区、聚居区，都依靠规划蓝图展开建设。匠人营国，方九里，旁三门，国中九经九纬，经涂九轨，左祖右社，前朝后市……朝堂之上，有几个部门，各多少官员，职责大小，俸禄几何等，也需要根据规划而定。而规划中的每一个节点，都需要具体的官员严格按照既定标准执行。选定了执行者，他就上任；满足资格要求但还没被选定为执行者的，就是候任。一个官员如果候任久了，那么任某就是他相当长时间的一个称呼，有可能演化出任的姓氏。一个官员如果担任某项重任，也可能被称为任某。

另一个线索，具有战略意义的要地所建的城因其不可或缺，也可能被称为任城。进而由地名演化为姓氏。

传说黄帝的小儿子禹阳，封邑在任地，其后代以任为氏。

Yuán
袁

| 甲骨文 | 小篆 | 隶书 | 草书 | 行书 | 楷书 |

【造字本义分析】 ，上边的构件"衣"是义符；下边的构件"手"是义符，表意为揪拽整理。袁字的本义是因为出门远行而需要细加整理的长衣。有字形增加表意国都的圆形构件；有字形增加表意远行的构件"止"。

【姓氏起源推测】袁不是日常穿着的衣服，是出远门时需要细加整理的长衣。考虑到造字的官方性，这样的长衫和"东"一样，也是官府标配。远行去哪里呢？应该是去都城朝见首领。历代文献中，袁字只以姓氏出现，本义已消失，说明中央朝廷的体制完善后，已没有被封建的诸侯，朝廷的官员每日上朝都需身着正式的朝衣，袁这种专为远途朝见的长衣逐渐被淘汰。所以，袁作为姓氏的线索很单一，就是当年为诸侯制作觐见朝衣的工匠，以袁为氏。

旧说舜帝的一个后裔叫妫诸，字伯爰，他的后人取其字中的爰为氏，后与同音的袁混用，不确。

Liǔ

柳

| 甲骨文 | 金文 | 小篆 | 隶书 | 草书 | 行书 | 楷书 |

【造字本义分析】 上边的构件 "木" 是义符；下边的构件 "卯" 是兼有表意功能的声符，本义为枝条上初发的嫩芽。柳字的本义是下垂的枝条上春天发满嫩芽的树。

【姓氏起源推测】卯，是枝条上一朵朵初发的嫩芽。田里禾穗上长有像初发嫩芽一样饱满颗粒的，留；否则就是不结籽的杂草，要除掉。用圆鼓鼓的金属钉将器物钉起来，叫作铆。

柳是一种外观美丽的树，得名即修长的枝条上春天发满朵朵嫩芽。柳又因为与留谐音，被赋予了亲友惜别的人文意义。柳树繁茂的地方，或是前代有名人折柳送别故事的地方，就有可能以柳为地名，进而演化为姓氏。

春秋时鲁孝公有一个后人展禽，担任鲁国主管刑狱的士师，执法严明，品行出众，获封食邑在柳下。其后人以柳为氏。

Fēng
酆

小篆　　隶书　　草书　　行书　　楷书

【造字本义分析】，左边的构件"豊"是兼有表意功能的声符，本义为击鼓敬献美玉；右边的构件"邑"是义符，本义为有边界有领主的聚居地。酆字的本义是举行敬献美玉仪式的城。

【姓氏起源推测】上古先民在探索中积累知识，于认知盲区之中，生出了敬畏之心，形成多种崇拜。崇拜的外在表现是向各种神灵祭祀敬献。从文字和文献来看，敬献的内容有猪牛羊等牺牲、健壮饱满的作物，甚至是活人。美玉是令人赞叹的发现，美丽之余又包含着温润谦和的人文精神，自然也成了敬献的内容。豊，就是以美玉祀神的仪式。

酆，因举行此类仪式而成为地名，进而演化为姓氏。

周文王的幼子姬封被封于酆，他的后人以酆为氏。

Bào
鲍（鮑）

小篆　　隶书　　草书　　行书　　楷书

【造字本义分析】，左边的构件"鱼"是义符；右边的构件"包"是兼有表意功能的声符，本义为胎儿在母体中，字内表意为包裹。鲍字的本义有两种：一是用盐包裹腌制的鱼；一是指一种有壳包裹的软体鱼类。

【姓氏起源推测】渔猎经济时期，食谱虽然拓宽，但食物供给依然不稳定。一次捕捞收获多了，如何保存又是新的难题。经过长期的摸索，终于找到了腌制的方法。不但大大延长了保质期，而且给味蕾以新的感受。

鲍，是用包裹腌制的方法延长鱼类的食用期，还增加了新的口感，可以说是食品加工业的鼻祖。精于腌鱼之道的人会被称为鲍某；一个地域的腌鱼普遍味美，也会以鲍为地名，进而由地名演化为姓氏。

大禹的后人敬叔，春秋时在齐国任大夫，因功获封于鲍邑。他的后人以鲍为氏。

Shǐ
史

| 甲骨文 | 金文 | 小篆 | 隶书 | 草书 | 行书 | 楷书 |

【造字本义分析】 ，上边的构件"中"是义符，本义为各路诸侯共同拱卫的王畿和王宫，字内表意为代表王权的信物；下边的构件"又"是义符，本义为手持。史字的本义是手持信物代表王处理具体事务的人。

【姓氏起源推测】封土建国的历史时期，首领奄有天下，四方都有诸侯拱卫，自己所居的宫城，就是中。首领号令天下，日理万机，自然无法事必躬亲。日常的信息传递之外，一些重要或紧急的事务，就会派专门的人代为处理。史，就是被首领派遣处理特定事务的中央官员，相当于后世的钦差大臣。因为事毕需要详细向王汇报事情的经过和结果，所以记录者演变成了史官；中央的集权加大，直接派到地方长期主持行政事务的官员也被称为长史、令史、刺史。史作为姓氏的源头就是官职。

西周史官太史佚功绩卓著，他的后人以史为氏。

Táng
唐

| 甲骨文 | 金文 | 小篆 | 隶书 | 草书 | 行书 | 楷书 |

【造字本义分析】 上边的构件"庚"是兼有表意功能的声符，本义为双手持长柄杵形工具；下边的构件"凵"是义符，表意为容器，后改为口字形。唐字的本义是双手持长杵在容器内搅拌陶泥。

【姓氏起源推测】尧是陶唐氏部落的首领。唐是搅拌陶泥；尧是捏制陶坯；陶是烧制陶器。三个字连起来正好是制陶的全部流程，可以推知，尧是制陶高手，是他推动了陶氏和唐氏的合并。原有的唐氏部落以唐为氏，陶唐合并后，尧巨大的影响力使陶唐部落的一部分新成员也以陶和唐为氏。唐氏故地，那个出产优质陶泥的地方，也以唐为地名。

唐地，也是唐作为姓氏的源头之一。

舜接受禅让后，将尧的儿子丹朱封在唐地，建唐国。西周末期，唐国被周成王所灭。唐国遗民有以唐为氏者。

九 费廉岑薛 雷贺倪汤

Fèi
费（費）

| 金文 | 小篆 | 隶书 | 草书 | 行书 | 楷书 |

【造字本义分析】 ，上边的构件"弗"是兼有表意功能的声符，本义为将弯曲的材料捆扎在一起进行矫正，字内表意为捆绑；下边的构件"贝"是义符，表示钱财。费字的本义是用绳索捆绑的大量钱财。

【姓氏起源推测】用于交换的一般等价物，最早是小而匀的海贝。从现有文物来看，有零散的贝，也有打孔串起来的形式。之后的刀、布等金属货币，就直接铸有便于串缚的圆孔。官方金库中的钱币，应该是捆绑成一个个数量相等的单位，便于保存和计数，这就是费。

理解费字的含义，有三个方向。一是上古时近海且贝币资源丰富的部落，通过交换大量向外输出贝币，可能以费为氏，部落所在地被称为费；二是政府把获取的贝币统一存放，由专门的机构保管。费就相当于后世银行的金库，金库所在地可能被称为费；在这个机构任职的官员也会以费为氏。

费作为姓氏，是由地名、官职演化而来。

辅助大禹治水有功的伯益，封地为大费，其后人以费为氏。春秋时，鲁懿公的一支后裔被封于费，其后人也以费为氏。

Lián
廉

| 小篆 | 隶书 | 草书 | 行书 | 楷书 |

【造字本义分析】廉，上边的构件"广"是义符，本义为有顶的开放建筑，字内表意为房檐；下边的构件"兼"是兼有表意功能的声符，本义为一手抓持两株禾苗，字内表意为两部分连接。廉字的本义是房屋主体和底座之间连接的窄边。

【姓氏起源推测】廉是个建筑名词。大型宫室的建筑，先打好地基，再在其上垒底座，最后在底座之上建造房屋。房屋外墙和基座外缘之间的地方，就是廉。

底座的高低宽窄，体现着身份等级。底座太宽，廉就是很宽的一块台面，看起来很是气派，但浪费；另外，不太守规矩的官员，也会在这块台面上堆满受贿而来的各种赃物，显得不够廉洁。

因此，能谨守礼制不逾矩，房屋底座不过分宽大的官员，会被称为廉。这个社会性符号，会演化为姓氏。

颛顼的孙子名叫大廉，他的后人以廉为氏。

Cén
岑

| 金文 | 小篆 | 隶书 | 草书 | 行书 | 楷书 |

【造字本义分析】岑，上边的构件"山"是义符；下边的构件"今"是兼有表意功能的声符，本义为根据同一指令集聚在一起。岑字的本义是一组突兀高耸的山峰。

【姓氏起源推测】现在的上班族总是抱怨开会太多，其实你早生3000年，也是要经常开会的。聚众议事，是华夏民族极为悠久的一个传统。要说差别，现在通知开会在群里发个消息即可。在上古时期，组织大家开会的信息可不好传达。调动丹田之气低沉悠长地发声，是"吟"；敲击金属发出信息，是"铃"。大家好不容易接到信息聚到了一起，这才是"今"。众多的山峰像开会一样并列在一起，称为"岑"。

岑是特征很明显的山峰，是地名的绝佳用字。岑作为姓氏的源头即地名。

周武王将自己的堂弟姬渠封于岑邑，建岑国。姬渠的后人以岑为氏。

Xuē
薛

| 金文 | 小篆 | 隶书 | 草书 | 行书 | 楷书 |

【造字本义分析】 ，左边的构件"肉"是义符，形小而包于右侧构件，表意为婴儿；右边的构件"辛"是义符，本义为尖刃刑具，表意为因犯罪而失去自由的奴仆。薛字的本义是女奴所生的孩子。

【姓氏起源推测】古时候法制有一项严酷的制度，就是株连。虽然极有震慑作用，却祸及无辜，与现代法治的人文初衷背道而驰。被株连的，是触犯法律者的家人和亲属。百千口人，前一天还尽享天伦之乐，一转眼就被杀得血流成河，真是惨绝人寰。也有皇帝心软，将被株连者分类，男的发配戍边，女的戴罪为奴。女奴去哪里劳动改造呢？身不由己。做什么劳动呢？身不由己。被主人所辱，无奈产子的不在少数。

造字是官方行为，薛应该是指王或诸侯国君与女奴所生的孩子。母亲虽然身份低贱，但孩子依然属于贵族血统，有可能得到一块采邑或封地。而有了自己地盘的薛，就可能以薛为氏。薛氏、薛地，都是薛作为姓氏的源头。

大禹将黄帝后裔奚仲封于薛地，建薛国。薛国被楚国所灭，一位叫登的公子令后人以薛为氏。

Léi

雷

| 甲骨文 | 金文 | 小篆 | 隶书 | 草书 | 行书 | 楷书 |

【造字本义分析】 ，中间的构件"申"是义符，本义为闪电；圆形或田字形的构件是兼有表意功能的声符，后规范作"畾"，表意为滚动发声。雷字的本义是空中闪电伴有滚动声响的自然现象。

【姓氏起源推测】雷是个骇人的自然现象。就算是在对雷电原理已了如指掌的今天，滚滚的雷声也会让很多人心生畏惧。在一些自然环境特殊的地域，空气对流剧烈，雷电频繁。该区域有可能以雷为名，活动于该区域的部落也可能以雷为氏。先民们或出于对雷神的恐惧，或是希望获得雷神的力量，都会通过专门的祭祀进行表达。

雷地、雷氏部落、雷神祭祀，都是雷作为姓氏的源头。

据说黄帝时期有方雷氏部落，其后人有的以方为氏，有的以雷为氏。

Hè

贺（賀）

| 金文 | 小篆 | 隶书 | 草书 | 行书 | 楷书 |

【造字本义分析】 ，左边的构件"贝"是义符，本义为货币，表意为礼物；右边的构件"加"是兼有表意功能的声符，本义为语言

和行动相配合。贺字的本义是用吉祥的语言和礼物表达祝愿。

【姓氏起源推测】中国社会的基础是宗族，各种关系盘根错节，所以对于"礼数"特别重视。不管是去见谁，左手一只鸡右手一只鸭再加上满口的甜言蜜语准没错。但如果主家平淡度日，突然来了这么一位，不免也会心里嘀咕，这是在惦记我的什么呢？因此，贺，最通常的场景是主家有大的喜事。升了官，添了口，或是取得了不起的功绩。

贺字的内涵简单，很难直接演化为姓氏。唯一可能的是某一人家连续有轰动的喜事，道贺的宾客来了又来，就不免给主家取一个贺某的外号，从而传为姓氏。

贺姓的一个确定起源是因为避讳。齐桓公有一个后代公子封，以庆为氏。庆氏在东汉安帝时为避安帝父亲刘庆的讳，改用同义的贺作为姓氏。

Ní
倪

| 小篆 | 隶书 | 草书 | 行书 | 楷书 |

【造字本义分析】倪，左边的构件"人"是义符；右边的构件"兒"是兼有表意功能的声符，本义为婴孩刚萌出乳牙。倪字的本义是刚长乳牙的婴儿。

【姓氏起源推测】倪字内涵单一，不足以演化为姓氏，倪姓的起源另有曲折。

西周时有郏国，郏武公将次子肥封于郳，建郳国。郳，从字形上看是兒之邑，应为某位小贵族在婴儿时期便获得的封地。

郳国被楚国所灭，遗民既要纪念又要避祸，于是去邑加人，改以倪为姓氏。

Tāng
汤（湯）

燙	湯	湯	汤	湯	汤
金文	小篆	隶书	草书	行书	楷书

【造字本义分析】 ，左边的构件"水"是义符；右边的构件"昜"是兼有表意功能的声符，本义为阳光，字内表意为温度。汤字的本义是天然有热度的温泉。

【姓氏起源推测】现代人说起汤，思路一般会局限在餐桌之上。胡辣汤、蛋花汤、文思豆腐汤、珍珠翡翠白玉汤。但从字形角度看，汤字最初和餐桌一点关系都没有。汤是包含着阳光温度的热水，也就是温泉，有温泉的地方也多以汤为地名。汤作为姓氏，就是由地名演化而来。

商王朝的创建者成汤，也称商汤。他的后人有以汤为氏者。

十 滕殷罗毕 郝邬安常

Téng
滕

| 金文 | 小篆 | 隶书 | 草书 | 行书 | 楷书 |

【造字本义分析】 ，左上的构件"舟"是义符；构件
"八""二""廾"表意为双手持橹，与左边的"舟"组合为朕，表意
为摇橹驾舟，也是声符；下方的构件"水"是义符。滕字的本义是行
船时连绵不绝的线形波浪。

【姓氏起源推测】 滕之外，还有不少表示行船含义的字。从字形
分析，滕字突出的是行船稳，速度快。行船既稳又快，有几个因素：
一是船造得好；二是驾船技术高超；三是当地风平浪静适宜行船。这
三个因素中，第一个指向职业；第二个指向技艺；第三个指向地名。
三者都是滕作为姓氏的来源。

西周初，武王将他的十四弟封到了滕，建滕国。战国初，滕国被
越国所灭。复国不久又被宋国攻灭，遗民于是以滕为氏。

Yīn

殷

| 甲骨文 | 金文 | 小篆 | 隶书 | 草书 | 行书 | 楷书 |

【造字本义分析】 ，左边的构件是手持尖刺的形状，作义符，后写为"殳"；右边的构件是一个突出大腹形象的人形。殷字的本义是用针刺的方式治疗腹鼓的病症。

【姓氏起源推测】殷字右边的构件，是个反向的身，所表的意很可能是除怀孕之外的腹鼓症状。怎么治疗呢？殷切，先针刺取样，确定其性质；再切开清除。殷红，就是殷切之时鲜血流出的样子。

不难想象，殷这种类似今天穿刺的诊疗手段在上古时期属于惊世骇俗之举，所以其字义逐渐转为形容程度之深的副词，本义归于同样有针刺构件的医字。但是，殷作为姓氏却保留了其原始的含义：精于穿刺诊疗的医者以殷为氏；普遍掌握穿刺疗法的地域以殷为地名，进而演化为姓氏；长期大面积罹患腹鼓疾病的地域也会被冠以殷的地名，并演化为姓氏。

商代中期有一件大事，就是商王盘庚将原来漂泊不定的都城永久迁到了殷地。商因此被后世称为殷商。其实从文字角度看，盘庚或许不是迁到了一个新的地方，而是回归。商字的本义也是针刺，与殷同义。不同的是殷是刺人以去疾，商是刺物以窥真。武王灭商后，有遗民以殷为氏。

Luó
罗（羅）

| 甲骨文 | 金文 | 小篆 | 隶书 | 草书 | 行书 | 楷书 |

【造字本义分析】 上边的构件"网"是义符；下边的构件"隹"是义符。罗字的本义是捕捉鸟类的网。金文有字形增加了义符"糸"，表意为网由丝线织成。

【姓氏起源推测】从应、寥、焦等字的含义分析，上古先民对鸟的需求不小。第一是作为食物；第二是用于观赏；第三是作为协助捕猎的工具。有需求就有市场，捕鸟职业应运而生。而且善于御风飞行的鸟儿可能至今都想不明白，人类这种生物怎么能造出如此多的工具来与它们过不去。上有天罗，下有地网，中间还有弹弓和带钩的弋箭。

相比起来，罗是种极其有效的捕鸟工具，也被作为捕鸟这一职业的代名词。罗作为姓氏，一是从职业演化而来，二是善于用罗捕鸟的地方以罗为名。

春秋时有罗国，相传为祝融氏后裔所建。罗国被楚国攻灭后，有遗民以罗为氏。

Bì
毕(畢)

金文　　小篆　　隶书　　草书　　行书　　楷书

【造字本义分析】，上边的田字形构件表意为祭祀先祖的仪式中所戴的面具；下边的构件表意为放置这个神圣面具的架子。毕字的本义是仪式结束，巫祝将面具放回原位。

【姓氏起源推测】上古时期，由未知而产生的崇拜很多。各种崇拜的外在表现一般是仪式化的祭祀。有些祭祀仪式，主祭者要戴面具，以有别于平常的形象，便于与神灵沟通。戴着面具的形象，就是鬼。鬼要以特定的程式和语言贯穿整个仪式，结束的标志就是摘下面具放在特定的架子上，意味着神灵已经收到众人的心意。这就是毕。

鬼所戴的面具，是沟通未知的重要道具，需谨慎保管。存放面具的城，或许也被称为毕；毕城所处的地域，也就是毕地。毕地，就是毕作为姓氏的源头。

周文王的第十五个儿子姬高被封于毕，其后人以毕为氏。

Hǎo
郝

郝　郝　郝　郝　郝
小篆　隶书　草书　行书　楷书

【造字本义分析】郝，左边的构件"赤"是义符，本义为以火刑处决犯人，字内表意为火红色；右边的构件"邑"是义符，本义为有领主有边界的聚居地。郝字的本义是具有火红色丹霞地貌的地区。

【姓氏起源推测】赤子这个词造得不好。其本意是想表达一个光屁股的小孩子对母亲毫无杂念的热爱，却不想赤字的本义是一个不幸的人遭受火刑。之所以光着屁股，是因为衣服被烧光了。赤表示红色的含义，也是从火烧活人的恐怖场景中提炼出来的。

山西、陕西的黄土高原，在朝阳和夕阳的映照下，是一片火红的景象。尤其是沟壑众多的地方，黄土反射日光，正像施加火刑的盛大火焰。这些地方，可能因此被称为郝。

见诸记载的郝地有两处，一在陕西周至，一在山西太原。郝地，就是郝作为姓氏的源头。

商朝的帝乙将子期封于郝乡，子期的后人以郝为氏。

Wū
邬（鄔）

| 小篆 | 隶书 | 草书 | 行书 | 楷书 |

【造字本义分析】 ，左边的构件"乌"是兼有表意功能的声符，本义为一种黑色羽毛的鸟类；右边的构件"邑"是义符，本义为有领主有边界的聚居地。邬字的本义是乌鸟数量众多的城邑。

【姓氏起源推测】 人类出于对优质基因的喜爱，总是不由自主地以貌取人。但鸟类想不到，人类对它们的外表也是百般挑剔。大嘴，善叫，乌就是现在所称的乌鸦。因为长得不漂亮，声音也不婉转，乌鸦从古到今都不被人接受，尽管它们聪明善良，毫无恶意。

众多乌鸦聚居，遮天蔽日，鸦声不绝，任谁行到此处都忍不住皱起眉头。这确实是个很显著的特征，适宜作为地名。邬地，就是邬作为姓氏的源头。

传说黄帝时有能臣求言，他的部族因居住于邬邑，以邬为氏。

春秋时，晋国大夫祁臧封邑在邬，其后人以邬为氏。

Ān
安

| 甲骨文 | 金文 | 小篆 | 隶书 | 草书 | 行书 | 楷书 |

【造字本义分析】，上边的构件"宀"是兼有表意功能的声符，本义为有顶的房屋；下边的构件"女"是义符，字内表意为新娘。安字的本义是新娘到家，婚事确定。

【姓氏起源推测】上古时期，同姓不通婚。异姓部落之间，或者有战略联姻；或者靠武力抢夺女子成婚。无论哪种情况，新娘进入新房，才是婚事确定的标志。确定，就是安字最重要的引申义。这个确定的含义，用于人名、地名、部落名、国名，都是适宜的。由此再演化为姓氏，也合乎逻辑。

传说黄帝的孙子名安，于西方建国，以安为氏。

一说中亚安息国在东汉灵帝时派太子到洛阳学佛，以安为汉姓。

一说北魏时随拓跋氏进入中原的有安迟氏部落，孝文帝推行汉化时以安为姓。

一说西域有安国，唐初归附长安政权，以安为汉姓。

Cháng

常

| 金文 | 小篆 | 隶书 | 草书 | 行书 | 楷书 |

【造字本义分析】常，上边的构件"尚"是兼有表意功能的声符，本义为天窗；下边的构件"巾"是义符，本义为可纺织的植物纤维，泛指衣物。常字的本义是像天窗一样上下开口套穿的衣服，即裙子。

【姓氏起源推测】常是裙子，在游牧民族便于骑马的裤子传入中原之前，不论男女，都穿裙子。考虑到造字的官方性，常字在造字之初的含义不大可能指百姓的穿着，应该专指王公贵族和官吏们所穿的裙子。官方的衣物有专门的机构制作，这种制衣机构所在地，就可能以常为名。制作裙装的职业，也是常。职业、地名，就是常作为姓氏的源头。

传说黄帝时的司空名常先，他的后人以常为氏。

一说周文王的儿子康叔将他的儿子封于常邑，其后人以常为氏。

一说春秋时楚国贵族恒惠公的后人以恒为氏，北宋时，为避真宗赵恒的讳，改以近义的常为姓。

Yuè
乐（樂）

| 甲骨文 | 金文 | 小篆 | 隶书 | 草书 | 行书 | 楷书 |

【造字本义分析】 ，上边的构件"糸"是义符；下边的构件"木"是义符。乐字的本义是丝线绑在木板上发出的声音。金文有字形增加义符"白"，表意为树木着火后发出的爆裂声。

【姓氏起源推测】上古先民解决了温饱问题，眼睛和耳朵就对美有了追求。泉水的叮咚，风过罅隙的天籁，都是动听的声音。而最早主动创造的乐，从文字和文献的角度看，应该是击石拊石的打击乐和系丝于木的弦乐。

乐的发明，是人类艺术的一次升华，从被动地寻找一跃到了主动地创造。祭祀、征战、会盟等仪式，乐是主要的元素；身体的疾病和心里的淤堵，乐也有令人惊喜的疗效。乐官，自然也成了政府中非常重要的官职。乐官，就是乐作为姓氏的源头。

一说，春秋时宋戴公的儿子衎，字乐父。他的孙子以乐为氏。

77

Yú

于

| 甲骨文 | 金文 | 小篆 | 隶书 | 草书 | 行书 | 楷书 |

【造字本义分析】 ，左边的构件"丂"是义符，表意为直而有节的竹管；右边的曲线形构件是义符，表意为气流在竹管内迂曲通行而最终呼出。于字的本义是结构复杂气流不畅的竹管乐器。

【姓氏起源推测】现代汉语中的于字简化前对应两个字形，一个是于，字义为吹奏乐器；一个是於，字义为凭借。两个字形，都是姓氏。

于，是一种结构复杂的管状乐器，以多重腔体减缓气流的呼出速度，从而推动簧片呈现出和声的音色。多重音色的代价，是吹奏的难度。由于气流不畅，得分腿微蹲增加气力，这就是夸；否则兜不住气，出不了声，就是亏；气流在管腔内曲折迂回，冷凝聚集，一曲吹罢倒出来一汪口水，就是污。

于的制造和吹奏都不简单。发明于的人、精于制造于的人、擅长吹奏于的人，都有可能以于为氏。规模化制造于的地方，也可能以于命名，进而由地名演化为姓氏。

周武王的第三个儿子封地在邘，称邘叔。邘，就是制于的邑。邘叔的后人以于为氏。

Shí

时（時）

| 甲骨文 | 金文 | 小篆 | 隶书 | 草书 | 行书 | 楷书 |

【造字本义分析】，上边的构件"之"是兼有表意功能的声符，本义为到达；下边的构件"日"是义符。时字的本义是太阳到达了某个位置。

【姓氏起源推测】农业文明，不只是简单的播种收获，更重要的标志是发现了自然运转的规律，根据天时决定农时。古人以日影测时，每个固定的点是时刻；两个时刻之间是时间；将时间的概念放大就是季节。

上古先民认识自然规律，有两个关键词，一个是时，一个是历。前者是局部，后者是整体。通过观察太阳运行得到的完整周期称阳历；观察月亮的一个完整周期是阴历。太阳的运动，就是时。

观察太阳的运动，必须有固定的人员，也就是时官；还必须有固定的地点，以增加记录的准确度，这就是时地。官职、地名，是时作为姓氏的两个源头。

春秋时宋国的公子来，封地在时邑，他的后人以时为氏。

Fù
傅

| 金文 | 小篆 | 隶书 | 草书 | 行书 | 楷书 |

【造字本义分析】，左边的构件"人"是义符；右上的构件"甫"是兼有表意功能的声符，本义为培育幼苗；右下的构件"寸"是义符，本义为用手抓持，表意为护持。傅字的本义是精心护持培育幼苗的人。

【姓氏起源推测】傅的本义是园丁，这个职业地位卑下，但技艺世代累积，很有可能演化为姓氏。作为他们代代劳作的官方育苗基地，傅作为地名也是合乎逻辑的。傅地，也是傅作为姓氏的源头之一。

另外，希望万世统治的君王由育苗通感到了王子的教育，把教导王子学习农事等知识和实践的官职命名为傅。职权大者称太傅，教导文治，可以陪伴太子走上帝位，位列三公；小者称少傅，也教导武功，只在太子东宫任职，位至三孤。傅作为举足轻重的官职，也会演化为姓氏。

商王武丁遍访贤臣，在傅地发现了有才能的筑墙奴隶说，起用为相，称傅说，其后人以傅为氏。

黄帝后裔大由在周朝获封地傅邑，其后人以傅为氏。

Pí
皮

金文　　小篆　　隶书　　草书　　行书　　楷书

【造字本义分析】 ，左边的构件是一个仰天惨叫的人形；右边的构件"又"是义符，本义为抓取。皮字的本义是用手从捆绑好的俘虏身上揭取其表面组织。

【姓氏起源推测】皮革，现在变成了同义复词。在造字之初，二者的血腥程度可不是同日而语。革是剥取猎物的皮，制成衣服坐垫心里都不会有丝毫不适；皮却是活活揭掉战俘的表面组织，惨不忍睹。

战争中切剥敌人的皮肤，东方有，西方也有；古代有，二战时还有。尽管时间和空间的跨度都很大，但剥皮毕竟是种骇人的行为，要集残暴与细致于一体，绝对是个冷门的职业。从业者不多，但个个名声在外，且世袭现象应很普遍。皮作为姓氏，线索之一是以职业为氏；之二是由皮氏聚居地演化为姓氏。

西周名臣仲山甫因功被封于樊，以樊为氏。其后裔有一支被封于皮氏邑，以皮为氏。

Biàn
卞

卞	亠	卞	卞
隶书	草书	行书	楷书

【造字本义分析】卞字，上边的构件"上"是义符，字内表意为力量相对强的一方；下边的构件"下"是义符，字内表意为力量弱的一方。卞字的本义是通过公平搏斗分出胜负。

【姓氏起源推测】卞字的核心意义是丛林法则，胜者为上。因此，好斗之人往往会获得一个卞的外号，并由此演化为氏；尚武之地，或许也以卞为名。

声名远播的好斗者和卞地，是卞作为姓氏的两个源头。

周武王弟弟叔振铎的后裔中有一位勇士庄，封地在卞，以卞为氏。

Qí
齐（齊）

齐	齐	齊	齊	亐	齐	齊
甲骨文	金文	小篆	隶书	草书	行书	楷书

【造字本义分析】，三个蛇形构件是禾苗初生的象形。齐字的本义是田里的禾苗同时出芽。

【姓氏起源推测】田里的禾苗齐刷刷地出芽，说明当地土地肥沃，风调雨顺，有着绝佳的自然条件。由禾苗的生长特征命名为齐地，齐地，是齐作为姓氏的一个源头。

西周克商后，立下至伟之功的姜子牙获封于齐地，建齐国。战国初，齐国权臣田氏篡夺君位，原姜姓王室含恨改姓为齐。

Kāng
康

| 甲骨文 | 金文 | 小篆 | 隶书 | 草书 | 行书 | 楷书 |

【造字本义分析】 ，两边的构件"手"是义符；中上的构件是经过晒干处理的禾苗；中下的点状构件是谷粒。康字的本义是用手摔打禾苗脱粒。

【姓氏起源推测】春种一粒粟，秋收万颗子。伴随着收获的喜悦，脱粒也是先民们几千年来甜蜜的苦恼。机械化的高效脱粒，至今也不过半个世纪的历史。之前谷物的脱粒，有臼、碾等工具。康这种看似原始的手动脱粒法，很可能有选种的动因，所以才引申出健康、小康等含义。

善于选种的农人，或以康为氏；谷物生长质量高，良种率高的地方，可用康作为地名。外号、康地，是康作为姓氏的源头。

周武王的七弟姬封被封于康地，称康叔。武庚之乱后，康叔获得殷商王畿旧地，建卫国。卫国被秦国攻灭后，有遗民为纪念康叔，以康为氏。

十二　伍余元卜　顾孟平黄

Wǔ
伍

| 小篆 | 隶书 | 草书 | 行书 | 楷书 |

【造字本义分析】 伍，左边的构件"人"是义符；右边的构件"五"是兼有表意功能的声符。伍字的本义是军队中五人一组的编制单位。

【姓氏起源推测】 伍是军队中最小的组织单位，虽然众多的伍长会被称为伍某，但以极低的官阶直接演化为姓氏几无可能。伍作为姓氏的可能路径有三个：一是某伍长常年从军却晋升无门，从而获得"伍某"的外号；二是某伍长因巨大的军功获奖、跃升甚至受封，从而以伍为氏；三是取同伴的引申义用作人名，由人名中的伍衍出伍氏。

Yú

余

| 甲骨文 | 金文 | 小篆 | 隶书 | 草书 | 行书 | 楷书 |

【造字本义分析】 ，上边三角形的构件表意为尖顶；一竖的构件表意为立柱；下边斜线的构件表意为搭板。余字的本义是用建筑废料搭建的单柱尖顶的临时休息之所。

【姓氏起源推测】东方建筑以木结构为主，梁柱檐枋均极精巧，斧锯取舍之下，废料极多。而雕凿描绘的工艺也极为繁杂，工期往往以年计。在工地小憩，当然也可以席地而卧，但偏偏场内有能工巧匠，随手拣几块建筑下脚料左支右搭，没有预先的设计，也不追求美感，一座可供临时休息的小亭便竖立起来。有此匠心妙手的工人，辗转多地，屡施手艺，便有可能得到一个余某的社会性符号，由此演化为姓氏。

余作为谦辞也应用极广，潜台词就是自谦我只是上不得大雅之堂的建筑废料。才能卓异又为人谦逊的人，总是自称为余，也就有可能被冠以余的社会性符号，演化为姓氏。余的谦辞应用也会被用作人名，进而由人名演化为姓氏。

战国早期，晋国人由余西入秦国为相，功绩卓著。他的后人有以余为氏者。

Yuán

元

| 甲骨文 | 金文 | 小篆 | 隶书 | 草书 | 行书 | 楷书 |

【造字本义分析】 ，上边的构件"上"是兼有表意功能的声符，本义为物理位置的高，字内表意为来源、统摄；下边的构件"人"是义符。元字的本义是统领人意识和行动的神力。

【姓氏起源推测】早期汉字中极少有表示抽象意义者，元是其中之一。元的本义与神相关，早期应该没有人敢直接用于姓氏。但元字内涵极广，应用灵活，几乎所有肇始的含义都可以用元来表达，包括人名、地名、事物名。由这些具化了的名衍生出元的姓氏就脱离了神的束缚，顺理成章了。

商朝有一位太史名叫元铣，其后人以元为氏。

春秋时卫国大夫咺食邑为元地，其后人以元为氏。

北魏孝文帝迁都洛阳，推行汉化，皇室的拓跋氏改汉姓为元。

Bǔ

卜

| 甲骨文 | 金文 | 小篆 | 隶书 | 草书 | 行书 | 楷书 |

【造字本义分析】 ，构件"丨"是义符，是杖的象形；斜向上的构件是义符，表意为杖顶端的装饰物。推测卜字的本义是巫觋手

持的具有和神秘力量沟通功能的杖形工具。

【姓氏起源推测】卜，本是一种和神灵沟通的道具，继而指一种和神灵沟通的行为，也是一种和神灵沟通的媒介，还被用来指称有能力和神灵沟通的人。

占卜的程序，是先用"卜"按照需要问卜的事项在甲骨上砸出小坑，然后用火烧烤甲骨，出现的裂纹叫作"兆"。根据对"兆"的分析解读就可以预知吉凶。由于卜在整个过程中的关键作用，因此被借代作占卜过程的总称。

从氏族到部落、部族，卜者始终有着重要的地位。而且由于占卜仪式的复杂性和系统性，卜者成了独占这一知识的人，卜又因此成为一种世袭的职业、官职。卜作为姓氏的唯一源头就是卜师这一职业和官职。

Gù
顾（顧）

| 金文 | 小篆 | 隶书 | 草书 | 行书 | 楷书 |

【造字本义分析】　，左边的构件"雇"是兼有表意功能的声符，本义为候鸟在人的居住地短暂停留；右边的构件"页"是义符，本义为头部。顾字的本义是脖颈修长的鸟儿在途经人类居住地时好奇地左右观看。

【姓氏起源推测】候鸟在迁徙途中会短暂停留，其情形正如家中短暂请人做工，这就是雇字引申义的由来。候鸟扎营，或出于好奇，或为了警戒，头部会大幅度地左右转动，以观察周围的情形。

由顾字的本义来看，候鸟经常停留的地方可能以顾命名。顾地，是顾作为姓氏的一个源头。

由顾字的引申义来看，因为谨慎或好奇而习惯左右观看的人会因这一特征而被冠以顾这个社会性符号，进而演化出顾的姓氏。

夏朝有一个附庸小国叫顾国，被商所灭，遗民以顾为氏。

Mèng

孟

| 金文 | 小篆 | 隶书 | 草书 | 行书 | 楷书 |

【造字本义分析】，里边的构件"子"是义符；外边的构件"皿"是兼有表意功能的声符，本义为敞口的水器。孟字的本义是溺毙长子。上古有抢婚习俗，为保证血统纯净，故有溺毙不足月而生长子的举动。

【姓氏起源推测】溺毙长子看似野蛮，却有着可以理解的动机。因为抢婚虽然成功，但并不能保证新娘在婚礼之前是否怀有他人的胎儿。氏族是一个以血缘为纽带的群体，若是混入了外族的基因，无疑对氏族是一个根本性的打击。这一行为虽然随着抢婚习俗的结束而消失，但孟作为庶出长子的排序用词却保留了下来。比如孟姜女，就是指姜姓人家的长女。所以，孟作为姓氏的来源虽然唯一，但家家庶出的老大都以孟为氏，很难为孟姓锁定一个始祖。

鲁桓公有三支后裔长期把握鲁国实际权力，依长幼之序分别是孟孙氏、叔孙氏、季孙氏。孟孙氏后人以孟为氏。

春秋时卫襄公的儿子字孟公，他的后人以孟为氏。

Píng
平

| 金文 | 小篆 | 隶书 | 草书 | 行书 | 楷书 |

【造字本义分析】  ，下边的构件"乎"是义符，表意为吹奏出声的单管乐器，中间的三点是指事符号，表示气流发声；上边的一字形构件表意为发声气流稳定，音高如一。平字的本义是用稳定音高的号角声报告一切正常。

【姓氏起源推测】氏族、部落在居住地外围有瞭望的高塔，上面放哨者手里所拿的乎是预警的号角。平是乎的一种信号，始终如一的音高表示没有敌情，一切正常。如果狼烟升起，乎发出的就是尖利上扬的音调，提示大家情况紧急，做好应战准备。

和平，是人类的向往，平，就成了乎的主流。随着部族范围的扩大，平也从营地的一角升级至边境的一城。历史上，以平命名的边城不在少数。平的姓氏，是由地名演化而来。

战国时，韩哀侯的少子婼被封于平邑。韩灭亡后，婼的后人以平为氏。

Huáng
黄

| 甲骨文 | 金文 | 小篆 | 隶书 | 草书 | 行书 | 楷书 |

【造字本义分析】，纵向的构件"矢"是义符，本义为箭；中间的日字形构件象形的是箭靶的靶心。黄字的本义是植物秸秆捆扎或泥浆涂抹而制成的箭靶，后专指此二者本来的颜色。

【姓氏起源推测】弓箭的发明，是冷兵器的革命，也是人类文明史上的一件大事。弓箭虽然威力巨大，但对准度有极高的要求，因此需要勤加练习。黄，就是练习用的箭靶。在立柱上钉一截短木悬挂箭靶，就是横；如果用竹片悬挂，因为弹性而有节律地晃动，就是簧；用水调和颜料描绘箭靶，就是潢。有的字形将上边箭头的构件改为口，表意为以战俘作为箭靶，惨叫连连。

传说弓箭是由轩辕氏的首领发明，该部落从此战力大增，四方咸服，称之为帝。因为箭靶明显的特征，因此以黄为氏，又称黄帝。黄帝部族活动的地域，后世也以黄命名。黄帝、黄地，都是黄作为姓氏的源头。

颛顼的一支后裔被封于黄地，建黄国。黄国被楚国攻灭后，遗民以黄为氏。

十三　和穆萧尹　姚邵湛汪

Hé
和

金文　　小篆　　隶书　　草书　　行书　　楷书

【造字本义分析】，右边的构件"口"是义符，表意为歌唱；左边的构件"禾"是兼有表意功能的声符，本义为有穗、枝茎中空可以吹奏发声的植物，表意为乐器。和字的本义是歌声与乐器相互配合。

【姓氏起源推测】农业发明之前，上古先民挣扎在温饱线上，一切的行为都是为了活着，不一定有闲情逸致鼓捣精致的乐器。要等到农业技术成熟，每年秋季都享受着丰收的喜悦，他们才会发挥自己浪漫的才能，用割下的禾秆吹出优美的旋律。而在乐器没有出现之前，劳动中已经产生了节奏明显的歌，称为谣，大约像现在的说唱。大量累积的歌谣配上禾秆吹出的乐曲，让先民们耳目一新，这种感觉就是和。

吹奏禾秆为歌谣伴奏需要敏锐的听觉和丰富的经验，难度极大，精于此道的农人或被送一个和某的社会性符号，由此演化为姓氏。宫廷乐官技艺精湛者也以和为追求的目标，或也有以和为氏者。

和字所寓含的美好意义也会用于人名，这也是和作为姓氏的源头。春秋时为楚王献和氏璧的卞和，他的后裔也有以和为氏者。

Mù

穆

| 金文 | 小篆 | 隶书 | 草书 | 行书 | 楷书 |

【造字本义分析】 ，右边的构件"禾"表意为高秆作物；左边的构件是禾穗结籽成熟后低垂的样子；金文有字形增加义符"彡"，表意为日光。穆字的本义是结籽后的高秆作物在阳光下垂首肃立。

【姓氏起源推测】在农村经历过金秋的人，一定会为夕阳下肃立的高粱、向日葵等高秆作物而动容。穆本是名词，但颗粒饱满但静默不语的形象，让人联想到能力超群却宽厚谦逊的品格，所以先变为形容词，用来指具有此等优秀品格的人；又成为谥号用字，用于评价性格敦厚的去世王侯。穆作为姓氏的源头，就是尊号和谥号。

春秋时，宋宣公让位给弟弟，弟弟在位九年，临终前又将君位交给哥哥的后代。为防止政争，他将自己的儿子送到郑国去居住。他的德行被时人称颂，死后加谥号穆。他的后人有以穆为氏者。

Xiāo
萧（蕭）

蕭　蕭　蕾　萧　蕭

小篆　　隶书　　草书　　行书　　楷书

【造字本义分析】 蕭 ，上边的构件"艸"是义符；下边的构件"肃"是兼有表意功能的声符，本义为手持毛刷清理范具的内壁。萧字的本义是干枯得如同清理范具的毛刷头一样的植物。

【姓氏起源推测】可以重复使用的范具大大提高了铸造的效率，但有一个令铸造师头疼的问题就是每次铸造完毕都会在范具内壁留下一些残渣，严重影响下一次铸造的质量。他们能采取的方法，就是用毛刷仔细地清理，并将刷起来的渣滓吹出去。肃清，最早指的就是这个过程。用来吹出残渣的竹管，就是"箫"；吹掉残渣时悠长凄凉的声音，就是"啸"；像毛刷一样沧桑干枯的草本植物，就是"萧"。

萧应该是指类似芦苇、蒲草、白草等植物，长长的茎秆，顶部生穗，寒风渐起时变得枯黄，外形正像毛刷。此类植物一般簇生，极易被作为地域特征，用于地名。萧地，就是萧作为姓氏的源头。

宋国微子启的后人，被封于萧邑，建萧国。萧国被楚国所灭，遗民以萧为氏。

Yǐn
尹

甲骨文	金文	小篆	隶书	草书	行书	楷书

【造字本义分析】 ，左边的构件"丨"是义符，字内表意为表示权威及决策的权杖；右边的构件"又"是兼有表意功能的声符，本义为手持。尹字的本义是手持权杖，对一定范围有管理权的人。

【姓氏起源推测】 世界各地的出土文物中，有不少权杖的实物，证明以权杖代表权力并非无稽的传说。关于权杖的历史，是个宏大的选题。但简言之，不论是因为神迹还是圣物，一般都体现着原始巫术的接触律原则。现代人追星，其实也在延续着这种文化。邓亚萍用过的球拍，猫王用过的话筒，都已超越了物品本身的价值。对一个地区进行管理，丛林时期是拳头说了算，进入政治时期，就只需要一根首领亲赐的权杖，这就是尹。

尹和君的区别，是少个口。君既可以下令，又有决策权。尹是职业经理人，只负责代君王对区域进行管理，执行君王的旨意。通俗地说，尹就是后代的宰相，一人之下万人之上，是非常重要的职位。尹作为姓氏的源头，就是官职。

某一功勋卓著的尹退隐归田，他居住的地方或许也会以尹为名。传说东夷族的首领少昊的儿子殷被封在尹地，后代以尹为氏。

Yáo
姚

| 金文 | 小篆 | 隶书 | 草书 | 行书 | 楷书 |

【造字本义分析】 左边的构件"涉"是兼有表意功能的声符，小篆时讹写为形近的"兆"，本义为过河；右边的构件"女"是义符。姚字的本义是领地包括河两岸的女祖部落。

【姓氏起源推测】姚是一个古老的姓，源于母系社会时期的姚姓部落。这个部落之所以以姚为姓，从姚字字形分析，极可能是因为这个部落掌握了渡河的技术，从而可以控制河两岸的广阔地域。进入农业文明后，各部落进行了大范围的融合重组。姚姓部落旧有的区域以姚为地名。

姚姓部落、姚地，都是姚作为姓氏的源头。

舜生于姚地，以姚为姓。

Shào
邵

| 金文 | 小篆 | 隶书 | 草书 | 行书 | 楷书 |

【造字本义分析】 左边的构件"召"是兼有表意功能的声符，本义为首领请各方诸侯前来品尝美酒；右边的构件"邑"是义符，

本义为有领主有边界的聚居地。邵字的本义是君王宴请各方诸侯的地方。

【姓氏起源推测】邑作为右边构件的字，无一例外都指地名。是什么样的地方呢？要看左边构件的含义。召，是请人赴宴。因为造字是官方行为，所以召最初的主体就是首领。首领请客的地点，如果在宫中，无须另行造字；如果在宫外其他地方，那就有内涵的政治意义，比如安抚绥靖，新造一个邵字来命名就合乎逻辑了。邵作为姓氏的源头，就是地名。

一说，西周初四圣之一的召公奭，封地称召，加邑为邵，邵地有以邵为氏者。

Zhàn

湛

| 金文 | 小篆 | 隶书 | 草书 | 行书 | 楷书 |

【造字本义分析】 ，左边的构件"水"是义符，字内表意为美酒；右边的构件"甚"是兼有表意功能的声符，本义为盛取了超量的美食。湛字的本义是令人沉醉其中的美酒。

【姓氏起源推测】湛在造字之初应该有一点批评的意味，提醒王公贵族不要沉迷美酒。但古今中外，有几个人能正视批评呢？湛字的内涵很快变为美丽的、迷人的、令人沉醉的美酒。而总能酿造出如此美酒的酿酒师，或许会被加一个湛的社会性符号，从而演化为姓氏。

天空一碧如洗时，也可用湛来形容。江河平静深邃，也可用湛来命名。作为姓氏，湛也有可能源于地名。

传说夏朝时有斟灌国，亡国后，国民于纪念和避祸两相矛盾中想出个折中的办法，取国名两个字的各一半新造湛作为姓氏。

Wāng
汪

金文　　小篆　　隶书　　草书　　行书　　楷书

【造字本义分析】　　，左边的构件"水"是义符；右边的构件"往"是兼有表意功能的声符，本义为去拜见大王。汪字的本义是小股水流汇聚的地方。

【姓氏起源推测】地势低的地方，在雨季或洪涝中聚了水，就是汪。汪比较大或比较多的地方，就会因这一特征而被以汪命名。

汪地，是汪作为姓氏的源头。

春秋时鲁桓公的庶子满，封地在汪，他的后人以汪为氏。

一说，夏禹时有防风氏，首领因罪被杀。族人改以读音相近的汪芒为氏，商朝时建汪芒国。汪芒国民有以汪为氏者。

十四　祁毛禹狄　米贝明臧

Qí
祁

金文　　小篆　　隶书　　草书　　行书　　楷书

【造字本义分析】，左边的构件"示"是兼有表意功能的声符，本义为天神给人间呈现的具有预兆意义的表象；右边的构件"邑"是义符，本义为有边界有领主的聚居地。祁字的本义是在出现神迹之处建的城。

【姓氏起源推测】右边构件是邑的字，含义都是地名。祁，是一座什么城呢？很可能是当地出现了某种无法解释的神迹，惶恐之下，建一座城进行祭祀。这座城就被命名为祁。在时间的冲刷下，神秘感逐渐消失，烟火气占据主流，就变成一个聚居地了。

祁地，就是祁作为姓氏的源头。

春秋时晋献侯的四世孙封地在祁，其后人以祁为氏。

Máo
毛

| 金文 | 小篆 | 隶书 | 草书 | 行书 | 楷书 |

【造字本义分析】，下边加重的一点表意为生长处；两边的分叉表意为附着。毛字的本义是单支鸟羽两旁的分叉。

【姓氏起源推测】上古时期，鸟作为看似摆脱了地心引力的动物，得到了普遍的崇拜。鸟的羽毛，也因此成了可以借助神力的道具和装饰物。鸟类栖息数量多的地域，有丰富的羽毛资源，或以毛为地名；鸟羽装饰华丽别致的部落，也可能以毛为氏。

毛氏部落、毛地，是毛作为姓氏的源头。

周文王的儿子伯聃，封地在毛邑，其后人以毛为氏。

周文王的庶子叔郑，封地在另一个毛邑，建毛国，其后人以毛为氏。

Yǔ
禹

| 金文 | 小篆 | 隶书 | 草书 | 行书 | 楷书 |

【造字本义分析】，构件"虫"是义符，表意为蛇；构件"又"是义符，本义为用手抓取。禹字的本义是制服毒蛇。

【姓氏起源推测】大禹的功绩，除了治水，还有驱除以蛇为主的毒虫。禹会抓蛇，不是因为取了个含义为抓蛇的名，而是因为他会抓蛇，而以禹为氏。又或者，禹所在的夏后氏部族中，有善于抓蛇的氏族，禹就出自这个氏族。还有一种可能，蛇的数量很多的地域，以禹为地名。

禹地、大禹，是禹作为姓氏的两个源头。

春秋时有小国鄝（捕蛇之地），被灭后遗民以禹为氏。

Dí

狄

| 甲骨文 | 金文 | 小篆 | 隶书 | 草书 | 行书 | 楷书 |

【造字本义分析】，左边的构件"大"是兼有表意功能的声符，本义为不用躬身劳动的贵族；右边的构件"犬"是义符。狄字的本义是随身有大型猎犬陪伴的贵族。

【姓氏起源推测】上古时的中原人，统称北方部族为狄。命名的逻辑就是北方的贵族，经常随身带一条凶巴巴的大狗。因此，广袤的北方，也被泛称为狄地。狄地人到中原来，即被冠以狄这个社会性符号，进而演化为姓氏。

周康王将弟弟孝伯封于狄城，孝伯的后人以狄为氏。

Mǐ
米

| 金文 | 小篆 | 隶书 | 草书 | 行书 | 楷书 |

【造字本义分析】，六个点状构件表意为去壳后的谷粒；一横的构件表意为平分、可数。米字的本义是去壳后可分配食用的籽粒。

【姓氏起源推测】金秋时节，从田里收割回来的是穗；脱粒后带着硬壳的是谷；去壳之后就是米，可以分给成员食用了。去壳的、分米的，若是任职时间久甚至世袭，就可能以米为氏。比较丰产的地区，每年都收获大量的粮食，有可能被称为米乡，当地人或有以米为氏者。

一说，西域有米国，隋唐时有一支进入中原，以米为氏。

Bèi
贝（貝）

| 甲骨文 | 金文 | 小篆 | 隶书 | 草书 | 行书 | 楷书 |

【造字本义分析】，象形字。贝字的甲骨文字形是对一种海洋甲壳类软体动物外形的模拟。贝字的本义是一种开口内收的介壳动物，因其大小匀称，长期作为一般等价物。

【姓氏起源推测】人类的工具多了，对自然的了解也越来越深刻，就逐渐脱离了吃和被吃的窘境。有了剩余的物质，就发展出了物物交换的原始商业。一般等价物，就在热闹的市场中一天天成了主角。什么是一般等价物呢？就是人人都喜欢、都需要的物质。因此，贝不是第一种一般等价物。是玉石、农具等笨重的、不易携带的、难以分割的竞争者——败下阵来，贝才粉墨登场，做了很久的货币。

但不是每一种贝都能在市场上随意消费，从贝字的字形和现存文物分析，只有一种形体小、外形均匀的海贝被作为货币。一般等价物的贝形锁定，出产这种贝的地方就相当于印钞厂，地位相当重要。贝，自然就成了给其命名的不二选择。

贝地，是贝作为姓氏的源头。一个群体，要有一个中央银行。负责管理贝的收支的官职，或也以贝为名，并发展为姓氏。

西周四圣之一的召公，一支后裔被封在浿丘，其后代以贝为氏。

Míng
明

| 甲骨文 | 金文 | 小篆 | 隶书 | 草书 | 行书 | 楷书 |

【造字本义分析】 ，左边的构件"月"是义符；右边的构件"日"也是义符。明字的本义是天空中发光的天体。

【姓氏起源推测】光明，对大多数的动物都是极其珍贵的，尤其是没有电灯，甚至火还没被人类完全驾驭的时代。因此，世界上很多部族都产生过对日、月、光明的原始崇拜。虽然没有准确的记录，但可以推知，以明为称号的部族应该不少。这些部族聚居的地方，也会因此留下不少包含明字的地名。

这些部族的后裔、包含明字的地名，都是明作为姓氏的源头。明字美好的寓意也多用于人名，以明为名的名人，也是明作为姓氏的源头。

一说，秦国名臣百里奚的儿子视，字孟明，是秦国名将，他的后人有以明为氏者。

一说，燧人氏有一个大臣叫明由，他的后人以明为氏。

Zāng
臧

| 甲骨文 | 金文 | 小篆 | 隶书 | 草书 | 行书 | 楷书 |

【造字本义分析】 ，左边的构件"臣"是兼有表意功能的声符，本义为俯首听命，字内表意为忠诚的守卫；右边的构件"戈"是义符。臧字的本义是忠诚地守卫某人或某物。金文字形增加构件"口"，表意为范围；增加构件"爿"，表意为放置。字义丰富为守卫在固定范围内专门放置的某物。

【姓氏起源推测】韦是绕城巡逻的守卫；何是机动巡查的守卫；臧则是站在门口的守卫。臧所守护的，或者是将领，或者是重要的场所。

忠诚的、长期的守卫者，或者极为重要的、极其关键之物的守卫者，有可能被冠以臧这个社会性符号。藏置重要、关键物品的地方，久之也会将臧作为地名。

守卫者、地名，都是臧作为姓氏的源头。

春秋时，鲁孝公的儿子彄，封地在臧邑，他的后人以臧为氏。

一说鲁惠公的儿子欣，字子臧，他的后人有以臧为氏者。

十五　计伏成戴　谈宋茅庞

计（計）

| 小篆 | 隶书 | 草书 | 行书 | 楷书 |

【造字本义分析】 計，左边的构件"言"是义符；右边的构件"十"是兼有表意功能的声符，本义为一个基本数量单位的总称。计字的本义是经过讨论确定数量或数量之间的逻辑关系。

【姓氏起源推测】 不仅是当代有文理分科，即使在遥远的上古时代，数学也是令很多人头痛不已的难题。对持续观察的日月天象进行统计；对部落每年的收获进行统计；对田里庄稼的投入产出进行统计；对部落成员的物资分配进行统计……

计，不能出错；计，需要天赋和经验。可以推知，计是一个相当重要的官职，或是一个专门的机构。机构所在地、官职，是计作为姓氏的源头。

西周时的莒国都城所在地叫计斤，莒国被楚国攻灭后，遗民有以计为氏者。

Fú
伏

金文　　小篆　　隶书　　草书　　行书　　楷书

【造字本义分析】 ，左边的构件是"人"，右边的构件是"犬"。伏字的本义是人类带着驯化的犬俯身捕猎。

【姓氏起源推测】驯化动物是人类发展史上极其重要的里程碑。但驯化动物并非一蹴而就，是漫长的岁月和点滴的积累最终使人和动物化敌为友。

在被驯化的动物中，犬类以其机敏的反应和刚利的爪牙成了人类捕猎的好助手。伏，从字形分析就是对犬类加以训练，使之能和主人协同行动。伏的含义由驯犬到驯犬者，再由驯犬的职业演化为姓氏。

从字义分析，伏羲氏或许是最早驯化动物的部落。伏羲氏的后裔有以伏为氏者。

一说，北周开国元勋侯植因功被赐侯伏侯氏，其后裔有以伏为氏者。

Chéng
成

| 甲骨文 | 金文 | 小篆 | 隶书 | 草书 | 行书 | 楷书 |

【造字本义分析】，左边的"口"字形构件表意为城邑；右边的构件"戌"是义符，本义为宽刃兵器，表意为威权。成字的本义是武力征服以胜利结束。有字形以血滴形构件代替"口"，表意为战争结束。

【姓氏起源推测】国这个概念，古今的内涵差异很大。上古时期，氏族部落迁徙不定，只有一个模糊的领地的概念；夏商周三代，有了王，就有了相对的诸侯，诸侯的领地独立，就有了国的雏形；秦汉之后，没了封建，大一统的王朝以天下之中自居，其实也没有清晰的国的概念。现代意义上的国，是在一次次的战争割地之后，才逐渐有了清晰的边界。

成字体现的，就是领地阶段的精髓——武力至上。对于觊觎的土地，没有什么兵法计谋，更没有什么文化感召，抡起斧钺打便是了。武力的胜利，征服的结束，就是成。因此，成是给被占领土命名的绝佳用词。地名，是成作为姓氏的源头。

武王克商后，把自己的弟弟叔武封于郕（新征服的土地），建郕国。其后人以成为氏。

Dài

戴

戴	戴	戴	戴	戴
小篆	隶书	草书	行书	楷书

【造字本义分析】戴，左下的构件"異"是义符，本义是双手将面具蒙在脸上；右上的构件"㦮"是兼有表意功能的声符，本义为将戈插在地上。戴字的本义是战前将戈插在地上，腾出双手蒙好面具。

【姓氏起源推测】北齐时有个兰陵王高长恭，每次上阵打仗都要戴一个面具，勇猛无比。从戴字的字形来看，这可不是兰陵王的首创。打仗戴面具，是为了获得祖先或神灵的庇佑。

最早做出这一举动的部落，或许被称为戴。戴氏部落聚居的地方，也就以戴为名。某一位戴上面具之后勇猛无敌的名将，或也会得一个戴某的社会性符号。部落名、地名、外号，是戴作为姓氏的源头。

西周时有戴国，春秋时被宋国攻灭，遗民以戴为氏。

宋国宋戴公的后裔，有以戴为氏者。

Tán

谈（談）

談	談	淡	談	谈
小篆	隶书	草书	行书	楷书

【造字本义分析】談，左边的构件"言"是义符；右边的构件"炎"是兼有表意功能的声符，本义为火焰，字内表意为矛盾激烈的事项。谈字的本义是用语言的交流解决激烈的争端。

【姓氏起源推测】解决争端，有三种方式。一是任其发展；二是诉诸武力；三是沟通交流。谈，就是通过语言的沟通解决看似严重的问题。谈判，技巧是其次，情商是关键，不是每个人都有能力胜任谈判的角色。谈字的含义，可以由行为转化至谈判者，一个屡战屡捷的谈判高手或许被称为谈某。谈也可以指重要的谈判地点，一个经历了极其艰苦的唇枪舌剑后终于确定归属的地方，也会被命名为谈地。

谈判者的身份、谈判的地点，是谈作为姓氏的源头。

周朝有大臣名谈，其后人以谈为氏。

宋国公室有后裔封邑在谈，以谈为氏。

Sòng

宋

甲骨文	金文	小篆	隶书	草书	行书	楷书

【造字本义分析】宋，上边的构件"宀"是宗的简省，兼有表意功能的声符，表意为宗庙；下边的构件"木"是义符。宋字的本义是宗庙中种植的大树，象征家族生机。

【姓氏起源推测】宀中有豕才是家，家中有树就是宋。

家字的本义不是小两口的结合，而是指有宗庙的封地。豕，是祭祖的牺牲；木，则是象征家族绵绵不绝的生机。三次文化南移后，粤闽地区的家庙祠堂很多，一般都会在院中植树。

在宗祠中种植、维护树木的官职，称为宋。任职者或以宋为社会性符号。

家族的延续，称为宋。这也就是为什么武王克商后将商纣王的兄长微子启封在殷商旧地，以宋为国号。宋国的殷商遗民，有以宋为氏者。宋国被齐国攻灭后，遗民以宋为氏。

Máo
茅

金文　　小篆　　隶书　　草书　　行书　　楷书

【造字本义分析】，上边的构件"艸"是义符；下边的构件"矛"是兼有表意功能的声符，本义为绑在战车上的长柄直刃武器。茅字的本义是叶片直而尖锐的草。

【姓氏起源推测】茅是种植物，因为叶片与当时的常规武器形状相似，所以有幸得到一个专门的字来命名。而茅草也不是徒有其表，它在百姓日常生活中发挥了巨大的作用。其中一个最主要的用途，就是覆盖屋顶。唐代诗圣杜甫有名作《茅屋为秋风所破歌》，开篇便是"八月秋高风怒号，卷我屋上三重茅……"

茅草繁茂的地域，可能会以茅命名。茅地，是茅作为姓氏的源头。

西周初，周公的第三个儿子姬叔被封于茅地，其后人以茅为氏。

Páng
庞（龐）

| 金文 | 小篆 | 隶书 | 草书 | 行书 | 楷书 |

【造字本义分析】 ，上边的构件"广"是兼有表意功能的声符，字内表意为有顶的建筑；下边的构件"龙"是义符，字内表意为体形巨大。庞字的本义是内部大量雕画龙形的大型建筑。

【姓氏起源推测】龙是否真实存在至今仍争论不休，但从龙字王冠形的构件可以确定，龙的形象很早就被赋予了王权的内涵，是王室的禁脔。庞，本义是阔大精致的房屋，其特点就是整个建筑雕画有很多龙的形象。因此可以推定，庞和宫相表里，指的都是王的居所。宫，是就建筑群落之多而言；庞，则是指建筑内部的壮观精美。

庞字含义的引申线索有三：巨大，如庞然；精致，如脸庞；工序繁多，如庞杂。有能力营造宫室的匠人是行业的佼佼者，或被加以庞这个社会性符号；这些建筑匠人的聚居地也可能以庞为名；曾经矗立精美王宫的地方也可能以庞为名。

职业、地名，是庞作为姓氏的两个线索。

周文王的一支后裔被封于庞乡，后代以庞为氏。

十六　熊纪舒屈　项祝董梁

Xióng

熊

| 金文 | 小篆 | 隶书 | 草书 | 行书 | 楷书 |

【造字本义分析】 ，能是熊的本字。左边的构件表意为直立；右边的构件表意为巨爪。熊字的本义是可以直立拥有巨爪的动物。

【姓氏起源推测】什么是能力？就是像熊一样站立。地区安定的标志是什么？是活动于此的熊被网捕获（罴）。上古先民造这三个字，充分反映了熊给人类留下了多么大的心理阴影。因此，有勇力和技巧捕熊的氏族、部落，会以熊为氏；希望孩子智勇兼备的，也可以给孩子取名为熊。

氏族、部落的称号、名人，都是熊作为姓氏的源头。

黄帝既称轩辕氏（发明战车），又称有熊氏（会捕熊），后裔有以熊为氏者。

楚国的开创者叫鬻熊（把熊抓来煮粥的人），其后人有以熊为氏者。

纪(紀)

Jǐ

| 金文 | 小篆 | 隶书 | 草书 | 行书 | 楷书 |

【造字本义分析】己，"纪"是"己"的加旁分化字，本义是用绳索平均分配劳动成果。用绳索折出等距的空当，将待分配的物品平均放置其中，开口所对的部分就是我的。己的含义逐渐变为自己后，小篆字形增加义符"糸"，继续表示用丝绳作为工具，按照一定规则进行成果分配。

【姓氏起源推测】原始共产主义阶段，大家集体渔猎耕种，所获成果如何分配呢？没有文献，也没有文物，文字是唯一的线索。

当时虽然没有精确计量的衡器，但因为结绳记事的传统，大家利用熟悉的绳索来完成分配是极有可能的。用绳索左折右折，形成大小均匀的空当，在其中放置所分配的物品。开口对着我的部分就是我的，就是自己的己；用语言报出分配规则或结果的，是记；心里总想着自己这份不如别人的，是忌。负责折绳分配的人，既要数学好，还得美术好，更关键的是有一片公心。这个职责，称纪；专门进行分配的地区，也称纪。

官职、地名，就是纪作为姓氏的源头。

西周初有纪国，为炎帝后人所建，春秋时被齐国所灭，遗民以纪为氏。

Shū
舒

| 金文 | 小篆 | 隶书 | 草书 | 行书 | 楷书 |

【造字本义分析】 上边的构件"余"是兼有表意功能的声符，本义为临时休息的简易建筑；下边的构件"吕"是义符，本义为众多外形相同的标准器。舒字的本义是有多间房屋的宽敞客舍。

【姓氏起源推测】上古时官吏出差，拿个东（行囊），拎件袁（长款官衣），红日初升出发，夕阳落山席地而眠。随着社会的进步发展，出差的条件大大改善。有了馆（可吃饭），有了驿（可换马），有了舍（可休息）。

一般的舍，就像现在的招待所，因陋就简；舒，则是五星级酒店的行政套房。舒毕竟少有，建有舒的地方，也因此被称为舒。舒地，是舒作为姓氏的源头。

西周初，皋陶的后人被封于舒，建舒国。舒国被攻灭后，遗民以舒为氏。

Qū
屈

| 金文 | 小篆 | 隶书 | 草书 | 行书 | 楷书 |

【造字本义分析】 ，上边的构件"尾"是义符；下边的构件"出"是兼有表意功能的声符，本义为离开洞口。屈字的本义是野生穴居动物收尾躬身进出狭小的洞口。

【姓氏起源推测】穴居动物的洞口，都不太大。一来是为了防风保温，更重要的是抵御天敌的侵袭。为此付出的代价，是进出都要屈身。人类也有过不短时间的穴居，当开始有意识地建筑居所时，也会因为远古的记忆而将门造得比较低矮，尤其是窑洞和半地穴等依托原有自然环境建造的房屋。此类门洞低矮的房屋集中的地区，会因出入的弯腰低头等特征而被称为屈。

弓腰屈身是个特殊的体态。或者因为腰背的疾患，或者是天生懦弱的性格所致。具有这一特征的人，也会被取一个屈的社会性符号，由此演化为姓氏。

屈地、外号，是屈作为姓氏的源头。

楚武王的儿子瑕封地在屈，后代以屈为氏。

北魏孝文帝推行汉化时，所属的屈突氏（也是因为居所特征得名）改汉姓为屈。

Xiàng
项 (項)

| 小篆 | 隶书 | 草书 | 行书 | 楷书 |

【造字本义分析】項，左边的构件"工"是兼有表意功能的声符，本义为用于测量的多功能器具，字内表意为一节一节整齐排列的颈椎；右边的构件"页"是义符，本义为头部。项字的本义是头的后部颈椎与身体相连的部分。

【姓氏起源推测】口语中的脖子，正式的书面用语写作颈项。从文字学角度结合现代解剖学理论来看，颈是个宏观的称呼，突出的是脖子挺直的特征；项则描述了微观层面，一节节椎体整齐排列，是延髓的保护层，是脑室与脊髓连接的通道，是各中枢与身体连通的唯一通道。比之于一个国，位于宫室之外战略通道上的城也像人的颈项一样重要，也因此可以以项为名。

项地，是项作为姓氏的源头。

春秋时，楚国的公子燕被封于项，建项国。项国被攻灭后，遗民以项为氏。

Zhù
祝

| 甲骨文 | 金文 | 小篆 | 隶书 | 草书 | 行书 | 楷书 |

【造字本义分析】 ，左边的构件"示"是义符，本义为神灵给人间的预兆；右边的构件"兄"是义符，本义为祭祀仪式上带头祷告的人。祝字的本义是祭祀时念念有词地祷告。

【姓氏起源推测】知识盲区多，神秘力量就多。自然崇拜，是远古先民社会生活中顶顶重要的事。祭祀，要有仪式；仪式，要有主持人。祭祀仪式的主持人，可号令万民的，是帝；国、家的嫡长子，是兄。兄在祭祀仪式上的念念有词，是祝。

祝作为姓氏的线索有两个：一是专门举行祝祷仪式的地方，会以祝为名，进而演化为姓氏；二是君王在祝祷仪式中道具化之后，主持祭祀由专门的职官负责，称祝，或太祝，这个官职逐渐变为姓氏。

西周初，黄帝的一支后裔被封于祝地，其后以祝为氏。

Dǒng
董

| 小篆 | 隶书 | 草书 | 行书 | 楷书 |

【造字本义分析】𦸼 ，上边的构件"艸"是义符，下边的构件"童"是兼有表意功能的声符。童字的本义是被刺伤眼睛用作奴仆的少年，加一个"艸"的义符，董字的本义是尖细的草，因为不注意容易被刺伤，所以有了监督的引申义。

【姓氏起源推测】农村收割小麦的时候，大人们总是不停地提醒奔跑穿梭的顽童，低头要注意！小心眼睛！尖细的麦芒，不仔细分辨就会刺伤眼睛，是一种"董"；能洞晓董的潜在伤害，是"懂"。

现代企业，一般都有董事，职责就是监督公司是否合法依规。据《尚书》记载，上古时也有称为董的官职，负责对祭祀、策命、编史等重要事件进行监督。生性谨慎细致，总能洞悉潜在危险因素的人，或也被冠以董的社会性符号。

官职、外号，是董作为姓氏的源头。

传说，舜帝时有一个养龙高手叫董父（谨慎细致的人），他的后人以董为氏。

Liáng

梁

| 金文 | 小篆 | 隶书 | 草书 | 行书 | 楷书 |

【造字本义分析】 ，左边的构件"水"是义符；右边的构件"刃"是兼有表意功能的声符，本义为一种易于伤人的双刃刀，字内表意为双刃的犁。梁字的本义是将犁刃倒置在小水泊上以便通过。

【姓氏起源推测】 梁本来是雨季泥泞不堪时用倒置的犁临时搭的桥，但却因为方便了众人而使外延不断增加。不但所有固定的桥都可以称为梁，房屋横向承重的主构件称为梁，而且有跨度感的地形也多以梁命名。

筑桥的职业、雕造房梁的职业、以梁为特征的地名，是梁作为姓氏的源头。

周宣王时，秦仲的次子康被封于梁山，建梁国。梁国被同胞秦国攻灭后，遗民以梁为氏。

十七 杜阮蓝闵 席季麻强

Dù
杜

| 甲骨文 | 金文 | 小篆 | 隶书 | 草书 | 行书 | 楷书 |

【造字本义分析】，左边的构件"土"是兼有表意功能的声符，右边的构件"木"是义符。杜字的本义是用树枝和土混合，以堵塞缺口。

【姓氏起源推测】从字形分析，杜有点像简易的混凝土。树枝和泥土混合起来，可以更有效地减缓水流的冲击，增加堤坝的强度。上古时洪水肆虐，先民们时堵时疏，艰苦抗争。杜，就是在与洪水长期斗争中做出的发明。为了解洪水，有先哲勘察地理，溯源穷流，在一些关键的地点建筑堤坝以调节水流。

杜作为姓氏的线索有两个：一是发明或精于以树枝混凝土建筑堤坝的人；二是以树枝混凝土建筑大坝拦截洪水的地方。

尧帝的后裔建唐国，西周初被成王攻灭后，国人迁往杜邑，建杜国。杜国春秋时被秦国所灭，遗民以杜为氏。

Ruǎn
阮

阮　阮　阮　阮　阮

小篆　　隶书　　草书　　行书　　楷书

【造字本义分析】阮，左边的构件"阜"是义符，本义为山坡；右边的构件"元"是兼有表意功能的声符，本义为统驭人体的神秘力量。阮字的本义是被认为有神秘力量的高山。

【姓氏起源推测】蝼蚁看到人类的高楼大厦，会慨叹这伟大的奇迹；人类在面对名山大川，也会为自己的渺小感喟不已。对于七尺的人类，动辄千仞的山是种绝对的心理碾压。事实上是难以逾越的出行阻碍，但还不敢心生怨怼。谁知道哪一顿祭祀不合胃口，山神会来个滑坡泥石流啊。

翻翻字典，先民为山所造的字可真不少。峻嶒、嶙岣、巍峨，是形容词；昆仑、泰山、贺兰山则是为山命名。这当中，阮是极其神秘的一个字。既不言其大，也不叹其险，而是赋予其生命之源的崇高地位。猜想一下，阮或许是处于南方湿度大的环境，山顶常年云雾缭绕，难窥真容，而山脚能看到的地方却是生机盎然。这些景象给上古先民的冲击极大，以为其上有主宰生命的神秘力量，于是称其为阮。

阮山、阮地，是阮作为姓氏的源头。

商代有阮国，后被周武王所灭，遗民以阮为氏。

Lán

蓝(藍)

| 小篆 | 隶书 | 草书 | 行书 | 楷书 |

【造字本义分析】 ，上边的构件"艸"是义符；下边的构件"监"是兼有表意功能的声符，本义为低头在水盆上检视自己的容颜。蓝字的本义是可以染色用于涂面的植物。

【姓氏起源推测】化学工业出现之前，五颜六色都取之于自然界，一半是矿石，一半是植物。但其中适合涂面的，少之又少。

上古先民涂面的习俗，在当代一些尚未开化的地区仍有保留。涂面，装饰是附带效果，主要的作用是汲取力量、体现力量。蓝草，因此被发现并命名。

蓝草繁茂的地区，会以蓝为地名；最早以蓝涂面的氏族、部落，也会以蓝为名，他们活动的地域，也被称为蓝。地名，是蓝作为姓氏的源头。

楚国一个公子亹被封于蓝，其后人以蓝为氏。

春秋时秦国的一个公子被封于蓝邑，其后人以蓝为氏。

Mǐn
闵（閔）

| 金文 | 小篆 | 隶书 | 草书 | 行书 | 楷书 |

【造字本义分析】 ，外边的构件"门"是兼有表意功能的声符；里边的构件"文"也是兼有表意功能的声符，本义为有意刻划有所表达的符号。闵字的本义是在门上刻写或贴挂纪念逝者的符号。

【姓氏起源推测】闵是家门不幸，有人辞世。造字是官方行为，闵字应是王公贵族的丧事，并非指布衣百姓的哀痛。

闵作为姓氏的源头，是春秋时鲁国的内乱。权臣庆父杀死本该继位的公子般，另立公子开为公。开即位不久，庆父又弑掉新君，准备篡位。在众怒之下，庆父仓皇逃窜，最终自杀。为体现对故国君开命运多舛的同情，开的谥号为闵，是为鲁闵公。鲁闵公的后人，以他的谥号闵为氏。

Xí
席

| 金文 | 小篆 | 隶书 | 草书 | 行书 | 楷书 |

【造字本义分析】 ，上边的构件"厂"是义符，本义为山崖；下边的构件"巾"是义符，表意为编织物。席字的本义是在山崖

下坐卧休息时铺在地上的编织物。

【姓氏起源推测】上古时期，普通百姓没有床榻，也没有衬垫，困了就地一躺，铺上一把干草已经是高级的享受。贵族晚上就寝则必须有"因"，就是隔潮保暖的垫子。有多舒服呢？有个词叫绿草如茵，可供想象。白昼的起居，则多在席上。席，是加大的"因"，不见得松软，需要的是更大的面积，可以容得下多人宴请、对谈。筵席、宴席，都由此而来。

席的原料是植物纤维，竹、草、作物秸秆都可用于织席。所以拥有一张席的门槛并不高，席作为日用品，不是几个制席者能满足市场需求，一定要有一个制席的行业。

职业，是席作为姓氏的源头。

另有一说，掌管典籍的官职演化出姓氏籍。楚汉争霸时，有籍氏为避讳项羽的名籍，改以读音相近的席为氏。

Jì
季

| 甲骨文 | 金文 | 小篆 | 隶书 | 草书 | 行书 | 楷书 |

【造字本义分析】 ，上边的构件"禾"是义符，表意为结籽的作物；下边的构件"子"是兼有表意功能的声符，本义为初生的作物。季字的本义是作物从初生到结籽的周期。

【姓氏起源推测】季是一个有时间意义的词，从播种到收获，是一个农耕周期。季，因此有了结束、最后的含义。这个含义用于家庭中孩子们的排序，就是指最小的那一个。

姓氏没有固定之前，没有氏的人会在名之前加上自己的排行。老大是伯，二哥是仲，二哥到老幺之间的都是叔，最小的称季。哪一家的老幺出息了，他的后人就会以季为氏。

春秋时鲁国庆父作乱，鲁桓公的幼子季友在平乱中立下大功，权倾朝野，于是以季为氏。

Má
麻

| 金文 | 小篆 | 隶书 | 草书 | 行书 | 楷书 |

【造字本义分析】 ，上边的构件"厂"是义符，本义为山崖，表意为宽敞的半开放建筑；下边的构件" "（音 pai）是义符，本义为易取得植物纤维植物的统称，后写为形近的"林"。麻字的本义是一种可以大规模剥取纤维的植物，有的品种汁液含有神经类毒素。

【姓氏起源推测】荒野求生的实例中，可以看到绳索是非常重要的工具，使用频率极高。编制绳索，用丝线太过奢侈，效果也不见得理想，植物纤维却是最佳的选择。还有早期遮羞保暖的衣物，也多是植物纤维编织而成。

纤维丰富且坚韧的植物，其重要地位不言而喻。在众多能提供优质纤维的植物中，麻可谓其中的翘楚。麻这种植物有两大贡献：一是提供了优质的植物纤维，丰富了纺织原料；二是剥取纤维时渗出的汁液使人感觉迟钝，从而促进了医学发展，催生了众多阴谋。

麻生长繁茂的地区，会以麻为名。地名，是麻作为姓氏的源头。

楚国一位大夫因功或食邑于麻地，其后人以麻为氏。

一说齐国有位大夫名麻婴，他的后人以麻为氏。

Qiáng
强（強）

| 小篆 | 隶书 | 草书 | 行书 | 楷书 |

【造字本义分析】，上边的构件"弘"是兼有表意功能的声符，本义为弓弦抖动的声音；下边的构件"虫"是义符。强字的本义是叫声震慑人心的爬行动物。合并字"彊"，本义为弓的弹力极大。

【姓氏起源推测】强字以"虫"为主义符，说明最初指的是一种爬行动物。爬行动物而能发出可怕的声音，极有可能是巨蜥、鳄鱼之类。此类动物，观感就要扣掉几分，战斗力又极其彪悍。因此强字在古代，并不像其在现代语境下是个褒义词。

像巨蜥、鳄鱼一样让人望而生畏，说话总在吼叫，性格鲁莽，以武力欺人，这样的人和他人交流，就会被冠一个强的社会性符号，进而演化为姓氏。

简化为强的，还有彊。彊的本义是良弓，善于制弓者可能会以彊为氏。彊氏，逐渐融入同音形近的强氏。

春秋时齐国有大夫名公孙彊，其后人以彊为氏，后改为强。

十八　贾路娄危　江童颜郭

Jiǎ
贾（賈）

| 甲骨文 | 金文 | 小篆 | 隶书 | 草书 | 行书 | 楷书 |

【造字本义分析】 ，上边的构件"宀"是兼有表意功能的声符，本义为贮藏的容器；下边的构件"贝"是义符。贾字的本义是囤积货币以便通过买卖货物牟利。

【姓氏起源推测】交换这种商业行为对人类文明发展意义重大。通过交换，资源流通，使用效率提高，社会分工精细合理，各个群体的联系也愈加紧密。尤其是一般等价物的出现，更是让货币和商品的杠杆效应发挥了极大的作用。

贾，是囤积货币，考虑到造字的官方属性，它最初应该并非指民间守财奴的积蓄，而是有点类似于现代的中央银行。部落集中存放贝币的地方，或以贾为名；任职于中央银行的职官，或以贾为氏。

地名、官职，是贾作为姓氏的源头。随着民间商业的进步，也出现了以货币为资本买贱卖贵的商人，他们的社会性符号，也是贾。

周康王把叔叔唐叔虞的小儿子公明封于贾，建贾国。贾国被晋国攻灭后，遗民以贾为氏。

Lù
路

| 金文 | 小篆 | 隶书 | 草书 | 行书 | 楷书 |

【造字本义分析】路，左边的构件"足"是义符，本义为到达某地；右边的构件"各"是兼有表意功能的声符，本义为朝向居住地的方向。路字的本义是确定可以回家的途径。

【姓氏起源推测】能回家的就是路。但造字是官方行为，不会为民间的小路造一个专门的字。路，应指连接宫、府或战时司令部的道路。根据方向不同，则会有东路、西路、中路之分；根据交通工具不同，又有陆路、水路之分。世事变迁，宫阙也会作了土，但有些路却会作为地名流传下来。

地名，是路作为姓氏的源头。

传说，帝喾的一个后裔在尧时被封于中路，后建路国。其后人以路为氏。

Lóu
娄（婁）

| 金文 | 小篆 | 隶书 | 草书 | 行书 | 楷书 |

【造字本义分析】婁，下边的构件"女"是义符；上边的构件双手是义符；中间的构件"角"是义符，表意为像角一样的中空的

竹篓。娄字的本义是女子头顶竹篓双手护持以运送物品。

【姓氏起源推测】女字的上方有一个角的构件，这表达的是什么含义呢？当然不是说世间有长了角的奇女子，或是女子像长了角一样勇猛。

这个角的构件，还出现在衡字中。人头顶一物走在路上，不能歪不能掉，这就是衡。顶的是什么物呢？篓。用竹子编成的容器，特点是高而中空。平衡很难保持，所以需要用双手护持，这就是搂；头顶竹篓保持平衡，身体一定要极其稳定，像祭祖时的端坐一样，这就是屡；如果用木头在已有的基础上造一层中空的结构，就是楼。

考虑到造字的官方属性，娄字最初应该不是为了描摹一个头顶竹篓的少女，而是指一个普遍用头顶竹篓进行物品运输的地方。地名，是娄作为姓氏的源头。

武王克商后，封少康后裔东楼公于杞，建杞国。杞国被楚国攻灭后，国人迁至娄邑，以娄为氏。

一说，颛顼后裔建邾娄国，被楚国攻灭后，遗民或以邾为氏，或以娄为氏。

Wēi
危

金文　　小篆　　隶书　　草书　　行书　　楷书

【造字本义分析】，上边的曲线构件"⌒"是义符，表意为倾倒的趋势；下边的口字形构件"ɣ"是义符，表意为上大下小不稳定的石头。危字的本义是摇摇欲坠的石头。

【姓氏起源推测】长期的风雨侵蚀，造就了一些奇特的地貌。下端尖锐的石块，形成脆弱的平衡，看起来随时会倾倒，这就是危。具有这种地貌的地区，也会被以危命名。

地名，是危作为姓氏的源头。

一说，舜帝即位后，不满父亲禅让行为的丹朱发动叛乱，居住于洞庭湖、鄱阳湖一带的三苗族起兵响应。失败后，舜将三苗族人迁往危地，族人以危为氏。

Jiāng

江

| 金文 | 小篆 | 隶书 | 草书 | 行书 | 楷书 |

【造字本义分析】江，左边的构件"水"是义符；右边的构件"工"是兼有表意功能的声符，本义为多功能的制造器具，此处表意为测量。江字的本义是难以目测，需要用专门工具测量的大河。

【姓氏起源推测】江河湖海怎么区分呢？其实文字本身就是答案。江，以工为表意声符，表达的意思是长度惊人的水流。河，表意声符有丂、尢、何，就比较悲壮，指的是经常乱发脾气改道决堤的水流；湖的表意声符是胡，本义为面目不清的，表达的意思是没有上下游的一大块水泊；海的表意声符是每，表意为生育，海就是生生不息的大洋。

江在古时专指水道比较稳定的长江。在长江蜿蜒曲折的沿途，有不少地区以江为名。

地名，是江作为姓氏的源头。

伯益的一支后裔被封于江地，建江国。另有一支封于江陵。二者都以江为氏。

Tóng
童

| 甲骨文 | 金文 | 小篆 | 隶书 | 草书 | 行书 | 楷书 |

【造字本义分析】 ，上边的构件"辛"是义符，本义为尖锐的刑具；下边的构件是一个突出眼睛特征的人形。童字的本义是被刺伤眼睛减少反抗和逃跑风险的奴仆。金文字形增加兼有表意功能的声符"东"，本义为出门的行囊，突出童陪伴、负重的职责。

【姓氏起源推测】童是一个看字形就让人很心痛的字。为什么会有刺伤眼睛的酷刑呢？回到残酷的上古时期，就能理解这一现象了。在兼并或征服的战争之后，失去土地和自由的一族并不会被屠戮殆尽，妇女儿童会被抓去做奴隶。女奴的凄惨姑且不表，儿童迟早会长大，一旦知道这灭族的血海深仇不可能无动于衷，所以是个安全隐患。怎么解决呢？刺伤他们的眼睛，直接摧毁他们的反抗能力，还不影响其劳作的能力。被刺伤的部位，今天称作瞳。负责刺伤小奴隶瞳孔的职业，或以童为氏。

按童字的本义，有不少年少的奴隶会被称为童某，但以他们凄惨的地位，很难演化为姓氏。等到不再有刺瞎少年奴隶的陋习，童字的含义转为形容乖巧听话的少儿，才会有家长用童为孩子取名。人名，是童作为姓氏的源头。

一说，颛顼有一个儿子名叫老童，以声音高亢闻名，他的后人以童为氏。

一说，晋国大夫胥童的后人，以童为氏。

Yán
颜（顔）

| 金文 | 小篆 | 隶书 | 草书 | 行书 | 楷书 |

【造字本义分析】 ，左边的构件"彦"是兼有表意功能的声符，本义为崖壁上醒目的刻划；右边的构件"首"是义符，后改为形义相近的"页"。颜字的本义是用精妙的线条和醒目的色彩在崖壁上描绘人或动物的面部。

【姓氏起源推测】颜是刻划面部的岩画，颜字的含义因此有两个发展脉络，一是面部，二是使面部栩栩如生的色彩。

甲骨、陶器、布帛、竹木、纸张，人类绘画的材质不断进步，而用绘画进行表达的动机从未改变。善于绘画人物的画师，极可能被冠以颜这个社会性符号。职业，是颜作为姓氏的源头。

一说周朝时的邾国的邾武公字伯颜，他的后人有以颜为氏者。

Guō
郭

| 甲骨文 | 金文 | 小篆 | 隶书 | 草书 | 行书 | 楷书 |

【造字本义分析】 ，象形字，中间的构件"口"表示城邑；四周的构件"高"是兼有表意功能的声符，本义为城门上用于瞭望预

警的尖顶多层的楼阁。郭字的本义是外围有多层瞭望塔的城邑。

【姓氏起源推测】郭本来指外围的瞭望塔，后来就指专门用于防御的外城，之后也指拥有内外城双层防御的大城。在生产力和建筑技艺还不完备的年代，并不是每一座城都可以修筑得如此完整。每一座郭，也因为不多见而被称为某郭。久之，郭就会演变为该地区的地名。

地名，是郭作为姓氏的源头。

周文王的两个弟弟虢仲和虢叔获得封地后，分别建东虢国和西虢国。另有一支王室后裔在其封地建北虢国。东虢国被郑国所灭，西虢国被秦国所灭，北虢国被晋国所灭。三个虢国的遗民有以虢为氏者，虢氏后人有的改以同音的郭为氏。

十九　梅盛林刁　钟徐邱骆

Méi
梅

| 金文 | 小篆 | 隶书 | 草书 | 行书 | 楷书 |

【造字本义分析】 𣏗 ，上边的构件"木"是义符；下边的构件"某"是兼有表意功能的声符，本义为不知名的美味水果。梅字的本义是长有不知名美味水果的树。因为这种水果常被产妇青睐，后用表示生育的构件"每"代替某作为兼有表意功能的声符。

【姓氏起源推测】从字形发展分析，梅这种水果虽然美味，但其外形特征并不明显。直到经过数据分析，发现梅最受孕妇欢迎，才将有表意功能的声符由表意不知名的某改为表意生育的每。梅树繁茂的地区，会以梅命名。

地名，是梅作为姓氏的源头。

商王太丁把他的弟弟封在梅地，建梅国。商纣王杀掉梅国君主，不立新君，梅国亡，遗民以梅为氏。

Shèng
盛

| 甲骨文 | 金文 | 小篆 | 隶书 | 草书 | 行书 | 楷书 |

【造字本义分析】 ，左边的构件"皿"是义符，本义为有足敞口的容器；四个点状的构件表意为里边的物品多到外溢；右边的构件"成"是兼有表意功能的声符，本义为以武力达到目的。盛字的本义是武力征伐胜利后所获得的战利品。

【姓氏起源推测】战争的目的究其根源只有两个，一是殖民，二是掠夺。以掠夺为目的的战争，衡量其战绩的标准就是战利品的多寡。盛，就是战利品极大丰富。

战斗力极强，每次出征都能满载而归的将帅，会被加一个盛的荣称。战绩卓著，或崇尚武力的国，也会以盛为名。能打的将帅和爱打的国，都是盛作为姓氏的源头。

周穆王时封一个同宗建国，国名为盛。盛国被齐国攻灭，遗民以盛为氏。

Lín

林

甲骨文	金文	小篆	隶书	草书	行书	楷书

【造字本义分析】，林字的字形为二木并列。林字的本义是连片生长的同类树木。

【姓氏起源推测】树木繁茂成林的地方，会以林为地名。

地名，是林作为姓氏的源头。

商末忠臣比干因直谏被纣王所杀，他的妻子逃至长林生遗腹子坚。坚以林为氏。

周平王有庶子名林开，他的后人以林为氏。

Diāo

刁

甲骨文	金文	小篆	隶书	草书	行书	楷书

【造字本义分析】，"刁"与"刀"字源相同，区别在于刀刃的位置不同。刁字的本义是一种刃在内，向里用力的钩刀。

【姓氏起源推测】刁是种阴狠的兵器，使用得当，往往会起到出奇制胜的效果。由于其刀刃隐蔽，很难防范，引申出刁难、刁钻等含义。又由于军营中的单兵炊具也是长柄，向内收纳，字形相近，于是借刁字来命名。刁的核定容量是一斗，所以又称刁斗。

善于使刁者，会被冠以刁这个社会性符号。外号，是刁作为姓氏的源头。

一说商末周初有雕国，遗民以雕为氏，后改为同音的刁。

一说古时负责官方雕造的工匠以雕为氏，后改为同音的刁。

一说齐国大夫竖刁辅佐齐桓公成就霸业，他的后人以刁为氏。

Zhōng
钟（鍾）

| 金文 | 小篆 | 隶书 | 草书 | 行书 | 楷书 |

【造字本义分析】 　　　，左边的构件"金"是义符；右边的构件"重"是兼有表意功能的声符。鍾字的本义是用来称重的金属容器。

【姓氏起源推测】钟是合并简化字，有两个对应的繁体字形，分别是鐘和鍾。作为姓氏一般指鍾。

鐘是金属材质的响器，其功能或为主人呼叫僮仆，或为僮仆通知主人。以盲童为奴的陋习废除后，鐘变为官方乐队中极为重要的敲击乐器。文献中少见以鐘为氏，如果有此姓氏，那么演奏鐘的乐官是鐘作为姓氏的源头。

鍾是金属材质的量器，可以称量酒，也可以称量粮食。掌管此两项计量的官职是鍾作为姓氏的源头。

春秋时宋桓公的一支后裔食邑在钟离，以钟离为氏。楚汉相争时，项羽帐下有猛将钟离眛。项羽兵败后，钟离眛的后人为避祸，改以钟为氏。

Xú

徐

金文　　小篆　　隶书　　草书　　行书　　楷书

【造字本义分析】，左边的构件"彳"是义符，本义为路口，也表示行进；右边的构件"余"是兼有表意功能的声符，本义为单柱尖顶供行人休息的临时建筑。徐字的本义是驿站较多，因而能从容地出行。

【姓氏起源推测】上古先民因公远行，多是日出而行，日落则席地而眠。其后条件改善，官道上有馆，有驿，有舍，还有供临时休息的徐。路况不好的地方，行进困难，徐的密度就大。

徐密集的地方，就被以徐命名。地名，是徐作为姓氏的源头。

伯益的儿子若木，夏初被封于徐，建徐国。徐国春秋时被吴国攻灭，遗民以徐为氏。

Qiū

邱

小篆　　隶书　　草书　　行书　　楷书

【造字本义分析】，左边的构件"丘"是兼有表意功能的声符，本义为地势连绵隆起的地域；右边的构件"邑"是义符，本义

为有边界有领主的聚居地。邱字的本义是建在起伏地势之上的城邑。

【姓氏起源推测】从字形上看，丘是没有峰的山，也就是不高的小山，或者就是一些连绵的隆起。邱的所指就是地名，所指的地方，用现代语言表述就是丘陵地带。

地名，是邱作为姓氏的源头。

姜子牙所建的齐国，都城在营丘，国人有以丘为氏者。孔子成为万世师表后，丘氏后人为避孔子名讳，改以邱为氏。

Luò
骆（駱）

| 金文 | 小篆 | 隶书 | 草书 | 行书 | 楷书 |

【造字本义分析】，左边的构件"马"是义符；右边的构件"各"是兼有表意功能的声符，本义为朝向居住处的方向。骆字的本义是识途的骏马。

【姓氏起源推测】马的驯化是人类文明史的大事，对马进行驯化和驾驭也是人类一项重要的技能。俗谚说老马识途，能自行回家的马称骆。但马在更多时候是由人所驾驭，为君王驭马的人，也称骆。

职业，是骆作为姓氏的源头。

周孝王时善于养马的非子获封于秦，他的父亲叫大骆。大骆的另一个儿子成世，用父亲的名建大骆国。大骆国被西戎所灭，遗民以骆为氏。

姜子牙有一个后裔叫公子骆，他的后人以骆为氏。

二十　高夏蔡田　樊胡凌霍

Gāo
高（高）

| 甲骨文 | 金文 | 小篆 | 隶书 | 草书 | 行书 | 楷书 |

【造字本义分析】，象形字，下边的构件"口"表意为可以通行；上边的构件是尖顶的楼阁。高字的本义是用立柱撑起来用于瞭望预警的尖顶楼阁。

【姓氏起源推测】氏族、部落迁徙到一地，首先要在边界筑起瞭望塔，用于掌握周围是否有敌人或野兽在觊觎。瞭望塔用立柱撑起，中间可以通行，顶部是一个尖顶的楼阁，在上面可以俯瞰远处，这就是高。

可以想象，在如此之高的楼阁执勤需要相当的勇气和能力。执行此项任务的岗位，或被称为高；在此岗位上表现优异的成员，也会被冠以高这个社会性符号。高作为形容词，有强和威严之意，是个优质的人名用字。相对定居后，边界担任警戒任务的城或也被命名为高。

职位、外号、人名、地名，是高作为姓氏的源头。

姜子牙的一个后裔食邑在高，人称公子高。他的后人以高为氏。

一说，齐惠公的儿子吕祁字子高，他的后人有以高为氏者。

Xià
夏

| 甲骨文 | 金文 | 小篆 | 隶书 | 草书 | 行书 | 楷书 |

【造字本义分析】 ，上边的构件"日"是义符；下边的构件是跪坐举头望日的形象，表意为无奈。夏字的本义是太阳灼烤难挨的时节。金文字形以"页"为义符，突出手脚并用，持刀、耒等多样农具赶做农活的季节。

【姓氏起源推测】 夏字从甲骨文到金文，字形大不相同，含义更是有了天翻地覆的变化。农业成熟之前，炎日之下，先民们只能望日浩叹，酷暑难耐。等到开始规律性的农业劳作，则要在这个季节手脚并用，抢收抢种，一派农忙景象。最早规模化地收割作物的部落，以夏为氏。

传说，炎帝是夏部族的首领。禹所领导的部族，称夏后氏。这些部族的后裔，有以夏为氏者。

春秋时陈宣公的儿子少西，字子夏，他的后人，有以夏为氏者。

Cài
蔡

甲骨文	金文	小篆	隶书	草书	行书	楷书

【造字本义分析】 ，上边的构件"大"是义符，本义为不必亲自劳作的贵族；下边的构件"毛"是义符，表意为草编。蔡字的本义是用草扎的人形进行祭祀。

【姓氏起源推测】孔子说，始作俑者，其无后乎？可见用土木等材料制成先人的形象是罕见的。那祭祀时如何代表神灵或祖先呢？用尸或鬼。尸是由真人扮演端坐不动；鬼是戴面具起舞。但在东西方历史上，制作人偶的现象极其普遍。这是为什么呢？应该是按照原始巫术中的相似律原则，以形似的人偶作为逝者在另一个世界的陪伴。

制作人偶的原料，一般是土、木、石，蔡是个特殊的地方，当地惯于用草编的形象作为陪葬的偶人。大约是因为当地盛产用于编扎的细草，也不缺草编的高手。地名、职业，是蔡作为姓氏的源头。

武王克商后，把弟弟叔度封于蔡地，建蔡国。战国时，蔡国被楚国攻灭，遗民以蔡为氏。

Tián

田

| 甲骨文 | 金文 | 小篆 | 隶书 | 草书 | 行书 | 楷书 |

【造字本义分析】　，象形字。田字的本义是由纵横垄沟分割的有标准面积单位的土地。

【姓氏起源推测】由土地升级到田的概念，是农业由粗放式耕种进化到精耕细作的标志。田，是在一定制度支持下的土地单位。制度既定，就需要有负责落实的执行者。

负责测量、分割土地的官职，以田命名。最早执行土地分割制度的地方，也以田为名。地名、官职，是田作为姓氏的源头。

陈国内乱，公子敬仲出逃齐国。齐桓公赏其食邑于田，其后人以田为氏。

Fán

樊

| 金文 | 小篆 | 隶书 | 草书 | 行书 | 楷书 |

【造字本义分析】　，上边的构件"林"是义符，本义为众多的树木，字内表意为一排并立的木条；下边的构件"反"是兼有表意

143

功能的声符，本义为用手向另一方向牵拉。樊字的本义是用木条编扎而成的墙。

【姓氏起源推测】土地贫瘠、资源匮乏的地方，民风一般彪悍，暴力是获得生活物资的通用手段。作为平衡，高墙堡垒就是常见的防御之法。而在气候宜人、物产丰饶的地方，举手即可果腹，自然也就很少有人冒着风险去打家劫舍。自家的边界，扯一片树枝竹片编成篱笆墙加以分割即可，这就是樊。

精于修筑篱笆的人或部落，以樊为氏。大面积应用樊的地方，以樊为名。部落称号、地名，是樊作为姓氏的源头。

周宣王时有名臣仲山甫，食邑在樊地，其后人以樊为氏。

殷商七族中，有一族称樊，族人以樊为氏。

Hú
胡

| 金文 | 小篆 | 隶书 | 草书 | 行书 | 楷书 |

【造字本义分析】 ，上边的构件"古"是兼有表意功能的声符，本义为过去的记录和传说，字内表意为像用过的记事绳索一样集中悬挂的；右边的构件"肉"是义符。胡字的本义是颈部悬垂的赘肉。

【姓氏起源推测】纵观整个中古、近古时期，胡人都是中原政府和百姓挥之不去的噩梦。这些极有可能在上古时期和中原同出一族的北方游牧民族，没有肉吃便上马来抢，气候不好了也骑马来抢。对于中原地带已经接受了仁义礼智信的人们，简直是秀才遇到了兵，一肚子道理不知该怎么来讲。怎么来称呼这些呼啸来去的野蛮人呢？便抓住他们吃多了动物蛋白脖颈生有赘肉的生理特征，造了一个胡字，称其为胡人。

胡人不侵扰中原的时期，双方也有贸易往来。胡人在中原活动时的社会性符号，自然就是胡，其后人多以胡为氏。

中原的人若是脂肪过剩，也垂着若干个下巴，胡字的社会性符号也难逃脱。胡人、外号，是胡作为姓氏的源头。

陈国的开创者是舜的后人，人称胡公，其后代有以胡为氏者。

Líng
凌

| 金文 | 小篆 | 隶书 | 草书 | 行书 | 楷书 |

【造字本义分析】，上边的构件"朕"是兼有表意功能的声符，本义为把握船舵；下边的构件"仌"是义符，本义为冰。凌字的本义是利用工具在结了冰的河面上通行。

【姓氏起源推测】凌大约是最早的冰鞋或冰车。河流是文明的乳汁，也是交通的天堑。因此，冬天的结冰期也是绝佳的通行期。但冰的光滑也给通行者带来不小的困难。善于在冰面上交通的人，或以凌为氏。

凌字的含义，又扩大至可供通行的坚冰。宫府中负责采冰的官员，也称凌。职业和官职，是凌作为姓氏的源头。

周文王儿子康叔的一个庶子，在周王室担任采冰的凌人，其后人以凌为氏。

Huò

霍

| 甲骨文 | 金文 | 小篆 | 隶书 | 草书 | 行书 | 楷书 |

【造字本义分析】 ，上边的构件"雨"是兼有表意功能的声符，表意为从空中落下；下边的构件是三个并列的"隹"，有的字形写作两个隹或一个隹。霍字的本义是鸟群像雨点一样快速起落。

【姓氏起源推测】群居的鸟类集体飞行时的景象，就是霍。群鸟起落的声音，称霍霍；花钱像群鸟落下一样的行为，称挥霍。自然环境适宜鸟类生存的地方，多有鸟群集体起降的情景，或以霍为名。

地名，是霍作为姓氏的源头。

周文王的第六个儿子处，封于霍，建霍国，称霍叔。霍叔与管叔、蔡叔一起参与武庚叛乱，兵败后，霍叔被贬为庶人，他的后人有以霍为氏者。

二一　虞万支柯　昝管卢莫

Yú
虞

金文　　小篆　　隶书　　草书　　行书　　楷书

【造字本义分析】，上边的构件"虍"是义符，表意为虎头的装扮；下边的构件"吴"是兼有表意功能的声符，本义为边歌边舞。虞字的本义是装扮成老虎的形象歌舞祭祀。

【姓氏起源推测】为什么要装扮成老虎的形象歌舞呢？其一是为了获得老虎的神力；其二是因担心虎患而祈祷；其三是通过扮演练习捕虎的技巧。《中山狼传》中有一句"虞人导前，鹰犬罗后"，可见古时有专门装扮老虎的虞人。

职业，是虞作为姓氏的源头之一。

虎患频发的地区，虞很常见，则该地区极有可能以虞命名。地名，是虞作为姓氏的另一源头。

善于通过装扮捕捉老虎的部落，也可能以虞为氏。舜帝又称虞舜，虞可能是他所在部落的氏号之一。部落的氏，是虞作为姓氏的第三个源头。

周太王古公亶父的儿子虞仲的后人在周初建虞国，春秋时，晋国假途灭虢，灭掉了虞国，遗民以虞为氏。

Wàn
万（萬）

| 甲骨文 | 金文 | 小篆 | 隶书 | 草书 | 行书 | 楷书 |

【造字本义分析】 ，上边的构件像螯；下边的构件似尾。推测萬字的本义是螯、尾皆有攻击性的蝎子。

【姓氏起源推测】上古先民有不短的时间生活在山洞、山崖，穴、厂、崖、危、厌等字都是活泼的证据。生活在这样的环境，果腹之外，还必须时刻警惕狮子、老虎等爱吃肉包子的猛兽。确认安全之后，放松地小憩一下，这是何等的惬意啊！却不想明枪易躲暗箭难防，身边竟有一种从牙齿武装到尾巴的小虫，一下下咬得人生疼。更令人心生恐惧的是，这种小虫不是散兵游勇，一旦发现，就是一支庞大的军队。痛定之余，先民给它们造了个字，用于互相提醒，配合杀敌。这就是萬，原指蝎子，现在简化作万，是一个数量词。

蝎子数量众多的地方，或以万为名；捕捉蝎子的高手，或以万为氏；万表示数量多，寓意美好，适合取名。地名、职业、人名，是万作为姓氏的源头。

西周时有芮伯，他的后人中有一位名万，人称芮伯万，他的后人有以万为氏者。

春秋时，晋献公灭西周诸侯魏国，将其土地封给大夫毕万，毕万的后人有以万为氏者。

Zhī
支

小篆　　隶书　　草书　　行书　　楷书

【造字本义分析】（实为支小图），构件"手"是义符；构件手上下的两部分是树枝或竹枝的象形。支字的本义是手持树枝或竹枝借以保持平衡。

【姓氏起源推测】丂是专门的拐杖，支是临时截取竹木以辅助平衡。可以推知，支最初应该在丘陵山地等地形普遍使用，因此极易被作为地域特征而用于地名。行路之人手拄一根细支，这个形象正可以类比大山旁伸的支脉，大河外溢的支流。此类地区，或也以支为名。

文弱之人，经常以支协助行走，或也会被冠以支这个社会性符号。

地名、外号，是支作为姓氏的源头。

一说西域的月氏又名月支，魏晋时，大小月支都与中原交往频繁。定居中原的月支人以支为氏。

Kē
柯

小篆　　隶书　　草书　　行书　　楷书

【造字本义分析】（柯小图），左边的构件"木"是义符，字内表意为木材；右边的构件可是兼有表意功能的声符，本义为以要事征求长者

149

意见并获得同意，字内表意为声音坚定。柯字的本义是木质坚硬，敲击发声清脆的木材，可用于制造兵器或工具的柄。

【姓氏起源推测】辽人摆下天门阵挑战大宋，杨家将为纾国难奔赴前线。一番试探后发现，必须有降龙木制成斧柄才能破阵。而天下只有一处山区出产这种神木，那就是杨家未来儿媳妇穆桂英镇守的穆柯寨。《穆柯寨》是个曲折动人的好故事，可以看到忠孝，可以看到爱情，也可以看到柯在战争中的重要性。

冷兵器时代，纯由金属打造的武器并不多。一般是金属做头，实木为柄。这个柄，就是柯，其质量至关重要。

出产适合做武器、斧柄的木材的地方，多以柯为名；制作兵器、斧柄，也必有专门的匠人。地名、职业，是柯作为姓氏的源头。

春秋时吴国王室有一位公子名叫柯卢，他的后人有以柯为氏者。

Zǎn

昝

隶书	草书	行书	楷书

【造字本义分析】 昝 上边的构件"处"是义符，本义为住所；下边的构件"日"是义符，字内表意为时间。昝字的本义是长期居家不辨时间。

【姓氏起源推测】已知的甲骨文和金文中都没有昝字，历代文献中昝字也罕得一见。可以推知，昝并非中原官方因为具体义项而造的字，极可能是方外氏族、部落的名称。据说春秋时蜀地有部落名昝，得名的原因大约是其活动的区域比较封闭，不辨时间。在与外界文明接触过程中，族人以昝为氏。

南北朝时，北魏下属部落有叱卢氏和昝卢氏，汉化时改姓为昝。

另有一说，商朝大司空昝单和晋文公舅舅狐偃的后人，都有以昝为氏者。后来认为昝的字义不吉利，便加一横，改姓昝。此说漏洞较大，应为讹传。

Guǎn
管

小篆　　隶书　　草书　　行书　　楷书

【造字本义分析】𥬰，上边的构件"竹"是义符；下边的构件"官"是兼有表意功能的声符，本义为藏有政府授权信物的公务部门。最早的官方信物是一剖为二的竹筒，两半相合则证明命令属实，可以执行。管字的本义是可以一剖为二作为符信的竹筒。管道、管理两个义项皆由此而来。

【姓氏起源推测】上古时期，竹筒曾经做过饭碗，节字就是证据。首领正在吃饭，忽然有紧急军情需要传令。他立即拎起大刀，将竹筒饭碗一剖为二，命手下拿着一半的竹筒作为信物去传令或调动军队。在外的将军一看，半截竹筒上都是首领用过的痕迹，嗅一嗅，也是熟悉的味道，于是出兵。事后拿着半截竹筒去找首领验证，两下一对，严丝合缝，命令无误。这段假想的故事，极有可能就是那个年代的"管理"流程。有一个著名的文物"鄂君启节"可作为证据。

管是上古时政令传递的重要工具，负责保存、运送管的官职，有可能以管为名。存放管的地方，也可能以管为名。官职、地名，是管作为姓氏的源头。

武王克商后，将自己的弟弟鲜，封于管，人称管叔。他的后人以管为氏。

Lú
卢（盧）

| 甲骨文 | 金文 | 小篆 | 隶书 | 草书 | 行书 | 楷书 |

【造字本义分析】 ，上边的构件"虍"是兼有表意功能的声符，本义为虎头，表意为待烹煮的猎物；下边的构件表意为架空生火的"足"和用于烧烤的"箅"。卢字的本义是用于烧烤猎物的设施。金文有字形将炉具构件改为"皿"，增加表意声符"卤"，本义改为用于熬煮猎物的炊具。

【姓氏起源推测】卢是烤虎肉或熬虎汤，能靠自己的力量吃到这份食物的显然不是凡人。具有超凡胆识和高超武艺的猎户，会以卢为氏。猎户普遍具有捕猎老虎等猛兽的工具和技能，经常以猎物为食的地区，也会以卢为名。

职业、地名，是卢作为姓氏的源头。

齐国公子高的孙子姜傒封地在卢，他的后人以卢为氏。

齐桓公的一支后裔封地在卢蒲，其后人有以卢为氏者。

一说舜帝的一支后裔在夏商时居住在卢，后建卢国。卢国春秋时被楚国攻灭，遗民以卢为氏。

Mò
莫

甲骨文	金文	小篆	隶书	草书	行书	楷书

【造字本义分析】 ，外围的构件"茻"是兼有表意功能的声符，本义为茂密的草丛；里边的构件"日"是义符。莫字的本义是太阳像沉到草丛中的黄昏。

【姓氏起源推测】古人观天时，辨方向，多以太阳作为参照物。东、西、南、北四个方位，都和太阳有关。早、晨、旦、午、昏、晚等时间，也都和太阳有关。莫，和早相对，指的是红日西坠低至草丛的傍晚。

山区或林地，平均日照时间较短，可能会以莫为名。上古时负责观测记录黄昏时间或负责黄昏时分宫内事务的官职，也可能以莫为名。官职、地名，是莫作为姓氏的源头。

颛顼建过一个鄚城，居住在城里的族人以莫为氏。

春秋时楚国有官职叫莫敖，后演化为姓氏。莫敖氏后裔有以莫为氏者。

二二　经房裴缪　干解应宗

Jīng

经（經）

经	經	經	経	经	經
金文	小篆	隶书	草书	行书	楷书

【造字本义分析】經，左边的构件"糸"是义符；右边的构件"巠"是兼有表意功能的声符，本义为织布机顶端与综架之间纵向的线。经字的本义与巠相同，指织布机上纵向的、有序的、可以一端开合供纬线穿过的线。

【姓氏起源推测】经本是个纺织名词，但其形象被抽象后外延急剧扩大，既可以表示通过，又可以表示借由，还被作为传世典籍的代名词。表示通过的含义，可被位于交通要道的城邑用来命名；历代对传世典籍进行释读讲解的职业，叫经师。

地名、职业，是经作为姓氏的源头。

西周时有经邑，春秋时一位王室卿士被封于此，称经侯，他的后人以经为氏。

春秋时郑武公的小儿子段被封于京，其后人以京为氏。公子段与兄长寤生争位失败，出逃至共。后人为避祸，改以同音的经为氏。

西汉时有易学家京房，被政敌构陷入狱，其后人为避祸，改以同音的经为氏。

Fáng
房

小篆　　隶书　　草书　　行书　　楷书

【造字本义分析】 房 ，上边的构件"户"是义符，本义为单开的屋门；下边的构件"方"是兼有表意功能的声符，本义为起土做垄的工具，引申为边界。房字的本义是外侧有小门的整个建筑。

【姓氏起源推测】有几个表示住处的字，造字之初的含义并不相同。屋，专指内部，也就是可以放心躺平的空间；宅，是着重于地基，或者说专指有地基的高级住所，豪宅；房，则是注重整体和外部，有独立小门可以出入的都可以称为房，不论大小。所以正确的用法应该是买个房子（整体），租个屋子（内部），盖座宅子（打好地基）。

推而广之，一座曾经宜居的山（山顶洞人居住的地方，称房山），一块独立的封地，都可以以房为名。

地名，是房作为姓氏的源头。

有能力完成房子建筑所有工作的匠人，或被称为房某。职业，也是房作为姓氏的源头。

尧帝的儿子丹朱与舜帝争位失败，被封于房，建房国，他的后人以房为氏。

Qiú
裘

| 金文 | 小篆 | 隶书 | 草书 | 行书 | 楷书 |

【造字本义分析】外边的构件"衣"是义符；里边的构件"求"是兼有表意功能的声符，本义为毛发松软舒适的动物尾部。裘字的本义是用珍贵的动物毛皮制成的衣服。

【姓氏起源推测】追求、要求、请求、所求，求的是什么呢？是狐、貂等动物的尾巴。因为，这个部位的毛发长而松软，团起来是一个球，松开就迅速复原。以之制成的衣服，轻便保暖，华贵至极。动物其他部位的皮毛是否可以代替呢？据说只有腋窝那一小块勉强堪用。所以有集腋成裘的成语。

以小小的尾巴制成宽大华美的裘，还要有很强的整体感。制作裘服不但需要大量的毛皮原料，还要有高超的缝纫技艺。制裘者称裘人，狐、貂等动物集中的地方称裘地。

职业、地名，是裘作为姓氏的源头。

春秋时卫国一位大夫被封于裘，其后人以裘为氏。

Miào

缪（繆）

| 小篆 | 隶书 | 草书 | 行书 | 楷书 |

【造字本义分析】 缪 ，左边的构件"糸"是义符；右边的构件"翏"是兼有表意功能的声符，本义为头戴羽饰的长须老人。缪字的本义是缠绕固定羽饰的丝线。

【姓氏起源推测】 从文化人类学的角度分析，羽饰可能是地位的象征，也可能寄希望以原始巫术接触律的原则获得鸟类的神力。但需要用丝线仔细缠绕的精美羽饰，应该极其复杂，只有首领才有资格佩戴。所以缪既可能是首领的称呼之一，也可能指为首领制作羽饰的人。

职业，是缪作为姓氏的源头。

缪与穆，外形相似，读音相同，古时通用。春秋五霸之一的秦穆公，也写作秦缪公。他的后人，有以缪为氏者。

Gān

干

| 甲骨文 | 金文 | 小篆 | 隶书 | 草书 | 行书 | 楷书 |

【造字本义分析】 ，象形字，干字的本义是有分叉尖刃的长柄武器。

【姓氏起源推测】干字的繁体有四个字形。作为姓氏的干，繁简体相同，其本义为长柄尖刺的武器。在很长一段时间，干与戈都是军队的常规武器，也因此干戈被作为武器的统称。以制造干为业的技师，或以干为氏；制造干的"兵工厂"所在地，或也以干为名。

职业、地名，是干作为姓氏的源头。

春秋时越国冶金业发达，有名剑叫干将（尖锐如干，平直如将），铸出干将的铸剑师也因此被称为干将。干将的后人，有以干为氏者。

西周初，周武王的儿子邘叔建邘国，从字形分析应该是因境内有大型的兵工厂而得名。邘国被郑国攻灭后，遗民有以干为氏者。

春秋时宋国有大夫名叫干犨，他的后人以干为氏。

Xiè
解

甲骨文	金文	小篆	隶书	草书	行书	楷书

【造字本义分析】 ，上边的构件是双手执牛角，两点的指事符号是鲜血；下边的构件"牛"是义符。解字的本义是通过熟知牛的生理结构而完整地取下牛角，小篆字形增加了"刀"的义符。

【姓氏起源推测】牛角可以制成号角和酒杯，也可以制作工艺品，还能入药，真是上天赐予我们的礼物。但牛角是从头部生长出来的角质蛋白，要想完整地切出，需要极高的技艺，极可能是一个专门的职业。解牛师集中的地区，也会以解为名。

职业、地名，是解作为姓氏的源头。

周成王的弟弟叔虞获封于唐，唐叔虞又将自己的儿子良封于解，良的后人以解为氏。

Yīng
应（應）

小篆	隶书	草书	行书	楷书

【造字本义分析】 ，上边的构件"雁"是兼有表意功能的声符，本义为蓄养在枝形木架上的猛禽；下边的构件"心"是义符。应

字的本义是驯禽和主人心意相通，有召必回。

【姓氏起源推测】人类最初崇拜鸟，羡慕鸟，甚至模仿鸟。等到吃腻了牛羊鱼虾，再看鸟就有些意味深长。等到终于天罗地网地下了黑手，又发现有些鸟吃了有点可惜，因为它们居然甘心做人类的"飞狗"，一起去捕猎其他的小动物。这些出卖了灵魂换取苟活的鸟，就是猎鹰。猎鹰和主人心灵相通，有召必回，就是应。

应可以指驯好的猎鹰，也可用来称训练猎鹰的职业。猎鹰的分布有地域性，用猎鹰配合打猎的地方也有特殊性。应，也可用来命名猎鹰有用武之地的地方。

职业、地名，是应作为姓氏的源头。

周武王的一个儿子封地在应，建应国。国人以应为氏。

Zōng
宗

甲骨文	金文	小篆	隶书	草书	行书	楷书

【造字本义分析】，上边的构件"宀"是义符，本义为有顶的房屋；下边的构件"示"是义符，本义为天神有预警意义的预兆，泛指祭祀。宗字的本义是存放先祖神位的祭祀之所。

【姓氏起源推测】祖与宗的关系，和姓与氏相仿佛。一个群体有一个共祖，群体中的杰出之士在一个新的地域或新的领域取得了领导地位，就可以开宗立派，成为一代宗师，接受众人的膜拜和香火。

祖庙、宗庙是王、诸侯国君、有封地的卿大夫的根之所在，有专门的官员负责祭祀事宜，官职名称有宗伯、宗人。

官职，是宗作为姓氏的源头。

二三　丁宣贲邓　郁单杭洪

Dīng
丁

| 甲骨文 | 金文 | 小篆 | 隶书 | 草书 | 行书 | 楷书 |

【造字本义分析】 ，甲骨文和金文的丁字形都极简，小篆字形与现在的字形接近。丁字的本义是建造房屋和器物时大量使用的用竹木制成的钉，作用是固定和连接。

【姓氏起源推测】丁是房屋建筑中最小的单位，但又有其具体的职能，因此也用来指最卑贱的苦力和国家体系中最微不足道的小单位。普通百姓家生了孩子，叫添丁，也就是给国家增加一个劳力和税源。富贵人家生了孩子，叫弄璋、弄瓦，意境完全不同。

建筑工人群体中负责削制丁，干一些敲钉子等杂活儿的低等匠人，或以丁为氏。邦国中实力弱小，起不到什么重要作用的小国，或也以丁为名，国人或以丁为氏。

商代有丁国，随殷商灭亡后，遗民以丁为氏。

三国时，吴国中郎将孙匡违反军纪，吴王孙权罚其族人全部改姓有贬斥意味的丁。

一说姜子牙的儿子伋谥号丁公，其后人以丁为氏。

Xuān
宣

| 金文 | 小篆 | 隶书 | 草书 | 行书 | 楷书 |

【造字本义分析】![](上边的构件"宀"是义符，本义为屋顶，字内表意为王宫；下边的回字形构件表意为卷册。宣字的本义是在宫中传达君王写在卷册上的旨令。

【姓氏起源推测】君王的命令，需要快速传达的口头命令是谕。需要很正式地向外发布的，先要写在简册上以留档备查，然后由专人以抑扬顿挫的语调高声发布，这就是宣。

宣在宫中，是一个专门的官职，或是某一职官的职能之一。官职，可能是宣作为姓氏的源头之一。又按，宫中传旨一般是宦官的职责，则这一官职经由后人演化为姓氏的可能性极小（也有族人以有权势的宦官为荣）。宣的引申义有一项为传播，所以有民间口碑尚可的君王会以宣为谥号。谥号，是宣作为姓氏的另一个源头。

周宣王的后人，有以谥号宣为氏者。

鲁国有大夫称宣伯，其后人以宣为氏。

Bēn
贲（賁）

小篆　　隶书　　草书　　行书　　楷书

【造字本义分析】 ，上边的构件是"奔"的简写，是兼有表意功能的声符，本义为快速地跑，字内表意为急速地涌出；下边的构件"贝"是义符，本义为作为一般等价物的小型贝壳。贲字的本义是成功捕捞海贝，打开网袋时海贝急速地奔涌而出。

【姓氏起源推测】贝币退出交易行为后，贲字的本义也随之消失，隐去贝币形象的急速奔涌被抽象出来作为贲的主要含义。在军队中，有专门负责突击冲锋的虎贲一职。

官职，是贲作为姓氏的源头之一。贲也可用于人名，或用来称呼性格勇猛的人。人名，是贲作为姓氏的另一个源头。

传说古代有勇士孟贲（庶出的长子，很勇猛），其后人以贲为氏。

春秋时鲁国大夫县贲父，其后人有以贲为氏者。

春秋时楚国令尹斗椒因罪被杀，他的儿子贲皇出逃至晋国，因功迁至大夫，其后人以贲为氏。

Dèng
邓（鄧）

金文	小篆	隶书	草书	行书	楷书

【造字本义分析】，左下角的构件"邑"是义符，本义为有边界和领主的聚居地；右边的构件"登"是兼有表意功能的声符，本义为端着祭器小心地走上祭台。邓字的本义是曾建有重要祭台的城。

【姓氏起源推测】以邑为构件的字，一般指地名。邓作为地名，其所指的地区特征是登，也就是在高台上进行的祭祀。高台祭祀，不是日常的祭祀，也不是民间有资格举办的祭祀。祭祀的高台，或专门堆土修建，或利用原有的山势修建，祭祀之后，也会留存很久。有祭台作为地标的地方，或以邓为名。

地名，是邓作为姓氏的源头。

商王武丁封他的叔父曼季于邓，建邓国。邓国被楚国攻灭后，遗民以邓为氏。

Yù
郁

小篆	隶书	草书	行书	楷书

【造字本义分析】，左边的构件"有"是兼有表意功能的声符，本义为手持肉食；右边的构件"邑"是义符，本义为聚居的城市。

郁字的本义是富饶的城邑。

【姓氏起源推测】郁字的繁体字有两个字形，都是姓氏。

郁字的本义是经常吃肉的地区。即使是已经接近小康的现在，肉也不是普及的主食。郁地满大街都是嘴巴油晃晃的人们，真是让人羡慕。同样作为富饶之地标志的，有富（酒多）、饶（粮多）、庶（糖多）。

地名是郁作为姓氏的源头之一。富饶的含义，也可用于人名。人名，是郁作为姓氏的另一源头。

传说大禹有老师叫郁华，他的后人有以郁为氏者。

春秋时鲁国有相名叫郁黄，其后人有以郁为氏者。

春秋时鲁国有郁邑，居民有以地名为氏者。

春秋时吴国有大夫被封于郁地，称郁伯，他的后人有以郁为氏者。

Shàn
单（單）

| 甲骨文 | 金文 | 小篆 | 隶书 | 草书 | 行书 | 楷书 |

【造字本义分析】 ，上边的两个圆环形构件是指事符号，示意可以穿套绳索；下边的丫字形构件象形的是巨大的树杈。单字的本义是利用树杈弹力远程发射石弹进行攻击的武器。

【姓氏起源推测】单是最早的炮。象棋中黑方的炮写作石字旁，就是指单。单体型巨大，对结构要求极高，需要专门的制作者和制作机构。

职业，是单作为姓氏的源头之一；制作机构所在地的地名，是单作为姓氏的另一源头。单威力无穷，操控难度应该不小，需要专门的兵种长期演练。这些炮兵，或以单为氏。拥有大量的单，善于利用单攻城拔寨的部落，或也以单为氏。

周成王封儿子臻于单，建单国，其后人以单为氏。

传说尧舜时有贤人名善卷，善被讹写为音近的单，他所居住的地方因他的贤名而被称为单父，当地居民有以单为氏者。

Háng
杭

| 小篆 | 隶书 | 草书 | 行书 | 楷书 |

【造字本义分析】，左边的构件"木"是义符；右边的构件"亢"是兼有表意功能的声符，本义为反抗激烈。杭字的本义是质地坚硬不易加工的木料，这种木料适宜造船，所以杭在古时多通航。

【姓氏起源推测】不是所有的战俘都甘心束手就擒。以文字为证据，那些性格刚烈不肯就范的战俘曾被绳索约束双腿，以减小他们暴力反抗的风险，这就是亢。像刚烈战俘一样不肯轻易被刀斧降伏的木材就是杭。

杭虽然难以雕造，但正如一个硬币的两面，也坚固无比，正是适合造船的好材料。出产造船木材的地方、能造出坚固好船的地方、水路纵横航船众多的地方，都可称杭。地名，是杭作为姓氏的源头。

传说大禹治水后余下为数不少的航船，他将自己的庶子封于泊船的地方，建余航国。其后人改航为杭，以杭为氏。

Hóng

洪

| 小篆 | 隶书 | 草书 | 行书 | 楷书 |

【造字本义分析】，左边的构件"水"是义符；右边的构件"共"是兼有表意功能的声符，本义为双手向前捧起祭器。洪字的本义是突然而至，前端有像拱手一样巨大波峰的水流。

【姓氏起源推测】祭祖敬神，必然双手向前，小心地捧举着祭器祭品，这就是"共"。向前举着的手，是"拱"；虔诚地举着祭品的人，是"供"；众人一起举着祭品高颂祷词，是"哄"；如果巨大的水流像拱手一样冲过来，就是"洪"。

远古时，生态脆弱，有长久的冰川期，也有持续的水患。洪水频发的地方，会以洪为名；治理洪水的人或官职，也会以洪为名。地名、人名、官职，是洪作为姓氏的源头。

黄帝时的水官名共工，后世以为水神。共工后人加先祖职责的水，以洪为氏。

西周时有共国，春秋时被卫国攻灭，遗民以共为氏，后为避祸，加三点水，改以洪为氏。

二四　包诸左石　崔吉钮龚

Bāo

包

| 小篆 | 隶书 | 草书 | 行书 | 楷书 |

【造字本义分析】  ，外边的构件"人"是义符，表意为孕妇；里边的构件"巳"是义符，本义为成形的胎儿。包字的本义是母体容纳胎儿。

【姓氏起源推测】包是怀胎，引申出包裹的含义。本义和引申义，都没有可以演化出姓氏的线索。包之所以能成为姓氏，是源于人类有史以来最乐此不疲地对美食的探索。

江苏有一道名菜"叫花鸡"，做法是把鸡用泥包裹起来烤制。这个烹调方法非常古老，称炮。进行裹制烧烤的场所，称庖。传说中人类始祖之一伏羲，又称庖牺氏，从字面可以推想，他之所以成为人类始祖，是因为发明了用火烤制熟食。比之茹毛饮血，熟食既做了消毒，又便于消化，人类的健康跃上了一个新台阶。

庖牺氏的后人，有以庖为氏者。传写中庖讹为包，于是有包氏。

Zhū
诸（諸）

諸　　諸　　诸　　諸　　諸
小篆　　隶书　　草书　　行书　　楷书

【造字本义分析】 諸 ，左边的构件"言"是义符；右边的构件"者"是兼有表意功能的声符，本义为部族聚食时按照等级和人数确定烹煮兽肉的数量和部位。诸字的本义是各部首领在聚食仪式上发言讨论。

【姓氏起源推测】一本书有作者，三百六十行有记者，说者无意听者有心……者字应用极广，但字形字义却颇为费解。下边的口字形构件表意为炊具；上边的树枝形构件表意为分割；点状构件表意为确定。者，就是首领召集各部领导人聚餐时确定肉食数量和分配的程序。食用的方法，加个火，就是"煮"；被煮的可怜猛兽，是"猪"；在分配给自己的部分插一个竹枝的标志，就是"箸"；七嘴八舌讨论如何分肉，就是"诸"。

者是确定肉食的所有权，诸是讨论肉食的分配。有资格参与这讨论的，就是诸侯；首领们集中议事的地方，也会以诸为名。地名，是诸作为姓氏的源头。

夏代有姒姓所建的诸国，即春秋时鲁国境内的诸邑。当地人有以诸为氏者。

越王勾践后裔有驺无诸，其后人以诸为氏。

越国有大夫名诸稽郢，其后人以诸为氏。

Zuǒ
左

| 甲骨文 | 金文 | 小篆 | 隶书 | 草书 | 行书 | 楷书 |

【造字本义分析】 ，象形字，左字的本义是朝向右边的手。有字形在手腕处增加作为参照物的"口""言""工"，示意左手的位置。构件"工"兼表示左手持工具起辅助作用之意。

【姓氏起源推测】左右二字都源于手，但初期并非专指人体部位。造字是官方行为，核心是王族的利益。大王居中而坐，在他左边的臣下，善用工具，职责是征战、营造；右边的则以谋划、监督为主。后世史官左右皆有，其余武将文臣依然分左右两班。

官职，是左作为姓氏的源头。左史、左师、左行、左宫、左侍、左卫等职官的后人，有以左为氏者。

左作为单纯的方位词后，后世为地理单位命名，也多用左右。地名，也是左作为姓氏的源头。

传说上古时有左国，国人有以左为氏者。

Shí
石

| 甲骨文 | 金文 | 小篆 | 隶书 | 草书 | 行书 | 楷书 |

【造字本义分析】，左边的构件表意为山崖；右边的"口"字形构件表意为山崖脱落下来的块状物。石字的本义是构成山体的可以裂开的块状物。

【姓氏起源推测】石器时代结束后，官府和民间对石材的需求依然旺盛，或为建筑，或为器物制造，还有的用于园林景观。

采石者和石材加工者，都可能以石为氏。出产优质石材的地方，也会以石为名。

职业、地名，是石作为姓氏的源头。

周武王弟弟康叔建卫国，他的后裔公孙碏，字石，是卫国有名的贤臣，他的后人以石为氏。

Cuī
崔

| 小篆 | 隶书 | 草书 | 行书 | 楷书 |

【造字本义分析】，上边的"山"是义符；下边的构件"隹"是兼有表意功能的声符，本义为鸟的泛称。崔字的本义是鸟都难以飞

越的高山。

【姓氏起源推测】以文字为证据，中国的南北分界线是哪里呢？不是长江，不是黄河，而是淮河。候鸟飞越淮河，就完成了本季的迁徙。鸟儿御空飞行的能力，被先民当作衡量距离和高度的标准。鸟儿都难以飞过的高山，就是崔。

高山横亘的地区，多以崔为名。地名，是崔作为姓氏的源头。

春秋时齐国丁公的儿子季子把本该继承的君位让给弟弟叔乙，自己去崔地就食。其后人以崔为氏。

Jí

吉

| 甲骨文 | 金文 | 小篆 | 隶书 | 草书 | 行书 | 楷书 |

【造字本义分析】 ，上边的构件"圭"是兼有表意功能的声符，本义为测定天时的玉牌，引申为诸侯接受封地时的信物，受圭为封；下边的"口"字形构件是义符，表意为封地。吉字的本义是在封地内安置天子授予的玉圭。

【姓氏起源推测】吉为"吉凶宾军嘉"五礼之首，过去的解释多认为吉礼就是祭祀，不确。天子奄有天下，其权力的合理性很大程度上来自授时。天时的测定，观测是基础，记录是保证。经过长时间的积累，圭表配合测定的天时相当准确，不输于现代的格林尼治时间。圭和表，因此成了附加神力的重要礼器。

天子封建诸侯，圭就是权威的信物，其深层逻辑就是把该地的授时权力授予了诸侯。以文字为证据，吉和凶正好相对，天子授予封地为吉，夺取封地为凶。

在封地的中心位置安置天子授予的玉圭，就是吉；玉圭上所系的丝带，称为结；围绕这个中心地带形成的四通八达的通衢，就是街。玉圭所置的地区后世会以吉为名。地名，是吉作为姓氏的另一源头。

上古时有姞姓，据推测是受当时联盟首领正式封赐的母系部落，所以以姞为姓。姞姓，是吉作为姓氏的源头之一。

周宣王时有名臣尹吉甫，他的后人有以吉为氏者。

Niǔ
钮（鈕）

| 小篆 | 隶书 | 草书 | 行书 | 楷书 |

【造字本义分析】 ，左边的构件"金"是义符；右边的构件"丑"是兼有表意功能的声符，本义为手向内用力紧紧抓持。钮字的本义是物体表面环状凸起便于抓持的部件。

【姓氏起源推测】钮是把手，是许多器物上的重要部件。比如印玺、铜镜。从外形可以看出，钮的铸造极其复杂，所以其铸造者被称为"百工之长"，会被冠以钮这个社会性符号。

职业，是钮作为姓氏的源头。

春秋末期吴国有从卫骑都尉宣义公，因其祖上为铸钮师，以钮为氏。

Gōng
龚（龔）

| 金文 | 小篆 | 隶书 | 草书 | 行书 | 楷书 |

【造字本义分析】上边的构件"龙"是义符，本义为传说中的神兽；下边的构件"廾"是兼有表意功能的声符，本义为双手前举表示敬意。龚字的本义是供奉神龙。

【姓氏起源推测】以文字为证据，不管龙是否真的存在，其作为最高权力的象征是无可置疑的。由体态威严的动物演变为政治图腾的漫长过程中，对龙的崇拜和祭祀应该延续了很长时间，也相当普遍。龚，就是某一地区祭拜神龙的仪式。仪式主持人的官职，或有龚。举行仪式的地区，或以龚为名。

官职、地名，是龚作为姓氏的源头。

传说中的水神共工，是尧帝时负责治水的官员共工氏。共工的儿子句龙，继承父业治水，其后人取共工和句龙名中的字，以龚为氏。

共工氏聚居地称共，周朝时有共国，就在共工氏旧地。共国被卫国攻灭，遗民以共为氏，后传为龚。

商朝也有共国，由共氏演化为龚氏。

Chéng
程

| 小篆 | 隶书 | 草书 | 行书 | 楷书 |

【造字本义分析】程，左边的"禾"是义符，字内表意为粮食的统称；右边的构件"呈"是兼有表意功能的声符，本义为诸侯到王城述职。程字的本义是向政府报告粮食的收缴情况。

【姓氏起源推测】农民劳作一年，所收获的粮食却不能全部归于自己。按比例抽提用来祭祀神的，是"税"；国家为了打仗而征收的，是"赋"；要上缴国库的，就是"程"。

从古到今，收获之后，都必须按程序交纳公粮。负责这一工作的"程序员"的官职名称，可能会有程；集中收缴公粮的场地，也会以程为名。官职和地名，是程作为姓氏的源头。

颛顼的后裔伯符西周时被封于程地，建程国。其后人以程为氏。

一说伏羲的后裔在夏朝时建程国，国人有以程为氏者。

一说春秋时晋国大夫荀骓获封食邑程，其后人有以程为氏者。

Jī
稽

小篆　　隶书　　草书　　行书　　楷书

【造字本义分析】，左边的构件"禾"是义符；右上的构件"尤"是义符，本义为手持超出常规的量；右下的构件"山"是义符。稽字的本义是有大片可耕种面积的山区。

【姓氏起源推测】山地一般不适合耕种，所以稽字是专门造的地名用字，用来指可大面积耕种的山。

地名，是稽作为姓氏的源头。

黄帝的一支后裔以奚为氏，春秋末为避战乱迁至稽山，改以稽为氏。

夏朝少康的儿子季杼封地在会稽，后人以会稽为氏。汉初，会稽氏迁至稽山，改以稽为氏。

Xíng
邢

小篆　　隶书　　草书　　行书　　楷书

【造字本义分析】，左边的构件"开"是兼有表意功能的声符，本义为两支长柄武器在同一个平面并列；右边的构件"邑"是义

符，本义为有边界有领主的聚居地。邢字的本义是有两条直道平行经过的地区。

【姓氏起源推测】在农村，经常会有这样的景象。两个农人要抬一捆重物，但每人手里只有一柄叉。于是你的叉伸向我，我的叉伸向你，两柄叉便形成了一个平面，将重物置于其上，轻轻松松就抬走了。

两个同类物体相对而行形成一个平面，是"开"。两根竹钗对插在发髻中，就是"笄"；女孩子用对穿的发簪将头发盘起来显得面部清秀美丽，就是"妍"；两块石头互相砥砺，是"研"；两条直道平行穿过的交通要地，就是"邢"。

地名，是邢作为姓氏的源头。

西周初，周公旦第四子姬苴被封于邢，建邢国。邢国春秋末期被邻近的卫国所灭，遗民以邢为氏。

Huá
滑

金文	小篆	隶书	草书	行书	楷书
滑	滑	滑	滑	滑	滑

【造字本义分析】滑，左边的构件"水"是义符，此处表意为油脂；右边的构件"骨"是兼有表意功能的声符。滑字的本义是由于肉骨上残留的油脂而出现难以把持、容易掉落的现象。

【姓氏起源推测】滑字本得自于手难以抓持肉骨的感觉，却被广泛应用于各种摩擦力小的环境。胶泥地质的地区，下雨天地面难以驻足。滑，就会被作为特征用于地名。

地名，是滑作为姓氏的源头。

西周时有与王室同宗的滑国，春秋时被秦国所灭，遗民以滑为氏。

Péi
裴

| 小篆 | 隶书 | 草书 | 行书 | 楷书 |

【造字本义分析】裴，外边的构件"衣"是义符；里边的构件"非"是兼有表意功能的声符，本义为鸟的双翼。裴字的本义是衣袖与衣身连接处阔大，伸开时像鸟翼一样的长外套。

【姓氏起源推测】如同后世将衣服某一部分做夸张处理以彰显时尚，最早的裴可能也是时装。考虑到造字的官方属性，要等到这种"翼装"流行起来才会造一个裴字。所以最先发明这一时装的人已不可考，不会以专属的裴字作为自己的社会性符号。但官方对这个流行飞翼时装的地区进行命名时，就会用到裴字。

以制作裴为业的裁缝，或也会以裴为氏。某位当时的名人如果热衷于身着裴装，也会被称为裴某。

地名、职业、外号，是裴作为姓氏的源头。

秦非子的一支后裔被封于裴乡，其后人以裴为氏。

春秋时晋平公将颛顼的一支后裔封于裴中，其后人以裴为氏。

Lù
陆（陸）

| 甲骨文 | 金文 | 小篆 | 隶书 | 草书 | 行书 | 楷书 |

【造字本义分析】，左边的构件"阜"是义符，本义为山坡；右边的构件"坴"是兼有表意功能的声符，本义为像蘑菇重叠一样的大土块。陆字的本义是高处的大片土地。

【姓氏起源推测】在海上漂泊许久的人，最值得兴奋的事莫过于看到了陆地；从水面上岸，叫作登陆。陆字以阜为义符，体现的正是与水平面相比的绝对高度。与江河湖海毗邻的地区，称高耸的岸为陆。具有这一特征的地区，也会以陆命名。

地名，是陆作为姓氏的源头。

齐宣王最小的儿子封地在陆乡，其后人以陆为氏。

Róng
荣（榮）

| 金文 | 小篆 | 隶书 | 草书 | 行书 | 楷书 |

【造字本义分析】，交叉形的构件表意为树枝；点状的指事符号表意为花朵。荣字的本义是枝头鲜花锦簇。

【姓氏起源推测】从字形上看，荣指的是花团锦簇的景象。常年有这样美景的地区，会以荣为名。如此美好的景象，自然也会用于人名。

地名、人名，是荣作为姓氏的源头。

黄帝时有乐官荣将（一说荣援）与伶伦一起铸十二铜钟，因功封于荣，建荣国，其后人以荣为氏。

周文王时有大夫夷公封邑在荣，其后人以荣为氏。

一说周成王时有卿士获封于荣，称荣伯，其后人以荣为氏。

Wēng

翁

小篆	隶书	草书	行书	楷书

【造字本义分析】，上边的构件"公"是兼有表意功能的声符，本义为平均分配劳动成果，字内表意为均匀伸出的；下边的构件"羽"是义符，表意为像羽毛一样外散的。翁字的本义是老人难以梳拢向四周散出的白发。

【姓氏起源推测】古人认为身体发肤受之父母，不肯轻易理发。年老之后，基因控制力减弱，原本长度有限的眉毛汗毛开始放肆生长；原本的秀发也因干枯而难以梳拢。像鸟羽一样四处散出白发的人，就是翁。年高德劭口碑极佳的老人，或被称为翁某；人年幼而有老相，也可以翁为名。有的山顶部常年积雪，看起来就像是一个皓首的老人，或也会得名为翁。

人名、地名，是翁作为姓氏的源头。

夏启时有贵族名叫翁难乙，其后人有以翁为氏者。

周昭王最小的庶子封邑在翁山，其后人以翁为氏。一说此子出生时左手有纹若公，右手有纹若羽，所以以翁为名。

二六　荀羊於惠　甄曲家封

Xún
荀

| 小篆 | 隶书 | 草书 | 行书 | 楷书 |

【造字本义分析】，上边的构件"艸"是义符；下边的构件"旬"是兼有表意功能的声符，本义是十天的计数单位。荀字的本义是一种生长周期很短且再生能力极强的植物。

【姓氏起源推测】《山海经》里说荀是一种神草，吃了可以使人返老还童，应该是因对植物再生原理不了解而产生的浪漫想象。

最早发现这种植物用处的人或部族，会以荀为氏；这种植物生长繁茂的地区，也会以荀为名。人名、地名，是荀作为姓氏的源头。

传说黄帝时期有一个善于用荀编织官帽的官员，以荀为氏。黄帝的二十五个儿子有十二个姓氏，荀为其中之一，或者这位官员就是黄帝的儿子之一。

周文王的第十七个庶子姬葡被封于郇，建郇国。郇国后被晋国攻灭，遗民本以郇为氏，后改为荀，郇国故地改称荀邑。

Yáng
羊

| 甲骨文 | 金文 | 小篆 | 隶书 | 草书 | 行书 | 楷书 |

【造字本义分析】，象形字。羊字的本义是有一对弯角，鼻翼向上的动物。

【姓氏起源推测】羊是人类最早驯化的动物之一，因其性格温顺而被当作美好的象征，敬神的牺牲，与人类生活密不可分。

《周礼》中有羊人的官职，是羊作为姓氏的源头之一。集中养羊的地区、精于烹制羊肉的地区，都可能以羊为名，并演化出羊的姓氏。

春秋时晋国大夫祁盛封于羊舌邑，以羊舌为氏，春秋末改为羊氏。

春秋时鲁国有学者公孙羊孺，其后人以公羊为氏，后改为羊氏。

Yū
於

| 金文 | 小篆 | 隶书 | 草书 | 行书 | 楷书 |

【造字本义分析】，上边的构件"爪"是义符，表意为向上的拉动力；下边的构件"鸟"是义符。推测於字的本义是鸟儿借以飞

升的拉动力。有字形以"人"为义符，表意为神人操纵鸟儿飞升；有字形以"彡"为义符，表意为气流是鸟儿飞升的凭借。

【姓氏起源推测】於字不简单，证明上古先民对物理学已有深入思考，而且很可能已经发现了空气的存在。要知道，直到18世纪，西方的科学家才开始对空气展开研究。

鸟儿失去大地的支撑，为何能在虚空中自由飞行？以文字为证据，可以大致推断出先民对这一问题的思考过程。最早的於字，以手为义符，表意为是一只看不见的手在为鸟儿提供动力。是谁的手呢？自然是无所不能的神。而於字字形继续发展，就以表意气流的曲线和彡为义符。这几乎揭示了鸟类飞行的标准答案。

应用语境中，於一般作为表示凭借的介词，也是源于空气对鸟类飞行的支撑。常年微风，鸟类聚集群翔的地方，或以於为名。地名，是於作为姓氏的源头。

传说黄帝时的官员则发明了用草、麻编织的鞋子，因功封于於，其后人以於为氏。

Huì
惠

| 金文 | 小篆 | 隶书 | 草书 | 行书 | 楷书 |

【造字本义分析】惠，上边的构件"叀"是义符，本义为纺锤；下边的构件"心"是义符。惠字的本义是专心纺线。引申出仁爱、聪明等含义。

【姓氏起源推测】性格鲁莽的人去纺线，结果是一团乱麻；认真细致的人去纺线，结果是一丝不苟。惠，就是以结果为导向，提炼出认真细致这一性格优点。

惠是个绝对的褒义词，多用于人名和谥号。谥号是用一个字对已故的君王、贵族进行总结，哀、炀之类的是狠狠地批评，所以不会演化为姓氏；穆、惠是表扬，后人会引以为荣，以之为氏。

人名、谥号，是惠作为姓氏的源头。

黄帝有一个后裔叫惠连，他的后人以惠为氏。

周惠王、鲁惠公、晋惠公、楚惠王，都以惠为氏，后人有以惠为氏者。

春秋时鲁国有名的仁者柳下惠，本命展获，食邑柳下，惠是谥号，其后人有以惠为氏者。

Zhēn
甄

| 小篆 | 隶书 | 草书 | 行书 | 楷书 |

【造字本义分析】，左边的构件"垔"是兼有表意功能的声符，本义为装满土的布袋；右边的构件"瓦"是义符，本义为半圆形两两相合的建筑材料，字内表意为陶器。甄字的本义是将陶土装入囊中，以淘洗的方式筛出混杂的砂石。

【姓氏起源推测】制陶，有一个很关键的因素，就是要保证陶泥中不能混杂砂石。否则，陶坯中有砂眼，烧制过程中容易开裂。如果侥幸逃过了窑火的考验，使用时也会破裂。因此才有甄的环节，将砂石从陶土中筛出来。所以有甄选、甄别等词。负责淘洗陶土的，是一个专门的职业。

职业，是甄作为姓氏的源头。

传说舜帝曾经做过甄工，他的后人有以甄为氏者。

Qū
曲（麹）

| 小篆 | 隶书 | 草书 | 行书 | 楷书 |

【造字本义分析】，上边的构件"竹"是义符；左下的构件"辛"是义符，本义为用刑具固定双手，字内表意为封闭；右下的构件"匊"是兼有表意功能的声符，本义为用手捏合。麹字的本义是将捏好的米团放入竹筒并封闭，以利于发酵。

【姓氏起源推测】麹也称酒母，是充分发酵富含霉菌的米、麦。酒自发明以来，就在中国政治、经济、文化等诸多领域扮演着重要的角色。监制酿酒，也是官方一个重要的官职序列。与酒相关的官职中，酿造环节或以麹命名。民间以酿酒行业中的制麹高手，或也以麹为氏。

官职、职业，是麹作为姓氏的源头。

一说，麹姓是由鞠姓为避难改姓而来，似不确。

Jiā
家

| 甲骨文 | 金文 | 小篆 | 隶书 | 草书 | 行书 | 楷书 |

【造字本义分析】，上边的构件"宀"是义符，表意为宗庙；下边的构件"豕"是义符，本义为猪。家字的本义是以猪为牺牲

祭祀先祖的宗族。

【姓氏起源推测】家字的义符"豕",并非在屋里神气活现的猪,而是被煮熟了摆在供桌上的牺牲。天子拥有天下,以猪牛羊三牲祭祖。分封的诸侯,领地叫国,祭祖的牺牲不能有牛;诸侯再分封自己的同宗或有功之臣,领地叫家,因为只能用猪来祭祀。有国有家,政治层面是要有上一级正式的封赐,更实际的是要有自己的宗庙。因为那是自己祖先神的居所,是自己的根之所在。

国有臣,家也有臣。家庙日常的工作有不少,由这些工作所形成的官职或固定称呼,或以家为名。官职,是家作为姓氏的源头。

周孝王的儿子名叫家父,是周幽王时敢于劝谏的忠臣,其后人以家为氏。

一说有为封君家庙服务的家仆氏,后改为家氏。

Fēng

封

金文	小篆	隶书	草书	行书	楷书

【造字本义分析】 ,左边的构件"丰"是兼有表意功能的声符,本义为作为领地边界的高大树木;右边的构件"寸"是义符,本义为用手抓持。封字的本义是在所获土地的边界种植有标示意义的大树以明确主权。

【姓氏起源推测】封土建国的封建制,在西周初才完备。西周之前,封字更多的指示,是植树以标示边界。

边界所在的地方,或以封为名;负责勘察边界的官职,称封人。地名和官职,是封作为姓氏的源头。

炎帝的后裔钜,据说是黄帝的老师。他的一支后裔食邑在封父,建封父国,国人以封父为氏,后简化为封氏。

二七　芮羿储靳　汲邴糜松

Ruì
芮

小篆　　隶书　　草书　　行书　　楷书

【造字本义分析】 ，上边的构件艸是"义"符；下边的构件
"内"是兼有表意功能的声符，本义为人在屋中，字内表意为在里边。
芮字的本义是质地细软可填充衣物被褥用于取暖的草。

【姓氏起源推测】 虽然没有确切记载，但人类睡在草垫上的岁月
实在不短。直接铺在地上的是"因"；填充在外套内的是"芮"。

显然，并不是所有的草都适合作为填充物。所以，盛产此种草的
地区会以芮为名。地名，是芮作为姓氏的源头。

武王灭商后，封一位同族在芮，建芮国。春秋时，芮国被晋献公
所灭（一说被秦穆公所灭），遗民以芮为氏。

Yì

羿

| 小篆 | 隶书 | 草书 | 行书 | 楷书 |

【造字本义分析】羿，上边的构件"羽"是兼有表意功能的声符；下边的构件"开"是义符，本义为平行放置的长柄兵器。羿字的本义是箭羽匀称箭杆笔直的箭。

【姓氏起源推测】传说尧帝时天上突然出现了十个太阳，烤得草木皆枯，有位射术高超的大英雄张弓搭箭，一口气射掉九个太阳，民众的生活才恢复如常。这位英雄叫大羿。夏朝的第三个王太康昏庸无道，有穷国的首领愤而起兵推翻太康。这位首领射箭的本领也十分精湛，他的名字叫后羿。两位羿的事迹被混为一谈，很可能是因为羿并非他们的名，而是负责制造箭支的官职名。当大羿、后羿成为神话英雄后，羿才缩小内涵为专有名词。

上古的造箭师、大羿、后羿，是羿姓的始祖。

Chǔ

储（儲）

| 小篆 | 隶书 | 草书 | 行书 | 楷书 |

【造字本义分析】儲，左边的构件"人"是义符；右边的构件"诸"是兼有表意功能的声符，本义为各部首领讨论肉食的分配。

储字的本义是按照统计数量准备聚会的肉食。

【姓氏起源推测】首领召集部落大会，是群体政治时期的大事。在物质还不丰富的年代，怎么吃是大事中的大事。数十甚至上百个肚里油水不多的人聚在一起，要吃掉多少头猪很值得想象。

在"预备会"上，各位诸侯畅所欲言，报人数，报食量，讨论如何分配。专门的官员一一记录后，便开始按人头准备猪头，这就是储。这个职位，或以储为名。

没有冰箱的年代，要准备众多成员集体进食的肉食需要在环境特殊的地区。这样的地区，或以储为名。

官职、地名，是储作为姓氏的源头。

古时有储国，国人以储为氏。

春秋时齐国有大夫名叫储子，他的后人有以储为氏者。

Jìn
靳

| 金文 | 小篆 | 隶书 | 草书 | 行书 | 楷书 |

【造字本义分析】，左上的双峰形构件表意为车轭；左下的构件"衣"是义符；右边的构件"斤"是兼有表意功能的声符，本义为斧头，字内表意为砍掉的。靳字的本义是辕马胸前的护革，像是砍掉了袖子与下襟的衣服。

【姓氏起源推测】人类以马为交通工具，单独骑乘或是驾车，都需要大量的皮革配件。有的为了固定，有的为了驾驭。拉车的辕马，要承受极大的摩擦力，所以要在胸口部位加一块皮革，增加面积减小压强，使马儿快速奔跑时不至于窒息。这一块皮革背心，就是靳。

制造靳的职业，或以靳为名；制造靳的地区或以靳为名。职业、地名，是靳作为姓氏的源头。

战国时楚怀王的侍臣尚封邑在靳，称靳尚，他的后人以靳为氏。

Jí

汲

| 小篆 | 隶书 | 草书 | 行书 | 楷书 |

【造字本义分析】，左边的构件"水"是义符；右边的构件"及"是兼有表意功能的声符，本义为追上并抓到逃跑的人。汲字的本义是用带有可收放绳索的装置打水。

【姓氏起源推测】井最初是为了采掘地下的矿物质，直到发现了地下水。在河流资源不丰富的地区，利用深井技术触达地下水是一项了不起的发明。用绳索吊着水桶，从水井中把水提上来，这就是汲。最早以这种方式解决吃水问题的地区，或以汲为名。

地名，是汲作为姓氏的源头。

武王克商后，将弟弟康叔封于卫，建卫国。至卫宣公时，将太子封于汲，太子汲的后人以汲为氏。

春秋时，齐宣公的一支后裔获封于汲，以汲为氏。

Bǐng
邴

邴　邴　邴　邴　邴

小篆　　隶书　　草书　　行书　　楷书

【造字本义分析】邴，左边的构件"丙"是兼有表意功能的声符，本义为可移动的灶；右边的构件"邑"是义符，本义为有边界有领主的聚居地。邴字的本义是最早垒灶为炊的城邑。

【姓氏起源推测】人类掌握驾驭火的能力，是文明史上的一大飞跃。在与火互相磨合的漫漫征途中，可移动的灶又是一个了不起的发明。以不多的柴草，就能聚拢热量，提供长时间的烹饪所需。炖到软糯的排骨，香气扑鼻的米粥唾手可得，岂不是人间美味？

最早发明或大规模使用灶的地区，或以邴为名。地名，是邴作为姓氏的源头。

春秋时，晋国的大夫豫获封邑于邴，其后人以邴为氏。

春秋时，齐国的大夫鹋获封邑于邴，其后人以邴为氏。

Mí
糜

糜　糜　糜　糜　糜

小篆　　隶书　　草书　　行书　　楷书

【造字本义分析】糜，上边的构件"麻"是兼有表意功能的声符，本义为可大规模剥取纤维的植物，字内表意为碎裂或细小；下

191

边的构件"米"也是兼有表意功能的声符。糜字的本义之一是一种颗粒细小、缺乏黏性的黍类作物；本义之二是用磨碾压碎裂的米；本义之三是用水熬煮使米碎裂的粥。

【姓氏起源推测】糜既指一种古老的黍类作物，又指熬得很烂的粥。演化为姓氏的，可能是其第一种含义。糜黏性小，直接煮食口感不佳，但因为产量较为可观，在北方仍有少量种植。可以推测糜起源较早，但逐渐被淘汰。

最早驯化并大规模种植糜的部族，或以糜命名，也可能演变为地名。部族名和地名，是糜作为姓氏的源头。

夏朝姒姓有善于种糜的同姓部落称有糜氏，建糜国，国人有以糜为氏者。糜国春秋时被楚国攻灭，遗民以糜为氏。

春秋时楚国一位大夫被封于糜，其后人以糜为氏。

Sōng
松

金文	小篆	隶书	草书	行书	楷书

【造字本义分析】松，左边的构件"木"是义符；右边的构件"公"是兼有表意功能的声符，本义为分配劳动成果，引申作主持分配劳动成果的长者，字内表意为长寿。松字的本义是四季常青的长寿树。

【姓氏起源推测】松是常青之树，寓意长寿，宜作为人名，高寿的老人也会以松为号。松树生长繁茂的地区，也会以松为名。

人名、地名，是松作为姓氏的源头。

一说秦始皇封禅泰山时路遇大雨，在一棵参天古松下避雨后，封这棵松树为"五大夫"。陪同的官员中，有以此事为荣者，以松为氏。

Jǐng
井

| 甲骨文 | 金文 | 小篆 | 隶书 | 草书 | 行书 | 楷书 |

【造字本义分析】 井，井字的本义是向下挖掘以取得水或矿物质的设施，地面开口处用纵横交错的木头做加固防护。

【姓氏起源推测】有了筑井的技术，人类获取资源的范围由地面向下拓展了数百米。地下世界蕴藏着五彩斑斓的宝物，也潜藏着重重的危险。所以，筑井是个专业度极高的职业。最早采用筑井技术开采矿石的地区，也会以井为名。

职业、地名，是井作为姓氏的源头。

春秋时，有姜子牙的后裔从齐国到虞国去做官，因功获封于井邑，称井伯，他的后人以井为氏。

Duàn
段

| 金文 | 小篆 | 隶书 | 草书 | 行书 | 楷书 |

【造字本义分析】，左边的构件"厂"是义符，本义为山崖；两横的指事符号表意为大小相似的。右边的构件"殳"本义是手持锤类的工具。段字的本义是在山崖下用锤等工具以敲打的方式开采大小相似的石材。

【姓氏起源推测】东方的建筑以木结构为主，但石材也必不可少。地基、台阶、地面，都需要石材铺设。石材从哪里获得呢？当然是老祖宗居住了很久的山崖。于是，几千年来，几乎所有的采石场都设在山崖之下，叮叮当当地开采并加工四方平整接近于标准件的石材。

官方对此类生产进行督造、管理的官职，或以段为名；民间从事此类生产的职业，或以段为名；大规模进行此类生产的地方，或以段为名。官职、职业、地名，是段作为姓氏的源头。

老子有一支后裔春秋时在鲁国做卿士，食邑在段，其后人以段为氏。

一说春秋时郑庄公的弟弟段和兄长争位失败后逃至共，称共叔段，其后人有以段为氏者。

Fù
富

| 金文 | 小篆 | 隶书 | 草书 | 行书 | 楷书 |

【造字本义分析】，上边的构件"宀"是义符，本义为有顶的房屋；下边的构件"畐"是兼有表意功能的声符，本义为酒坛。富字的本义是藏酒的仓库。

【姓氏起源推测】通俗地理解，家里有酒就是富。从古到今，饥饿一直是人类的头号大敌，能花费大量粮食去酿造没有任何好处的酒，是十足的土豪行为。酿酒是一种规模化的生产，高投入，大产出。储存酒，对温度湿度都有极高的要求，一旦找到条件适宜的酒库，储存的量也颇为可观。储酒之地，会以富为名。

地名，是富作为姓氏的源头。

周襄王的大夫姬辰，敢于直言进谏，称春秋第一忠臣。他的封邑在富，史书也称其富辰。他的后人以富为氏。

Wū
巫

| 甲骨文 | 金文 | 小篆 | 隶书 | 草书 | 行书 | 楷书 |

【造字本义分析】，构件"工"是义符；垂直相交表意为叠加使用。巫字的本义是可以利用多种工具解决问题的人。

【姓氏起源推测】用工具解决一般问题的人，是"匠"。利用多种工具解决重大问题的人，是"巫"。对远古、上古先民来说，什么是重大问题呢？和未知的神进行沟通。巫和神的沟通，不但需要多种工具，还需要有语言、音乐和舞蹈。不夸张地说，巫是最早的知识分子，是天文学、医学、文学、音乐、舞蹈等多种学科的始祖。由于巫需要掌握大量的知识，所以巫一般是家族继承。

家族身份，是巫作为姓氏的源头。当集体的组织形式形成后，巫又成了管理体系中十分重要的官职，如巫师、巫祝、巫医等。官职，是巫作为姓氏的另一源头。

传说黄帝时的巫彭，医术高超，被誉为中国医药之祖，他的后人以巫为氏。

Wū
乌(烏)

| 金文 | 小篆 | 隶书 | 草书 | 行书 | 楷书 |

【造字本义分析】 ，象形字。乌字的本义是一种大嘴的鸟，其羽毛黑色，因此被借指黑色。

【姓氏起源推测】乌鸦不美丽，叫声也难听。但嗓门大，不怕人，鸟多势众，更要命的是爱吃腐肉。如此骇人的形象和行为，终于在读书不多的先民眼里有了些许仙气。帝喾之子少昊氏以鸟名任命官职，负责管理山川丘陵的官职称乌鸟氏。乌鸟氏的后裔，也简称乌氏。

官职，是乌作为姓氏的源头。

乌鸦常年聚集的地方，或也以乌为名。地名，也是乌作为姓氏的源头。

春秋时陇西有乌氏国，或为乌鸟氏后裔所建。乌氏国被秦国攻灭，遗民以乌为氏。

Jiāo

焦

| 金文 | 小篆 | 隶书 | 草书 | 行书 | 楷书 |

【造字本义分析】 ，上边的构件"隹"是兼有表意功能的声符，本义为鸟；下边的构件"火"是义符。焦字的本义是鸟类被火烧烤过的状态。

【姓氏起源推测】在漫长的渔猎经济时期，地上跑的、水里游的，都难免遭遇人类的黑手。但天上飞的鸟儿，大多数都幸免于难。但在雷电引发山火之后，满目疮痍之中，长着一身可燃物的鸟儿也不幸葬身火海，而且是一副黑乎乎的模样，甚是凄惨。品尝过难得的美味后，还是心有戚戚，于是造一个焦字，加以纪念。

山火频发，经常聚焦的地方，或以焦为名。地名，是焦作为姓氏的源头。

武王克商后，将神农氏的一支后裔封于焦地，建焦国。焦国春秋时被晋国所灭，遗民以焦为氏。

Bā
巴

| 甲骨文 | 小篆 | 隶书 | 草书 | 行书 | 楷书 |

【造字本义分析】，夸大了手部形象的构件表意为超强的攀附力。巴字的本义是手掌大而有超强攀爬能力的人。

【姓氏起源推测】巴字的形象是个大手掌的人，但从字义看，巴并不是在描摹形象，而是在突出手部超强的附着能力。比如，沾得到处都是的，是泥巴；一般情况下闭得紧紧的，是嘴巴；紧贴在面部下边的，是下巴；用手紧紧抓着，是把；长着宽大叶片的，是芭。

回到造字的初衷。农业发明之前，上古先民活动的主要环境还是山林，攀爬能力极为重要。手掌大而有力，善于攀爬的人，社会性符号是巴；普遍善于攀爬的地区，也以巴为名。

地名，是巴作为姓氏的源头。

周初有巴国，国人以巴为氏。

Gōng
弓

| 金文 | 小篆 | 隶书 | 草书 | 行书 | 楷书 |

【造字本义分析】，象形字，突出的特征是弓背和弓弦。弓字的本义是利用绷紧丝线的弹力发射箭矢或弹丸的远程攻击武器。

【姓氏起源推测】冷兵器时代，弓箭可以实现远程精准打击，在常规武器中属于威力最大者。官方对于弓箭的制造，自然十分重视。从黄帝开始，直到明清，官方一直有专门负责设计、制作、监督、检验弓的官职。

官职，是弓作为姓氏的源头。

古代有弓正、秵弓、弓父、弓工等官职，多演化为弓氏。

春秋时鲁国大夫公孙婴齐，字叔弓，他随鲁成公出征宋、郑二国，立有战功，其后人中有以他字中的弓为氏者。

二九　牧隗山谷　车侯宓蓬

Mù
牧

| 甲骨文 | 金文 | 小篆 | 隶书 | 草书 | 行书 | 楷书 |

【造字本义分析】 ，左边的构件"攵"是义符，本义为持械击打；右边的构件"牛"是兼有表意功能的声符。牧字的本义是手持器械驱赶牛羊等家畜。

【姓氏起源推测】几千年历史中，放牛娃的数量比牛少不了多少，但没有哪个放牛娃值得官方造一个牧字。牧字最初的含义，指的是在部落、部族、政府中负责饲养家畜的行为。也就是说，是一个官职。农业发明之前，各部族都是迁徙不定，寻找水草丰美的牧场是个长期的任务。逐渐定居之后，适合放牧的地方也是极其重要。牧场所在的地区，会以牧为名。

官职、地名，是牧作为姓氏的源头。

传说黄帝梦到贤才力牧，醒后果然在大泽中找到了他，拜为大将。力牧，并不是个名字，这个称呼的意思是力气很大的牧人。因为辅佐黄帝立了功，才拥有了力牧这个社会性符号。他的后人，以牧为氏。

卫国康叔的后人中有以放牧为事业者，以牧为氏。

Kuí

隗

騩	隗	隗	隗	隗
小篆	隶书	草书	行书	楷书

【造字本义分析】騩，左边的构件"阜"是义符，本义为起伏的山地；右边的构件"鬼"是兼有表意功能的声符，本义为人戴着异乎寻常的面具扮演超自然的神秘力量。隗字的本义是山峰险峻像是鬼形面具的地区。

【姓氏起源推测】隗是山区，山不在高，特点是山顶犬牙交错，像戴了鬼面具一样阴森可怖。有这一特征的地区，会以隗为名。

地名，是隗作为姓氏的源头。

商汤灭夏后，将夏王室封于隗，建隗国。隗国春秋时被楚国攻灭，遗民以隗为氏。

炎帝后裔在中原北部形成赤狄部族，有隗氏部落。赤狄春秋时被晋国吞并，隗氏部落遗民以隗为氏。

Shān

山

甲骨文	金文	小篆	隶书	草书	行书	楷书

【造字本义分析】，象形字。山字的本义是连续高耸的地形。

【姓氏起源推测】山是个统称，诸山命名一般都为某山、某某山。因为山地丰富的资源和重要的战略地位，政府中也有专管山林的官职。

地名、官职，是山作为姓氏的源头。

炎帝生于烈山，又称烈山氏，他的后裔中，有以山为氏者。

周朝掌管山林的官职叫山师，也叫山虞，这一官职也演化出山氏。

Gǔ

谷

甲骨文	金文	小篆	隶书	草书	行书	楷书

【造字本义分析】谷 ，上边的两个"八"字形构件是义符，表意为溪水；下边的"口"也是义符，表意为两座山峰之间的空隙。谷字的本义是两座山峰之间有溪水流淌的巨大空隙。

【姓氏起源推测】谷字对应的繁体字有两个，一个和简体字同形，指山谷；另一个写作穀，指籽粒带壳的作物。谷和穀，都是姓氏。在《百家姓》中，指的是山里的谷，而不是田间的穀。

谷是个特殊地形，现在被当作旅游景点，古时却是孕育文明的好地方。地名，是谷作为姓氏的源头。

秦非子被封的地方叫秦谷，建秦国和谷国。谷国后被楚国攻灭，遗民以谷为氏。

战国时齐国公子尾孙被封于夹谷，其后人有以谷为氏者。

Chē
车（車）

| 甲骨文 | 金文 | 小篆 | 隶书 | 草书 | 行书 | 楷书 |

【造字本义分析】，两边的圆形构件是车轮，中间的构件有的字形突出车厢，有的字形突出牛、马拉动的车辕。车字的本义是由畜力拉动的轮式装置。

【姓氏起源推测】在骑兵没有成为军队主力之前，车的主要功能不是交通，而是用于军事。一个国家的军事实力，只需说有几千乘。设计、制造、维护修理战车，有专门的官职，或以车为名。

官职，是车作为姓氏的源头。

秦穆公执政早期，朝内有负责掌管交通工具的官员以官职为氏，称舆氏。舆氏的三个儿子以舆的同义字车为氏，分别为子车奄息、子车仲行、子车鍼虎。三人皆为当时良臣，屡建功勋。秦穆公死后，三人俱被殉葬，时人叹息。他们的后人以车为氏。

黄帝时有掌管星象占卜的官员名叫车区，他的后人以车为氏。

汉武帝后期有丞相田千秋，虽老迈，但见识过人，朝廷准其乘车上下朝，时人称为车丞相。他的后人以车为氏。

Hóu
侯

| 甲骨文 | 金文 | 小篆 | 隶书 | 草书 | 行书 | 楷书 |

【造字本义分析】，左边的构件"厂"是义符，本义为山崖，此处表意为领地的边界；右边的构件"矢"也是义符，表意为射猎。侯字的本义是拥有可以随意射猎领地的人。

【姓氏起源推测】有地盘的人就是侯。在封建制出现之前，自己开拓领土后，要取一个氏，以申明主权，其身份就是侯。侯之所以用一支箭做义符，是因为侯的箭头上有专属的标记。在中间地带中箭的猎物，凭借这个标记就可以确定猎物的归属。

对外交往中，侯往往会以"侯+氏"作为称呼。氏族时代结束，或者领地发生了变化，这个称呼也可能惯性变为地名。封建制实行后，包括前代帝、王、首领赐予领地的人都可称为侯，即所谓的诸侯。封建制中，分封土地时会根据所赐爵位有所不同。五等爵位中，第二位是侯爵。氏族身份、诸侯身份、爵位、地名，是侯作为姓氏的源头。

黄帝时的史官，也是传说中的造字者仓颉，又名侯冈颉。侯冈，极有可能是地名。仓颉的后人，有以侯为氏者。

夏后氏的后裔，有被封到侯地者，其后人以侯为氏。

春秋时晋哀侯被弟弟晋武公所弑，其后人避祸出逃，有以侯为氏者。

郑庄公的弟弟共叔段争位失败后出逃，庄公并未斩草除根，给段的后人赐姓侯，其用意极可能是承认段侯爵的地位。段的后人有以侯为氏者。

Mì

宓

| 甲骨文 | 金文 | 小篆 | 隶书 | 草书 | 行书 | 楷书 |

【造字本义分析】，上边的构件"宀"是义符，表意为仓库；下边的构件"必"是兼有表意功能的声符，本义为去掉刃的戈柄。宓字的本义是将戈分拆存入仓库，意即没有战争的安宁状态。

【姓氏起源推测】现代的军队，枪和子弹一般分开保管，炮弹的弹体和引信也是各置一库。其实古代也一样，非战争时期，锋刃和长柄也会分开保存。推究其原因，一是为安全计，二来也便于保养。而换个角度看，主动将戈的刃和柄分拆，也是停止战争、追求和平的一个积极表态。因此必才有了"一定"的含义。

分拆后的戈柄存入仓库，这就是宓；军品仓库要考虑隐蔽，多建在山区，这就是密。曾建有宓的地方，或以宓为名。

刀枪入库，意味着这一时期在部落范围内无须发起或接受战争，也意味着安定和富足。宓，可以作为人名用字和地名用字。人名、地名，是宓作为姓氏的源头。

宓曾通假为伏，伏羲氏也写作宓羲氏。宓羲氏的后人，有以宓为氏者。

Péng
蓬

篷 蓬 蓬 蓬 蓬

小篆　　隶书　　草书　　行书　　楷书

【造字本义分析】篷，上边的构件"艹"是义符；下边的构件"夆"是兼有表意功能的声符，本义为来到边界。蓬字的本义是干枯后飘飞很远的植物。

【姓氏起源推测】有个很形象很催人泪下的词语叫作首如飞蓬，形容疲于奔命无暇顾及自己容颜的老人枯发纷乱的样子。蓬，有灌木有草本，又可分为蓬蘽、碱蓬、飞蓬等种类，但共同点是枝茎瘦硬，外形张力十足。蓬干枯后随风滚转飘飞，大约是为了把种子送得更远。

蓬是簇生植物，连片生长，很有气势，极可能被作为地区特征用于命名。地名，是蓬作为姓氏的源头。

Quán
全

全　　全　　全　　全　　全
小篆　　隶书　　草书　　行书　　楷书

【造字本义分析】全，上边的构件"入"是义符，表意为放入、进入；下边的构件"玉"是义符。全字的本义是玉器的部件已加工完毕，要用丝线穿孔而入连成整体。

【姓氏起源推测】有个成语叫得鱼忘筌，筌是竹编的鱼篓，也可以理解为是用竹片串成的一个整体。全，是玉器已经制作完成，核心的含义正是完整。把玉器所有的部件串起来的动作，是拴；辅助完成串接玉器的木架，是栓；久病之后，四肢百骸从像是断裂的状态回到活动自如的整体，是痊。

《礼记》说，天子用全。指的是天子所用的玉器，不是单独的一件一件，连起来是一个整体的系统。生前如此，死后亦然。博物馆中展出的皇帝陪葬的琀、握、璧、璜等，甚至包括神秘的金缕玉衣，都是全。全的制作是政府的大事，自然需要专门的职能部门来督造。这个部门所在地，也会以全为名。官职、地名，是全作为姓氏的源头。

传说古代有全邑，当地人以全为氏。

一说西周时有金融部门叫泉府，任此官职者以泉为氏，后改为同音的全。

Xī（Chī）
郗

| 小篆 | 隶书 | 草书 | 行书 | 楷书 |

【造字本义分析】 ，左边的构件"希"是兼有表意功能的声符，本义为经纬疏阔但柔软舒适的纺织品；右边的构件"邑"是义符，本义为有边界有领主的聚居地。郗字的本义是出产高级纺织品的地区。

【姓氏起源推测】中国很早就发明了纺织，所用的原料有麻、葛等植物纤维，也有纺好的棉线和毛线，还有高级的蚕丝。其中棉毛线柔韧性好但耐磨性差，所以要密织。麻、葛纤维柔韧性差，只能宽织。丝织品却是兼具了各种优势，给了纺织者极大的发挥空间。当代仍有不少地方被称为丝绸之乡，褒赞的就是当地高超的纺织技艺。

希，是一种疏阔的丝织品。既要求匀称，又追求轻柔，纺织难度极大。能织成此类高级纺织物的地方，以郗为名。

地名，是郗作为姓氏的源头。

上古有苏国，西周时，苏国国君的一个支裔被封于郗邑，其后人以郗为氏。

Bān
班

班　班　班　羽　班　班

金文　小篆　隶书　草书　行书　楷书

【造字本义分析】班，两边的构件"珏"是兼有表意功能的声符，本义为连在一起的两块美玉；中间的构件"刀"是义符。班字的本义是用刀将连在一起的美玉分开。

【姓氏起源推测】以文字为证据，玉石用绳索捆扎在一起的情况并不少见。玉字的字形就是串起来的一组玉石，璧的中央有孔或许也是为了方便穿绳。串起来的玉石，或许是完成了粗加工的玉料；或许是已经完工的一组玉器；再或者是用于交换的"钱"。班，就是将串起来的玉石切割分开。如果是玉料，那么切分是为了逐一加工；如果是成品，那么切分是为了分发或赏赐。结合姓氏来看，前者可能性更大。

治玉有很多工序，班只是其中一环，但也需要专门的工具和技艺，足以成为一门职业。职业，是班成为姓氏的源头。

春秋时楚国有令尹子文，传说他曾被虎叼走，凭虎乳哺育长大，所以用虎身上的斑为氏，后改为班。

春秋时楚国另有令尹斗班，其后人以先祖名字中的班为氏。

春秋时宋国有大夫耏班，其后人以先祖名字中的班为氏。

春秋时鲁国有巧匠公输班，其后人以先祖名字中的班为氏。

Yǎng

仰

| 小篆 | 隶书 | 草书 | 行书 | 楷书 |

【造字本义分析】 仰，左边的构件"人"是义符；右边的构件"卬"是兼有表意功能的声符，本义为跪着的人抬头望向站立者。仰字的本义是抬头上望的人。

【姓氏起源推测】造字是官方行为，仰字抬头看的本义应该是在一个特殊的环境中，有可能是指君王准许跪着的臣子抬头说话。在等级森严的社会，如果有人经常被准许如此，会是一份极大的殊荣，进而以仰为氏。举头向上，表现的是眼光和胸怀，也是适合用于人名的美字。

荣称、人名，是仰作为姓氏的源头。

舜帝时有大臣仰延，将古瑟的弦从八根改造为二十五根，在音乐领域建树颇多。其后人以仰为氏。

Qiū

秋

| 甲骨文 | 金文 | 小篆 | 隶书 | 草书 | 行书 | 楷书 |

【造字本义分析】 秋，上边的构件是蟋蟀的象形；下边的构件"火"是义符。秋字的本义是蟋蟀活跃、野火频发的季节。籀文字

形增加义符"禾"，表意为野火多为焚烧秸秆。

【姓氏起源推测】秋是收获的季节，一系列与这个季节有关的官职就会以秋来命名。《周礼》中就有秋官系列。

官职，是秋作为姓氏的源头。

殷商时的官职司寇又称秋卿，汉朝有大长秋，南北朝有秋卿，唐朝有秋官正，这些任职者会以秋为氏。

春秋时鲁国大夫仲孙湫的孙子名叫胡，他在陈国任职时人称湫胡。湫胡的后人有以秋为氏者。

Zhòng

仲

| 金文 | 小篆 | 隶书 | 草书 | 行书 | 楷书 |

【造字本义分析】，上边的构件"人"是义符；下边的构件"中"是兼有表意功能的声符，本义为与边陲相对的王宫。仲字的本义是中央的官员，因为经常为争端做出调解和判断，引申出仲裁的含义。

【姓氏起源推测】仲是个官职，但其居中的含义在兄弟排序中应用更为广泛。家中排行第一的嫡子称伯，庶子称孟；排第二的就称仲。这些二哥们在建功立业之前，一般以仲为自己的社会性符号；二哥们的后人，也有以仲为氏者。

官职和人名，是仲作为姓氏的源头。

帝喾属下有两名贤臣，名叫仲堪、仲熊，他们的后人中，有以仲为氏者。

商汤属下有一位名相叫仲虺，他的后人有以仲为氏者。

春秋时郑国大夫祭仲的后人，有以仲为氏者。

春秋时鲁国权臣庆父，字共仲，他身败名裂后，孙子为避祸，改以仲孙为氏，后简化为仲氏。

孔子弟子子路，名叫仲由，他的后人以仲为氏。

鲁桓公庶子叔牙的孙子彭生，他的后人多以叔仲为氏，后简化为仲氏。

春秋时宋元公的儿子皇野，字子仲，他的后人以仲为氏。

Yī
伊

| 甲骨文 | 金文 | 小篆 | 隶书 | 草书 | 行书 | 楷书 |

【造字本义分析】 ，左边的构件"人"是义符；右边的构件"尹"是兼有表意功能的声符，本义为手持权杖治理一方的人。伊字的本义是受管理者指派执行事务的人。

【姓氏起源推测】伊是受派处理具体事务的人，若是长期的、连续性的事务，便会成为一个官职，以伊为名；此类官员去行使使命的地区，如果没有正式称呼，也会以伊命名。

官职、地名，是伊作为姓氏的源头。

传说尧帝生于伊祁山，以伊祁为氏，其后人有以伊为氏者。

辅佐商汤的贤臣伊尹，生于伊水，以伊为氏。

西周时有官职伊耆，主管农政，任职者以伊耆为氏，后简化为伊氏。

Gōng
宫

| 甲骨文 | 金文 | 小篆 | 隶书 | 草书 | 行书 | 楷书 |

【造字本义分析】 ，外围的构件表意为围墙；里边错落的两个口字形构件表意为多重院子。宫字的本义是同一道外墙内由多重院子组合而成的大型建筑群。

【姓氏起源推测】宫是指房间多，廷是指地基高，殿则是最主要的单体建筑。地基高且房间多的建筑，就是宫廷。宫和廷，都是专有名词，专指君王处理政事的地方。在这个庞大的建筑群中，需要不少的工作人员，他们担任的职务，一般以宫为名。

官职，是宫作为姓氏的源头。

周朝在王宫中负责修缮、清理的官职称宫人，任职者以宫为氏。

春秋时鲁国孟僖子的儿子，食邑于南宫，其后人以南宫为氏，后有简化为宫氏者。

西周初有郜国，春秋时被晋国所灭。族人宫之奇逃到虞国，以宫为氏。

三一　宁仇栾暴　甘钭历戎

Nìng
宁（寧）

| 甲骨文 | 金文 | 小篆 | 隶书 | 草书 | 行书 | 楷书 |

【造字本义分析】 上边的构件"宀"是义符，表意为宗庙；下边的构件"皿"是兼有表意功能的声符，表意为祭器。宁字的本义是以汤、血等物祭祖。金文字形增加义符"心"，表意为祖先的护佑带来心境的安稳。

【姓氏起源推测】"二十四孝"中有一个故事叫"郭巨埋儿"，因为既触及刑法，又有违伦理，现在屡被批判。其实，出问题的是批判者。在家家把独生子女奉为皇帝的时代，用现代的法律、伦理去批判一千年前的老祖先，犯了刻舟求剑的经典错误。

放在祖先崇拜的宗族社会时期，如果要在老人和孩子中选择，大多家庭会毫不犹豫地选择老人。血缘纽带几千年未断，慎终追远的观念在每个人心中都是根深蒂固。祭祖，对国和家都是最为重要的事。

国家祭祖场所所在地或以宁为名；主持、参与祭祀仪式的官职，或以宁为名；宁字寓含的安宁、宁静等义也易被作为谥号和人名。地名、官职、谥号、人名，是宁作为姓氏的源头。

春秋时秦襄公曾孙谥号为宁，其后人有以宁为氏者。

卫武公幼子季亹采邑在宁，其后人以宁为氏。

Qiú
仇

仇　仇　仇　仇

小篆　　隶书　　草书　　行书　　楷书

【造字本义分析】仇，左边的构件"人"是义符；右边的构件"九"是兼有表意功能的声符，本义为尽最大的努力。仇字的本义是要尽全力追求的人。

【姓氏起源推测】仇是值得尽全力去追求的人。要为之付出全力，或者是最心爱的人，或者是最痛恨的人。文献中，两个义项都有。"我仇有疾，不我能即"，这是老伴儿；"修我戈矛，与子同仇"，这就是敌人。

就姓氏而言，胜出的应该是后者。正如喜剧的生命力怎么都比不过悲剧。身负深仇，以报仇为使命的侠士，或被冠以仇这个社会性符号，进而演化为姓氏。

传说夏朝时的九吾氏商代建九侯国，商末，九侯国君被纣王所杀，国人为避祸，改以仇为氏。

春秋时宋国大夫仇牧，因质问弑杀宋缗公的南宫万而被害，其后人以仇为氏。

Luán
栾（欒）

| 金文 | 小篆 | 隶书 | 草书 | 行书 | 楷书 |

【造字本义分析】 ，上边的构件"䜌"是兼有表意功能的声符，本义为有关系的二者相连；下边的构件"木"是义符，本义为树。栾字的本义是同根或同枝并立的树木，后也指建筑物中两个相对的木构件。

【姓氏起源推测】栾是一种树，根系发达，萌蘖力强，会在一棵成树旁边再生出一棵来，外形特点鲜明。栾树普遍生长的地方，或以栾为名。

《礼》说"大夫树栾"。栾树耐寒耐旱，一年四季均有观赏价值，正好与长眠地下的大夫为伴。有知名大夫墓的地方，或因多有栾树而以栾为名。

栾在建筑上指相对两根立柱上承托梁枋的木构件，雕造此类构件的职业，也会以栾为名。

地名、职业，是栾作为姓氏的源头。

春秋时齐惠公的儿子坚，字子栾，其后人有以栾为氏者。

西周时晋釐侯的庶子姬宾，被封于栾邑，其后人以栾为氏。

Bào
暴

小篆　　隶书　　草书　　行书　　楷书

【造字本义分析】  ，上边的构件"日"是义符；下边的构件"出"是义符；下边的构件"廾"是义符，表意为双手操持；下边的构件"米"是义符。暴字的本义是在太阳下晒干粮食。

【姓氏起源推测】抢收回来的粮食，如果不能尽快晒干其中的水分，就会生芽，导致所包含的淀粉和蛋白质性质改变，食用价值降低，且影响来年播种。因此，暴是秋收后又一个紧张的农业程序。春雨贵如油，秋雨带来的则只有无尽的愁。一俟烈日当空，农人便欣喜若狂，以最快的速度将稻米摊在晒谷场上。

日照时间长或秋日暴烈的地方，或以暴为名。地名，是暴作为姓氏的源头。

殷商时有暴国，国君后人以暴为氏。

东周时大夫辛被封于暴，建暴国。暴国后被郑国吞并，遗民以暴为氏。

Gān

甘

甲骨文　　金文　　小篆　　隶书　　草书　　行书　　楷书

【造字本义分析】，外围的构件"口"是义符，里边的短横构件是指事符号。甘字的本义是口中尝到的美味。

【姓氏起源推测】甘指清甜的口感，在糖制品不易获得的上古，甘的感觉更普遍的是来自泉水。或者用现代语言表述，就是矿泉水。有矿泉资源的地方，会以甘为名。

地名，是甘作为姓氏的源头。

夏朝时有甘国，国人流布四方，以甘为氏。

商王武丁有老师名甘盘，甘盘的后人以甘为氏。

西周、东周，有多支王室后裔被封于甘，都以甘为氏。

Tǒu

钭（斜）

小篆　　隶书　　草书　　行书　　楷书

【造字本义分析】，左边的构件"金"是义符；右边的构件"斗"是兼有表意功能的声符，本义为一种带手柄的量器。钭字的本义是带手柄的青铜量器，一般用于取酒。

【姓氏起源推测】酒的生命历程是这样的。首先是将稻米等酿造物和酒曲混在一起发酵，之后的形态是米和酒液混合的悬浮状态。用酉之类的滤网插在中间，滤网内便是浑浊的酒浆，可以直接饮用，也可以用蒸馏等手段使之更加清冽。成品的酒要装坛储存，若干年后可以饮用了，要先倒入罍之类大的酒器中，再用斜之类的取酒器盛入爵之类的饮酒器中，由此进入新陈代谢的下一个轮回。

饮酒是礼制充分体现的一个场景。先后不能乱，有各自的爵位；多少也不能随心所欲，每一巡就是一斜。

制作斜或许是个专门的职业；掌斜，或许是个官职。职业、官职，是斜作为姓氏的源头。

斜姓起源在文献中只有一种，田氏代齐后，将齐康公放逐于海岛。生活困苦，只能以小小的斜做炊具烹煮鱼虾、野菜。后人为纪念先祖，以斜为氏。

Lì
厉（厲）

金文	小篆	隶书	草书	行书	楷书

【造字本义分析】，上边的构件"厂"是义符，本义为可居的山崖，字内表意为山石；下边的构件"萬"是兼有表意功能的声符，本义为蝎子。厉字的本义是山崖下像蝎子一样密布的尖利碎石。

【姓氏起源推测】厉是一种地貌，多碎石，不平坦。行走一趟，尖利的棱角会让人伤痕累累。具有这种地貌的地区，会以厉为名。让老百姓举步维艰遍体鳞伤的君王，也会在身后得到厉的谥号。

地名、谥号，是厉作为姓氏的源头。

传说炎帝生于厉山，以厉山为氏，其后人有以厉为氏者。

西周时有厉国，国人有以厉为氏者。

齐厉公暴虐嗜杀，被大夫联合杀死，周宣王赐谥号厉，其后人有以厉为氏者。

Róng

戎

| 金文 | 小篆 | 隶书 | 草书 | 行书 | 楷书 |

【造字本义分析】戎，左边的构件"甲"是义符；右边的构件"戈"是义符，泛指长柄武器。戎字的本义是全副武装的战士。

【姓氏起源推测】谁的江山，马蹄声狂乱。我一身的戎装，呼啸沧桑。戎装不是时装，而是全套甲胄和武器的总称。和一身布衣的常装比起来，威风凛凛。常年从军的人，或被冠以戎这个社会性符号。全民皆兵，常年身着军装武器不离手的部族，或以戎为名。负责管理军械库的职官，会以戎为名。军械库所在地，也会以戎为名。

外号、官职、地名、部族名，是戎作为姓氏的源头。

上古有戎族，族人以戎为氏。

少昊氏后裔有狁戎氏，其后人以戎为氏。

西周初有戎国，为曹国附庸，后被齐国吞并，遗民以戎为氏。

周朝有官职名戎右，主管军械，任职者以戎为氏。

三二　祖武符刘　景詹束龙

Zǔ
祖

| 甲骨文 | 金文 | 小篆 | 隶书 | 草书 | 行书 | 楷书 |

【造字本义分析】 ，左边的构件"示"是义符，本义为神灵给人间的预兆，泛指祭祀；右边的构件"且"是兼有表意功能的声符，本义为可以摆放多块祭肉以祭祀已逝亲人的神位。祖字的本义是可以护佑后人的已逝亲人。

【姓氏起源推测】祖本来指所有有血缘关系的宗派共同祭祀的先人，后来也指最先开创某一成就的人。在姓氏定型之前，部族始祖在去世后可被称为祖，其后人或以祖为氏；为祖看护陵寝者也会冠以祖的社会性符号；以纪念先祖为寓意的人名，也是祖作为姓氏的源头之一。

商朝的王，驾崩后的庙号是祖加天干，如祖甲、祖乙等，他们的后人，有以祖为氏者。

商汤的左相仲虺的后人中，有名叫祖己的，是辅佐商王朝的名臣。他的后人以祖为氏。

Wǔ
武

| 甲骨文 | 金文 | 小篆 | 隶书 | 草书 | 行书 | 楷书 |

【造字本义分析】，上边的构件"戈"是义符，泛指兵器；下边的构件"止"是义符，表意为行进。武字的本义是带着兵器出征。

【姓氏起源推测】武是出征。征伐密集的部族，会以武为氏；多有征伐的君王，也会以武为谥号；征战频繁的地区，也会以武为名。

部族名、谥号、地名，是武作为姓氏的源头。

夏朝初，随后羿以武力击败太康夺取王位的部落中，有武罗氏，后建武罗国，国人以武为氏。

商王武丁在位时，用武频繁，以武为谥号，其后人有以武为氏者。

传说周平王幼子出生时手心有纹路与武字相似，其后人以武为氏。

Fú
符

| 金文 | 小篆 | 隶书 | 草书 | 行书 | 楷书 |

【造字本义分析】，上边的构件"竹"是义符，表示材质；下边的构件"付"是兼有表意功能的声符，本义为用手将某物交给他

人。符字的本义是竹制的信物，交由他人代表自己办理事务。

【姓氏起源推测】符是种信物，用以确认所托之人的身份。以竹为义符，说明最早的符是竹制，或许与管同源，就是半截竹筒。后期应该出于防伪考虑，会在信物上刻划一些只有当事人才能看懂的特殊符号。后世装神弄鬼的人胡写一些自己都不明白的线条也称为符，或许就源于此。

因为造字是官方行为，所以这种信物最初是官方专用，所托之事也是调兵之类的大事。由于关系重大，符都是由专门的机构专门的人来保管。担任保管符令官职的人，会以符为氏。官职，是符作为姓氏的源头。

战国时鲁顷公的孙子公雅在秦国担任符玺令，他的后人以符为氏。

Liú
刘（劉）

劉	劉	劉	劉	劉
小篆	隶书	草书	行书	楷书

【造字本义分析】劉，左上的构件"卯"是兼有表意功能的声符，本义为禾苗上结出的籽粒，字内表意为凸起的颗粒；左下的构件"金"是义符；右边的构件"刀"是义符。刘字的本义是用特制刀具刮削器物表面凸起的颗粒，使之平滑如镜。

【姓氏起源推测】从字形看，刘是铸造的最后一道工序。就是用特制刀具将器物表面因范具不平整或熔液迸溅产生的颗粒修治平整。随着铸造技艺的进步，这道工序可能被减省，所以刘只留下姓氏这个单一的义项。但最早从事这一职业的人，会以刘为氏；出产修治刀具的地区，也会以刘为名。

职业、地名，是刘作为姓氏的源头。

尧的后人累，为夏王孔甲养龙（鳄鱼）有功，被封于刘，称刘累。他的后人以刘为氏。

Jǐng
景

| 小篆 | 隶书 | 草书 | 行书 | 楷书 |

【造字本义分析】景，上边的构件"日"是义符；下边的构件"京"是兼有表意功能的声符，本义为有高大瞭望塔的城邑。景字的本义是太阳照到都城高大的角楼上所产生的光学效果。

【姓氏起源推测】京，应该是古代规模最大的建筑群。在建筑工具和技艺都有限的时代，都城高大的角楼在日光的映照之下有一种震慑心魄的美。景，多被用于人名及谥号。

人名、谥号，是景作为姓氏的源头。

春秋时，齐国君主杵臼虽然于乱世中登基，但颇有抱负，使齐国恢复了与晋国一争高下的国力。他死后谥号为景，即齐景公。他的后人有以景为氏者。

Zhān
詹

詹　詹　詹　詹　詹

小篆　隶书　草书　行书　楷书

【造字本义分析】詹，上边的构件"人"是义符；中间的构件"穴"是义符；下边的构件"言"是兼有表意功能的声符。詹字的本义是立于洞顶报告远处情况的哨兵。

【姓氏起源推测】一座城的四角，有负责瞭望警戒的塔。重要的单体建筑，如王公的府邸，或也有立于高处观察预警的士兵，就是詹。因为视野宽阔，所以看到的景象较多，会不停地向下汇报。《说文》解释詹是多言，或许就源于此。

有一个官职叫詹事，就是站在全局高度统筹各项事务，担任这一官职的人，会以詹为氏；比较小的城，瞭望塔等同于詹，或也以詹为名。官职、地名，是詹作为姓氏的源头。

舜帝封黄帝的一支后裔于詹地，其后人以詹为氏。

周宣王封他的支庶于詹，建詹国，这支王族以詹为氏。

传说上古时有官职詹尹，负责占卜，担任此官职者以詹为氏。

Shù
束

| 甲骨文 | 金文 | 小篆 | 隶书 | 草书 | 行书 | 楷书 |

【造字本义分析】 ，象形字。束字的本义是将物体纵向的两端用绳索扎紧。

【姓氏起源推测】 束字的本义内涵极小，难以直接演变为姓氏。束作为姓氏另有源头。

齐国田单复国有功，国人要拥戴他为王。田单推辞说，单乃疏氏，何可王焉。意思是说，我只是王室的远支，怎么能有资格做王呢？因为这番高风亮节的推辞，田单的后人有以疏为氏者。后来为避战乱，改以束为氏。

Lóng
龙（龍）

| 甲骨文 | 金文 | 小篆 | 隶书 | 草书 | 行书 | 楷书 |

【造字本义分析】 ，上边的辛字形构件表意为王冠；下边的构件突出的特征是大嘴和曲线形的身体。龙字的本义是一种身体与蛇类似、体现王权的动物图腾。

【姓氏起源推测】龙是不是真实存在的动物尚有争议，但却是中国文化中最有代表性的动物形象。秦汉以后，龙作为皇家的专用图腾，留给民间的应用空间，大约只剩下姓氏了。秦汉之前呢？龙并没有被专制权力束缚，还保留着自己的本义。从已发现文物看，以龙为图腾的文化中心并不唯一；从传说中龙的形象看，龙图腾的主要来源是蛇和云。以龙为图腾的氏族、部落、部族，会以龙为名；龙图腾崇拜盛行的地区，也会以龙为名。

部落、部族名和地名，是龙作为姓氏的源头。

《列子》中记载上古时有龙伯国，甲骨文中有"贞乎取龙伯"，可互证。另可推测龙伯国被商所攻灭，国人或以龙为氏。

西周时有诸侯国龙国，或许就是龙伯国君王后裔所建。龙国后人也会以龙为氏。

舜帝时有名臣纳言龙，纳言是官名，龙是名。他的后人有以龙为名者。

三三　叶幸司韶　郜黎蓟薄

Yè
叶（葉）

| 甲骨文 | 金文 | 小篆 | 隶书 | 草书 | 行书 | 楷书 |

【造字本义分析】葉，上边的构件"艸"是义符，泛指植物；下边的构件"枼"是叶的本字，兼有表意功能的声符，本义为树枝上生长的片状物。叶字的本义是树枝上生长的片状物。

【姓氏起源推测】上古造字的动机，并不是为了探索科学、认识世界，唯一的目的是政治的组织性和有序高效。因此，叶字最初的含义并不是指普通的树叶，而是指某一种有特殊功效的叶片，比如作为香料、饮品和食物。大面积生长此种植物的地方，会以叶为名。

地名，是叶作为姓氏的源头。

楚国王族沈尹戌在与吴国的战斗中战死，楚昭王封他的儿子沈诸梁于叶邑，称叶公。叶公的后人以叶为氏。

Xing
幸

| 甲骨文 | 金文 | 小篆 | 隶书 | 草书 | 行书 | 楷书 |

【造字本义分析】，象形字，甲骨文金文字形均像上下合拢的手部戒具。幸字的本义是约束犯人手部自由的戒具。

【姓氏起源推测】幸，从字形看其功能类似于现在的手铐。被戒具约束自由的人，本是不幸。但在家天下的时代，帝王的权威凌驾于法制之上。帝王家有喜事，要大赦天下；帝王外出巡行到某处，心情一高兴，或是为了显示皇恩浩荡，也要释放一批性质并不严重的犯人。能拥有这般结局的人，当然是幸运的某某。在帝制时代，被天子眷顾无疑是最大的幸。幸臣某，就是幸作为姓氏的源头。

周武王的弟弟姬偃戍边有功，周成王赐他以幸为氏。他的后人以幸为氏。

Sī
司

| 甲骨文 | 金文 | 小篆 | 隶书 | 草书 | 行书 | 楷书 |

【造字本义分析】，左边的构件"口"是义符；右边的构件"卜"是义符，本义为有决定作用的权杖，字内表意为代表首领去执

行。司字的本义是按照首领的旨意去执行某事。

【姓氏起源推测】司与后字形对称，但表意却相差甚远。先有决定权再发布旨意的，是后；有了旨意再去执行的，是司。古代的政府组织形式中，司是个普遍的称呼；职官体系中，一般具体领域的名前加一个司，就是管理该领域的官职，如司农、司空、司马等。这些官职的任职者，会以司为氏。

官职，是司作为姓氏的源头。

夏朝的王族称夏后氏，王亦称后。代表后行使管理职权的，称司。司氏由此而来。

传说神农氏时有司怪的官职，专管占卜事务，任职者以司为氏。

Sháo
韶

小篆	隶书	草书	行书	楷书

【造字本义分析】韶，左边的构件"音"是义符，本义为有含义的语言；右边的构件"召"是兼有表意功能的声符，本义为首领邀请诸侯聚餐。韶字的本义是首领与诸侯聚会时演奏的动人音乐。

【姓氏起源推测】旧说韶是一个具体的乐曲，美妙动听，使孔子闻听后三月不知肉味，不确。从字形来看，韶应为一种乐曲类型，演奏的场景是帝王和诸侯的聚会，特点之一是正式严肃，之二是蕴含着丰富的礼的元素。编演韶乐的乐官会以韶为氏；帝王以韶乐款待诸侯的地方，会以韶为名。

官职、地名，是韶作为姓氏的源头。

相传舜帝的乐官首次创作并演奏韶乐，备受赞誉，这些乐官的后人以韶为氏。

　　广东有韶山，产韶石。传说舜帝曾在这里演奏韶乐，存疑。合理的推断是韶石音质动听，适合制作演奏韶乐的石磬，韶山因产韶石而得名，韶山所在的地方因此称韶州。当地人以韶为氏。

Gào
郜

郜	郜	郜	郜	郜
小篆	隶书	草书	行书	楷书

【造字本义分析】郜，左边的构件"告"是兼有表意功能的声符，本义是用牛作为牺牲祭祀神灵，祈求福佑；右边的构件"邑"是义符，本义为有边界有领主的聚居地。郜字的本义是举行告祭仪式的城。

【姓氏起源推测】上古时认为牛是神兽，以牛为牺牲的祭祀级别极高，称为告祭。告祭的主持人，一般为最高首领；告祭的事项，多为祈求神灵对某一重要事项加以护佑。

　　举行告祭仪式的城，或为原有，改名为郜；或为新建，取名为郜。地名，是郜作为姓氏的源头。

　　周文王的第十一个儿子被封于郜邑，建郜国。春秋时，郜国被宋国攻灭，遗民以郜为氏。

Lí
黎

篆 黎 黎 黎 黎

小篆　　隶书　　草书　　行书　　楷书

【造字本义分析】篆，左边的构件"黍"是义符，本义为水田的农作物；左上的"禾"和右边的构件"勿"又组成兼有表意功能的声符"利"，本义为刀刃完好可以进行收割的刀具。黎字的本义是收割回来的稻穗。

【姓氏起源推测】从黎字的字形看，左边的黍指水田作物，应该指稻之类的禾穗作物；右边的勿，是用刀将有用的部分切割。连起来所表的意，就是禾穗作物彻底成熟，用刀进行收割。堆积满地的禾穗，正像无数卑微的百姓，所以称黎民；失去水分被氧化的禾穗呈现黄黑色，正像整天被风吹日晒的百姓的肤色，所以百姓又称黎首。

水土丰饶，每年都大规模收割作物的部族，或以黎为族号。族号，就是黎作为姓氏的源头。

远古少昊氏时有诸侯黎，后分为九黎。商朝时，有两个九黎后裔所建的黎国，分别为周文王、周武王所灭，遗民以黎为氏。

武王灭商后，又将尧帝后裔封于黎国旧地，仍以黎为国名。黎国春秋时被晋国所灭，遗民以黎为氏。

Jì
蓟（薊）

蓟	蓟	蓟	蓟	蓟
小篆	隶书	草书	行书	楷书

【造字本义分析】蓟，上边的构件"艸"是义符，泛指植物；下边的构件"劎"是兼有表意功能的声符，本义为用刀剔除鱼肉，字内表意为剔掉鱼肉的鱼骨。蓟字的本义是形状如鱼骨的草本植物。

【姓氏起源推测】蓟，耐寒耐旱，极易生长，花序极为美观，又具有极高的药用价值，是天赐北方的优质植物，很早就被先民们注意并加以利用。蓟草簇生的地方，极易被作为地域特征用于命名。现北京市南部的一片区域古称即为蓟，天津也有古蓟州。

地名，是蓟作为姓氏的源头。

武王灭商后，将黄帝的一支后裔封于蓟，建蓟国。蓟国后被燕国攻灭，遗民以蓟为氏。

Bó
薄

薄	薄	薄	薄	薄
小篆	隶书	草书	行书	楷书

【造字本义分析】薄，上边的"艸"是义符，下边的"溥"是兼有表意功能的声符。溥字右边的构件"尃"是培育名贵的苗木，溥

字的本义是引水浇灌幼苗。薄字的本义是大面积浇灌后长出的草本植物幼芽。

【姓氏起源推测】甫是育苗，溥是勤加浇水以培育幼苗，薄是需要大面积浇灌的珍贵幼苗。以此种方法育苗，或专门培育此类幼苗的地方，或以薄为名。如果不是有心育苗，而有如幼苗般大量生长贴地草本植物的地方，也会因外形相似而被称为薄。

地名，是薄作为姓氏的源头。

上古时，炎帝后裔在薄地建薄国，国人有以薄为氏者。

春秋时，宋国有大夫被封于薄城，其后人以薄为氏。

三四　印宿白怀　蒲邰从鄂

Yin
印

| 甲骨文 | 金文 | 小篆 | 隶书 | 草书 | 行书 | 楷书 |

【造字本义分析】，左边的构件"爪"是义符，本义为手向下用力；右边的构件"卩"是义符，本义为跪坐。印字的本义是向下按压他人，使低头屈服。

【姓氏起源推测】诗书画印被称为文人四绝，盖印章时，想象一下手里捏着的不是一块石头，而是一个不服者的后脖颈，那就是印的本义。战争结束，抓回来的战俘中，有不少需要印一下才能瓦解意志，表示臣服。负责印的职官，官阶不算高，工作内容也简单之至，却也足以成为一个社会身份的标志。而被印的人，若是始终刚强不屈，也会赢得对手的尊重，给他一个印的社会性符号。

官职、外号，是印成为姓氏的源头。

春秋时，郑成公姬睔（一说名舒）字子印，他的后人有以印为氏者。

Sù
宿

| 甲骨文 | 金文 | 小篆 | 隶书 | 草书 | 行书 | 楷书 |

【造字本义分析】，上边的构件"宀"是义符；右下的构件"人"是义符；左下的构件"席"是兼有表意功能的声符。宿字的本义是在安定的地方睡觉。

【姓氏起源推测】宿是外出途中过夜的地方，考虑到造字的官方属性，宿字表示的并不是布衣百姓的行为。官府人员出差，路上吃饭的地方是馆，换马的地方是驿，临时打尖的地方是舍，能睡个安稳觉的地方则是宿。曾经设置宿的地方，会以宿为名。

地名，是宿作为姓氏的源头。

武王灭商后，将伏羲氏的一支后裔封于宿，建宿国，国人以宿为氏。

Bái
白

| 甲骨文 | 金文 | 小篆 | 隶书 | 草书 | 行书 | 楷书 |

【造字本义分析】，白字的外部是火焰，内部加一个指事符号，白字的本义是火苗的内焰，由此引申出光明、明白、白色等含义。

【姓氏起源推测】白是火苗的内焰，最明亮、最炽热的部分。云层稀少、日照充分的地方会以白为名；对事物有极强洞察力的人也会被冠以白的社会性符号；白也常被作为人名，用以表达对孩子高情商的期望。

地名、人名、名号，是白作为姓氏的源头。

楚平王的孙子胜封地在白，称白公胜，他的后人以白为氏。

传说炎帝时有精通水利的官员白阜，善疏通水道。阜是山坡，可指筑坝，白阜可能不是名，而是号，表意为明白筑坝引导水利的人。他的后人以白为氏。

秦武公有儿子名白，公子白的后人有以白为氏者。

Huái
怀（懷）

金文	小篆	隶书	草书	行书	楷书

【造字本义分析】外围的构件"衣"是义符；中间的构件"眔"也是义符，本义为落泪。怀字的本义是泪水打湿胸前的衣服。小篆时增加义符"心"，含义分化为二，一是专指胸前；二是可以触动落泪的情绪。

【姓氏起源推测】什么样的事情会让人默默地泪湿衣襟呢？不会是听闻噩耗或是郁积的情绪得到释放，那样就是号啕大哭了。怀，是因为锥心刺骨的思念，或是触景生情，通感到了心底隐秘的情绪。怀的本质是种深层的情感活动，直接演化为姓氏只有一种可能，那就是某一位德行高尚的王侯，身故之后被大家深深怀念，自称"怀念某某的某氏"，从而将怀变成自己的社会性符号。

传说上古时有部落名无怀氏，部落内简单淳朴，少有感怀之事，部落之民有以怀为氏者。无怀氏活动的地区，以怀为名。武王灭商后，将弟弟叔虞封于怀邑，叔虞的后人，有以怀为氏者。

部落名、地名，是怀作为姓氏的源头。

楚怀王的后人，有以先王谥号怀为氏者。

Pú
蒲

| 小篆 | 隶书 | 草书 | 行书 | 楷书 |

【造字本义分析】　，上边的构件"艸"是义符；下边的构件"浦"是兼有表意功能的声符，本义为以大面积浇灌方式培育珍贵幼苗的地方，后也指含水量充足的河口滩涂。蒲字的本义是生长在河口滩涂的植物。

【姓氏起源推测】浦，是常年有一层极浅水面的地方。这样的环境，还要适宜植物生长，只有河滩。蒲草是生长在湿地滩涂中的典型植物，除了秋天成片摇荡的枯穗，蒲草还有另一个部分令人印象深刻，那就是柔韧阔大的叶片。蒲草叶曾被家贫的学子用来当作抄书练字的"纸"，也就是《三字经》中所说的"披蒲编"。蒲草生长繁茂的地方，会以蒲为名。

地名，是蒲作为姓氏的源头。

夏朝时，舜帝的一支后裔被封于蒲地，他的后人以蒲为氏。

Tái
邰

邰 邰 邰 邰 邰

小篆　　隶书　　草书　　行书　　楷书

【造字本义分析】邰，左边的构件"台"是兼有表意功能的声符，本义为确定怀孕之始；右边的构件"邑"是义符，本义为有边界有领主的聚居地。邰字的本义是专为后妃养胎安居所建的城。

【姓氏起源推测】家族制，是人类历史上历时最长的组织形式。尤其是对于首领、帝王，子嗣的重要性不言而喻。在文献中虽没有见到专为后妃安胎筑城的记载，但从邰字的字形来看，上古时或有少子的首领因为重视嫡子安全出生而专门筑城。

地名，是邰作为姓氏的源头。

周王朝的始祖弃，即后世尊为谷神的后稷，是尧帝的农官，因教导万民种植作物有功，封于邰，他的后人有以邰为氏者。

Cóng
从（從）

从 从 從 從 从 從 從

甲骨文　金文　小篆　　隶书　　草书　　行书　　楷书

【造字本义分析】从，左边的构件"辵"是义符，表示行进；右边的构件是紧紧跟随的两个人。从字的本义是在路上结伴而行的人意见统一，方向正确。

【姓氏起源推测】从是两人相伴而行，但两人地位并不一致，后者完全跟随前者而行。因此，性格随和的人会被冠以从这个社会性符号；只需按上级意志执行的官职也有用从为名者。

字号、官职，是从作为姓氏的源头。

传说后稷的一个后裔生性平和，与世无争，垂钓为生，人称从和。他的后人以从为氏。

汉朝官职有从史、从事中郎，任职者有以从为氏者。

È
鄂

| 金文 | 小篆 | 隶书 | 草书 | 行书 | 楷书 |

【造字本义分析】 ，四个口字形构件表示湖泊，中间交叉形的构件表示江河的支流。咢字的本义是支流和湖泊众多的地方，之后加了"邑"的义符，鄂字的本义就是支流和湖泊众多的城邑。

【姓氏起源推测】鄂是以地形特征作为地名，特征即河流众多，类似于现在所称的湿地、沼泽。

地名，是鄂作为姓氏的源头。

上古时黄帝的一支姞姓后裔居住于鄂地，建鄂国，国人以鄂为氏。

晋哀侯即位之前，采邑在鄂，他的一部分后人以鄂为氏。

西周后期首位敢于挑战中原王朝的楚王熊渠，将次子红封于鄂，称鄂王。他的后人有以鄂为氏者。

三五　索咸籍赖　卓蔺屠蒙

Suǒ
索

甲骨文　　金文　　小篆　　隶书　　草书　　行书　　楷书

【造字本义分析】，左右的构件"手"是义符；中间的"糸"
形构件上端打结，表意为自上而下逐渐成形。索字的本义是用手编结
丝状纤维，使其成为整齐的一束。

【姓氏起源推测】结绳记事的历史极其久远，甚至可以说是人类
信史的开端。绳和索同义，绳字描绘的是状态；索字聚焦的是动作。
搓编绳索是个有技术含量的工作，会衍生为一个职业；搓编绳索需要
在近水的地方，也会由此演化为河流的名称和地名。

职业、地名，是索作为姓氏的源头。

商族有七个支族，其中一个以索为名，或许即是由部族内长于搓
编绳索的氏族构成。索族族民以索为氏。

春秋时，郑国境内有索河，有索邑。索地人有以索为氏者。

Xián
咸

| 甲骨文 | 金文 | 小篆 | 隶书 | 草书 | 行书 | 楷书 |

【造字本义分析】 ，左边的构件"口"是义符，表意为孔洞；右边的构件"戌"是兼有表意功能的声符，本义为威力巨大的战斧。咸字的本义是在战斧的孔洞处安装手柄。

【姓氏起源推测】 据说为战斧安装手柄有一道工序，是在木柄的一端饱蘸盐水，放置一夜后，由于盐分的锈蚀，会增加摩擦力，使手柄更牢固，然后再用绳索加以固定。咸字诸多的引申义都由此而来。为战斧安装手柄技术含量较高，会成为职业；此项操作需要靠近含盐较高的土壤或河流，当地或以咸为名。

职业、地名，是咸作为姓氏的源头。

帝喾时有大臣名叫咸丘黑，他的后人以咸为氏。

帝尧时有主管占卜的大臣名叫巫咸，他的后人以咸为氏。一说巫咸是商代的大臣。

Jí
籍

籍 籍 籍 籍 籍

小篆　　隶书　　草书　　行书　　楷书

【造字本义分析】籍，上边的构件"竹"是义符，表意为记录用的竹简；下边的构件"耤"是兼有表意功能的声符，本义为利用犁、耒等工具耕田。籍字的本义是记录田地耕作情况的竹简。

【姓氏起源推测】假如没有记录在册的历史，人类的文明将与手电筒相似，只能看到眼前的一点光亮，身后则是沉沉的永夜。有了籍，脚下的土地不但肥沃，而且生动。籍的记录和管理，至关重要，需要专门的官职；历经岁月积累下来的籍，是一个天量，需要专门的存放之地，这个地方，会以籍为名。

官职、地名，是籍作为姓氏的源头。

春秋时晋国有贤臣伯黡，负责管理国家典籍，他的后人以籍为氏。

春秋时卫国有籍圃，齐国有籍丘，籍地居民有以籍为氏者。

Lài
赖(賴)

赖 赖 赖 赖 赖
小篆　　隶书　　草书　　行书　　楷书

【造字本义分析】赖，左边的构件"束"是义符，本义为捆扎好的同类物品；右边的构件"负"是义符，本义为身背财物。赖字的本义是拥有大量财物。

【姓氏起源推测】立身社会，最怕的人就是无赖。什么是无赖呢？没有财物作为生活支撑的人。一无所有便无所顾忌，能做出多过分的事无法想象。赖，对于个体和集体，都是极其重要的保障。

一包两包贝壳不值得造一个赖字，官方用这个赖字所表示的，或许是中央银行。管理中央银行的官职，会以赖为名；中央银行所在地，会以赖为名。

官职、地名，是赖作为姓氏的源头。

武王克商后，封弟弟叔颖于赖，建赖国，其后人以赖为氏。

一说武王克商后将炎帝的一支后裔封于赖，建赖国。赖国后被楚国攻灭，遗民以赖为氏。

Zhuó
卓

| 金文 | 小篆 | 隶书 | 草书 | 行书 | 楷书 |

【造字本义分析】 ，上边的构件"人"是义符；下边的构件"早"是兼有表意功能的声符，本义为朝阳照在草尖上，字内表意为草之高者。卓字的本义是在人群中身材挺拔出众的人。

【姓氏起源推测】卓越，是对一个人极高的评价。卓是身材挺拔，越是动作敏捷。看看奥运赛场的各国健儿，那就是卓越一词的注脚。

卓是对人外形出众的称赞，因此多用于人名。人名，是卓作为姓氏的源头。

春秋时楚威王有一个儿子名卓，称公子卓。公子卓的孙子滑以祖父的名字为氏，称卓滑，他的后人以卓为氏。

Lìn
蔺（蔺）

| 小篆 | 隶书 | 草书 | 行书 | 楷书 |

【造字本义分析】 ，上边的构件"艸"是义符；下边的构件"閵"是兼有表意功能的声符，本义为在笼中养育的观赏鸟。蔺字

的本义是茎秆柔韧，可以为观赏鸟编织大型鸟笼的草本植物。

【姓氏起源推测】如同蔺草在北方的地位，蔺草在温暖潮湿的南方也是一种非常优质的植物。蔺草的茎秆外皮极其柔韧，是编织的绝佳材料。而在搓剥之后，中间的茎心储油耐燃，又是天然的优质灯芯。作为家庭日用品，其需求量想必极大。蔺草生长繁茂的地方，也必定远近闻名，称之为蔺地。

地名，是蔺作为姓氏的源头。

战国时，韩国国君的一个后裔韩康在赵国为官，因功或食邑于蔺，其后人以蔺为氏。

Tú
屠

屠　屠　屠　屠　屠

小篆　　隶书　　草书　　行书　　楷书

【造字本义分析】屠，上边的构件"尸"是义符，本义为祭祖仪式上踞坐高处扮作已逝亲人，字内表意为行动受限失去反抗能力；下边的构件"者"是兼有表意功能的声符，本义为部族聚餐时根据统计人数准备肉食。屠字的本义是杀掉没有反抗力的人或动物。

【姓氏起源推测】为了获得肉食而将牲畜绑起来杀掉，是屠；战争中对失去反抗能力的人痛下杀手，也称为屠；获胜后总有屠城之举的氏族、部落，会被冠以屠的称号。批量化地宰杀家禽家畜，也称为屠；集中宰杀家禽家畜以贩卖获利的地方，也会以屠为名。

氏族、部落的称号、职业、地名，是屠作为姓氏的源头。

舜帝后裔中，有一支称为胜屠氏，其族人有以屠为氏者。

古代山东有屠地，当地人有以屠为氏者。

Méng
蒙

金文　　小篆　　隶书　　草书　　行书　　楷书

【造字本义分析】 𧅓 ，上边的构件"艸"是义符；下边的构件"冡"是兼有表意功能的声符，本义为盖上动物的头以进行驯化。蒙字的本义是叶片下垂可以遮挡视线的植物。

【姓氏起源推测】蒙是叶片阔大且柔韧的植物，叶片可用于驯化动物。怎么驯化呢？用阔大的叶片挡住动物的双眼。失去了视觉的动物，对于外界的动作会变得敏感，因此易于培养条件反射。人就不能如此，要开蒙。刚出生的孩子，只有吃和睡两件大事，就像是被蒙住了双眼，看不到知识和道义。家长和老师用教材和戒尺相辅助，教导孩子们识字明理，正如掀开了蒙在眼前的大叶子，所以叫启蒙。

大叶子的蒙草生长繁茂的地方，会以蒙为名。植被繁茂，难窥真容的山，也会以蒙为名。

地名，是蒙作为姓氏的源头。

夏朝时，将颛顼的一支后裔封于蒙山一带，族人遂以蒙为氏。

三六　池乔阴鬱　胥能苍双

Chí
池

| 金文 | 小篆 | 隶书 | 草书 | 行书 | 楷书 |

【造字本义分析】，左边的构件"水"是义符；右边的构件"也"是兼有表意功能的声符，本义为低洼之处。池字的本义是低洼处聚水而成的水塘，也指人工开凿引水而成的护城河。

【姓氏起源推测】聚水之处，小的称洼；稍大一点可用于取水淘洗陶泥的称塘；再大一点，有观赏性的称池；规模再大，不能确定其水源和边界的，就是湖了。有池的地方，会以池为名。

地名，是池作为姓氏的源头。

秦惠王一个儿子名池，公子池的后人有以池为氏者。

Qiáo
乔（喬）

| 金文 | 小篆 | 隶书 | 草书 | 行书 | 楷书 |

【造字本义分析】 ![]，上边的构件"止"是义符，表意为行走；小篆字形以"夭"为义符，表意为身躯扭动以保持平衡地行走；下边的构件"高"是兼有表意功能的声符，本义为多层的瞭望楼。乔字的本义是在高楼楼顶行走的惊险表演。

【姓氏起源推测】乔字有三个含义：一个是高（乔木）；一个是高处的行走；一个是扮演（乔装）。虽然没有文献支撑，但从字形可以推断，乔是一种难度极大的表演，类似于现在的走钢丝。最早从事此类表演的职业，可能以乔为名。

职业，是乔作为姓氏的源头。

一说乔氏由桥氏而来。

一说乔氏由少数民族改汉姓而来。

Yīn
阴（陰）

| 金文 | 小篆 | 隶书 | 草书 | 行书 | 楷书 |

【造字本义分析】 ![]，左边的构件"阜"是义符，本义为山坡；右上的构件"亼"是义符，本义为汇聚；右下的构件"云"是

兼有表意功能的声符。阴字的本义是云气汇聚不见阳光的山坡。

【姓氏起源推测】最早的阴和阳，其含义的核心都是围绕着太阳光。常年被阳光照射的地方称阳，比如山之南，河之北；终年不见阳光的称阴，比如山之北，河之南。因此，阴字在早期，大量被用于地名。

地名，是阴作为姓氏的源头。

管仲的后裔管修，战国时在楚国做官，品德才能都为时人所赞誉。楚肃王封他为阴邑的大夫，其后人以他主政时间长的阴邑的地名为氏。

Yù
鬱

甲骨文	小篆	隶书	草书	行书	楷书

【造字本义分析】 ，上边的构件"大"是义符，本义为贵族；两边的构件"林"是义符；下边的构件"人"是义符，表意为奴隶。鬱字的本义是奴隶在长势茂盛的丛林中为主人采摘香草。引申出茂盛和郁闷两个含义。

【姓氏起源推测】大和人，直观看起来都是人形，内涵却有天壤之别。人字的字形，躬身向下，是在劳作；大却是双手一摊，腰杆挺直，指的是不必动手稼穑的贵族。贵族在林间亲自监督奴隶工作，可见采摘的目标不一般。小篆字形增加了义符"鬯"，可知所采的是调酒的香草。香草什么季节长势茂盛呢？应该是夏季。用现代的场景比拟一下，骄阳似火的夏天在没有空调且拥挤不堪的办公室内工作，身后还站着个领导，是不是会对忧郁、郁闷、郁郁寡欢等词有了深刻的认识。但官方的造字者显然不会关注到奴隶们的情绪，鬱字要表达的初衷，是香草生长所需的郁郁葱葱的环境。植被茂盛且有香草产出的地方，会以鬱为地名。

地名，是鬱作为姓氏的源头。

春秋时有鬱国，后被吴国所灭，遗民以鬱为氏。

Xū

胥

小篆　　隶书　　草书　　行书　　楷书

【造字本义分析】 胥，上边的构件"疋"是兼有表意功能的声符，本义为小腿和脚的统称；下边的构件"肉"是义符。胥字的本义是蟹腿。

【姓氏起源推测】蟹腿两组相对，互相配合，两边对称的乐队被称为胥，官府中位列两边负责具体事务的官吏也称为胥。

官职，是胥作为姓氏的源头。

传说上古时有赫胥氏，也称华胥氏，据字义推断极可能就是最早吃螃蟹的人。此部族的后人有以胥为氏者。

晋文公重耳即位前，陪他逃亡的臣子中有一个名叫胥臣。他的后人以胥为氏。按，胥臣可能不是真名，而是重耳为表彰他一路陪同辅佐所赐的荣称，意为不可或缺的辅助之臣。

Nài
能

金文　　小篆　　隶书　　草书　　行书　　楷书

【造字本义分析】，象形字。能字的本义是有利爪、可以直立的动物。

【姓氏起源推测】能和熊同源，熊字内涵偏向于熊的体态；能字则主要反映熊的神力。体力或技艺杰出的人，可能被冠以能这个社会性符号，意为能力出众的某某。

外号，是能作为姓氏的源头。

周成王时，鬻熊氏首领熊绎受封子爵，建楚国。熊绎的儿子熊挚被封于夔，建夔国。春秋时，夔国被母国楚国所灭，遗民为避难，将熊氏改为形近的能氏。

Cāng
苍（蒼）

金文　　小篆　　隶书　　草书　　行书　　楷书

【造字本义分析】，上边的构件"艸"是义符；下边的构件"仓"是兼有表意功能的声符，本义为存放粮草的尖顶建筑。苍字

的本义是粮仓顶部覆盖的用以保温防雨的草。日晒雨淋之后，斑驳的质感和颜色也称为苍。

【姓氏起源推测】从古至今，粮仓都是极其重要的建筑。负责建筑、管理粮仓的官职，以仓或苍为名。另，草秆覆盖仓顶的斑驳，正与人花白的头发外形相似。苍也有可能作为早生华发的人的特征型外号。

官职、外号，是苍作为姓氏的源头。

黄帝时有史官仓颉，传说为文字的创造者。他的后人有以苍为氏者。按，仓颉的名字可能是颉，仓或苍，可能是因为他头发早白而取的外号。

高辛氏时有八位著名的才子，其中一位名叫仓舒，他的后人有以苍为氏者。

Shuāng
双（雙）

| 小篆 | 隶书 | 草书 | 行书 | 楷书 |

【造字本义分析】，构件"隻"是义符，本义为手里抓着一只鸟；再加一个"隹"的构件，双字的本义是手里同时抓着两只鸟。

【姓氏起源推测】一手抓着两只鸟，这样的现象不多见，这样的技能也很难得。具备这样技能的人，会以双为氏。有两个相同地理特征的地区，也会以双为名。如双桥、双林、双鸭山等。

人的技能、地名，是双作为姓氏的源头。

颛顼的后人有一支被封于双蒙城，其后人有以双为氏者。

三七　闻莘党翟　谭贡劳逢

Wén
闻（聞）

甲骨文	金文	小篆	隶书	草书	行书	楷书

【造字本义分析】 ，左边的构件表意为举手附在头部；右边的构件夸大的"耳"是义符。闻字的本义是将手放在耳朵旁，认真地倾听。小篆字形改为以耳为义符，"门"为兼有表意功能的声符，表意为虽有阻隔仍认真倾听。

【姓氏起源推测】闻是仔细辨认并接收声音信息。因为造字是官方行为，所以其接收的一定是官方极为关心的信息。什么是官方最为关心的呢？在当时，无疑是战争。外敌寇边，狼烟用视觉传递信息，号角则可以传递听觉信息。负责监听此类信息的职位，以闻为名；设立岗哨以接收此类信息的地方，也会以闻为名。

官职、地名，是闻作为姓氏的源头。

春秋时郑国有闻邑，后被晋国攻占，闻邑原居民有以闻为氏者。

古时称学问、道德都为时人称道的人为闻人，鲁国的左丘明和少正卯都曾有此称呼，他们的后人有以闻为氏者。按，从字形字义分析，闻人应该指对客观信息敏感且能做出预判的人，或从上古军队中接收号角信息的官职而来。

一说文天祥的后人为避难，改姓同音的闻。

Shēn
莘

莘　　莘　　莘　　莘　　莘
小篆　　隶书　　草书　　行书　　楷书

【造字本义分析】莘，上边的构件"艸"是义符；下边的构件"辛"是兼有表意功能的声符，本义为尖利的刑具。莘字的本义是叶片像刑刀一样尖细的草本植物。

【姓氏起源推测】莘是类似于韭菜的叶片尖细的草本植物。从后世莘莘学子的用法看，莘应为簇生；从官方造字的严肃性看，莘应有某种独特的功效。莘生长繁茂的地方，会以莘为名。最早发现莘的功效并加以利用的部落，会以莘为名。

地名、部落名，是莘作为姓氏的源头。

夏王启的支系子孙被封于莘，建莘国，国人以莘为氏。

夏朝时有部落名有莘氏，商汤即娶有莘氏之女。有莘氏族人有以莘为氏者。按，一说莘国即有莘氏，或不确。

Dǎng
党（黨）

黨　　黨　　黨　　党　　黨　　黨
金文　　小篆　　隶书　　草书　　行书　　楷书

【造字本义分析】黨，上边的构件"尚"是兼有表意功能的声符，本义为开窗，引申为通行；下边的构件"黑"是义符，本义是人脸上和身体上的刺青。党字的本义是有着相同文身图案的人群。

【姓氏起源推测】在一些现代原始部落中，依然可以看到面部独特的刺青。部落式的刺青并不是为了美观，一般是借所崇拜的图腾赐予自己神力。同样的图腾刺青，客观上也起到了表明自己身份的作用。农业发明之后，定居成了常态，生活逐渐规律，刺青的意义也就淡化了。而依然保留刺青传统的部族，会以党为名；曾经有刺青部族活动的地区，也会以党为名。

部落名、地名，是党作为姓氏的源头。

秦汉时西北地区有党项族，族人有以党为氏者。

春秋时有大夫封邑于上党，其后人有以党为氏者。

Zhái
翟

| 甲骨文 | 金文 | 小篆 | 隶书 | 草书 | 行书 | 楷书 |

【造字本义分析】，上边的构件"羽"是义符；下边的构件"隹"是兼有表意功能的声符。翟字的本义是鸟类长而突出的尾羽。

【姓氏起源推测】雄鸡之类的长尾鸟类，给人以英姿挺拔的观感。这对鸟儿们并不是好消息，因为同样想要英姿挺拔的人们，自然就要打它们羽毛的主意。鸟类的栖居，有相对固定的规律；鸟儿的飞行灵活，又决定了尾羽的不易获得。因此可以推知，翟是一种地域性的资源，产地会以翟为名；以翟为装饰的人也必然身份尊贵，其部族也可能以翟为名。

地名、族名，是翟作为姓氏的源头。

黄帝的一支后裔居于翟地，以翟为氏。

春秋时有翟国（可能是黄帝后裔在翟地所建，一说周成王封其次子于翟，建翟国），被晋国所灭，遗民以翟为氏。

Tán
谭（譚）

譚　譚　漳　漳　譚

小篆　　隶书　　草书　　行书　　楷书

【造字本义分析】譚，左边的构件"言"是义符；右边的构件"覃"是兼有表意功能的声符，本义为在瘦长的陶罐中腌制食物，字内表意为味道醇厚。谭字的本义是内涵丰富的语言。

【姓氏起源推测】覃，是用加了调味包的容器腌制敬献祖先的祭肉。为了味道醇厚，腌制的容器窄而深。所以说飞瀑之下必有深潭，指的就是潭的小而深。用同样的形象比拟语言，就是谭。内涵丰富的语言称为谭，善于说理的人也会被冠以谭这个社会性符号。考虑到造字的官方属性，被称为谭的不大可能是民间的辩才，应该是学识丰富口才出众的贵族。

名人的社会性符号，是谭作为姓氏的源头。

武王克商后，将大禹的一支后裔封为诸侯，建谭国，其后人以谭为氏。按，谭国应不是以地得名，而是因为受封者是当时有名的谭人。

Gòng
贡（貢）

| 金文 | 小篆 | 隶书 | 草书 | 行书 | 楷书 |

【造字本义分析】 贡，上边的构件"工"是兼有表意功能的声符，本义为测量器具；下边的构件"贝"是义符。贡字的本义是经过测量可作为一般等价物的贝，需上交首领。

【姓氏起源推测】 后世的贡，专指将各地最好的物品进献皇帝。最早的贡，却只是一网兜贝壳。只不过所贡的贝壳都经过严格的测量，确定可以作为一般等价物。也就是说，贡的是实打实的钞票啊。

上古时期的商业，从物物交换进化到以海贝为一般等价物后，所有部落都非常重视贝的获取、贮存和利用。百家姓中的费、贾、贲、赖等就是证据。贡的测量、运输都是极重要的工作，需要专门的机构和人员。这一机构和负责的官职，或以贡为名。

官职，是贡作为姓氏的源头。

夏朝时有大臣贡允，他的后人以贡为氏。按，允应该是名；贡，则是他所担任的官职。

孔子的学生子贡，是春秋时有名的能辩之士，且善于经商。他的后人，有以贡为氏者。

Láo
劳（勞）

甲骨文　　金文　　小篆　　隶书　　草书　　行书　　楷书

【造字本义分析】，上边两个火字的构件是义符；下边的构件"衣"是义符，中间的三点的指事符号表意为水滴。劳字的本义是衣服被水湿透，需要用大火烤干。

【姓氏起源推测】衣服总是潮湿，主要有两个原因：一是长时间出力干活儿；二是当地对流不畅，空气湿度大。官方造字，是为了政令的上传下达，不大可能为劳苦大众专造一个劳字。劳最初的所指，应该是潮湿的地区。

地名，是劳作为姓氏的源头。

崂山原来叫劳山，当地居民有以劳为氏者。

Páng
逄

小篆　　隶书　　草书　　行书　　楷书

【造字本义分析】，左边的构件"辵"是义符，本义为行进；右边的构件"夆"是兼有表意功能的声符，本义为往回走。逄字的本义是外迁的居民返回之前活动的地区。

【姓氏起源推测】盘庚迁殷之前，各部族基本是四海为家的状态。定居有几个条件，一是农业发展，有稳定的粮食产出；二是气候稳定，少有大规模的灾害。定居之前，以游牧渔猎为主的部族，跟着猎物走；有了早期农业的部族，则是被水患赶着走。逢，是因水患等自然灾害被迫外迁的人们再次回到故土。此时灾害结束，气候稳定，一个很长的阶段内适宜居住。此类地区，会以逢为名。

地名，是逢作为姓氏的源头。

商朝初期，炎帝的后裔陵被封于逢地，建逢国。其后人以逢为氏。

三八　姬申扶堵　冉宰郦雍

Jī
姬

甲骨文	金文	小篆	隶书	草书	行书	楷书

【造字本义分析】 ，左边的构件" "是义符，是梳篦的象形；右边的构件"女"是义符，有字形写作"母""每"。姬字的本义是用梳篦将头发向上梳拢，使面容显得清丽的女性。

【姓氏起源推测】洗剪吹没有普及的古代，男女都是长发飘飘。发型设计的发明，需要灵感，也需要工具。相比披拂的长发，利用梳篦将头发理顺盘起，外形上会有令人惊艳的观感。最早发明梳篦，用之进行发型设计的部落，会以这一特征为名。

部落名，是姬作为姓氏的源头。

黄帝出生的部落，以姬为号；姬姓部落赖以生活的河，得名姬水。姬姓部落的族民，有以姬为氏者。

Shēn
申

| 甲骨文 | 金文 | 小篆 | 隶书 | 草书 | 行书 | 楷书 |

【造字本义分析】  ，象形字，申字的本义是闪电。

【姓氏起源推测】申是闪电，也被认为是上天给人间传递的神秘指示。对流剧烈的地区，雷雨频繁，会以申为名。

地名，是申作为姓氏的源头。

武王灭商后，封炎帝的一支后裔于申地，建申国。春秋时，申国被楚国所灭，遗民以申为氏。

Fú
扶

| 金文 | 小篆 | 隶书 | 草书 | 行书 | 楷书 |

【造字本义分析】  ，左边的构件"夫"是兼有表意功能的声符，本义为成年人；右边的构件"手"是义符。扶字的本义是用手帮助行动不便的成年人行走。

【姓氏起源推测】行动不便，或是因为身有残疾，或是因为身份尊贵。造字是官方行为，扶字体现的含义，应是后者。扶助身份尊贵的人，是个常态，负责此项事务的官职，会以扶为名。

官职，是扶作为姓氏的源头。

大禹时，有名臣扶登，他的后人以扶为氏。按，扶登或为官职，职责为扶助天子登坛祭祀。

Dǔ
堵

|金文|小篆|隶书|草书|行书|楷书|

【造字本义分析】　，左边的构件"郭"是义符，本义是都城四边用于防御的高楼；右边的构件是一个带着武器的人逆向进入都城，表意为入侵。堵字的本义是抵御入侵。后来的字形将右边的构件换成了字形相近的"者"，作为兼有表意功能的声符，表意为守城者。

【姓氏起源推测】听到有人说，我心里有点堵。就忍不住去告诉他，以文字为证据，堵的对象是敌人。您那点烦心事，不算敌人，还属于人民内部矛盾。

堵字的含义是防御。郭作为外城被攻破之后，守城方组织力量，将进犯者瓮中捉鳖，这个情景是堵。如果内城沦陷，就不必堵了。防守出色，屡攻不下的城，或被称为堵。建在边境易被攻击地区的城，肩负堵的职能，也会以堵为名。

地名，是堵作为姓氏的源头。

春秋时，郑国大夫泄寇封邑在堵地，称堵叔。他的后人以堵为氏。

Rǎn
冉

| 甲骨文 | 金文 | 小篆 | 隶书 | 草书 | 行书 | 楷书 |

【造字本义分析】 ，象形字。冉字的本义是脸颊两侧下垂的头发。

【姓氏起源推测】冉是种外貌特征，大致是在脸颊两侧有下垂的发辫。经常以此种发型示人的，会被冠以冉这个社会性符号；集体崇尚此种发型的部落，会以冉为号；冉氏部落控制的区域，也会以冉为名。

人的外号、部落称号、地名，是冉作为姓氏的源头。

帝喾高辛氏部族中，有冉氏部落，成员有以冉为氏者。

武王克商后，将弟弟季载封于冉，季载的后人有以冉为氏者。

Zǎi
宰

| 甲骨文 | 金文 | 小篆 | 隶书 | 草书 | 行书 | 楷书 |

【造字本义分析】 ，上边的构件"宀"是义符，表意为祭祀场所；下边的构件"辛"是义符，本义为尖刃的刑具。宰字的本义

是在祭祀场所中决定何时杀掉牺牲的人。

【姓氏起源推测】 "宀"作为构件，大量的表意是以建有宗庙为标志的领地。宰，最初是在宗庙中负责准备祭祀牺牲的官员，属于宗臣和家臣。因为国与家在宗庙祭祀环节只有规制的不同，而无本质的差异，所以国、家都有宰这个官职。又因为宗庙祭祀的重要性，宰的外延扩大至管理、决断，于是宰就成为国家中举足轻重的官职。担任这一官职的人，其后人有以宰为氏者。

官职，是宰作为姓氏的源头。

殷商时有官职宰；周朝有宰父、宰士、宰人、宰皋等官职。

Lì
郦（酈）

鄜	酈	酈	酈	酈
小篆	隶书	草书	行书	楷书

【造字本义分析】 酈 ，左边的构件"丽"是兼有表意功能的声符，本义为像鹿角一样成对的头饰；右边的构件"邑"是义符，本义为有边界有领主的聚居地。郦字的本义是形状像鹿角，或流行鹿角头饰的城邑。

【姓氏起源推测】 古代的中国虽然边界概念比较模糊，但由于疆土辽阔，地区之间的物产差异极大。物候特征，往往被用来作为地区命名的依据。出产鹿角头饰、流行鹿角头饰，或地形酷似鹿角的地区，都极可能以郦为名。

地名，是郦作为姓氏的源头。

夏初，封黄帝后裔于郦，建郦国，春秋时被晋国攻灭，遗民以郦为氏。

Yōng

雍

| 甲骨文 | 金文 | 小篆 | 隶书 | 草书 | 行书 | 楷书 |

【造字本义分析】，左上的构件"水"是义符，字内表意为河；右上的构件"隹"是义符，本义为鸟类的统称；下边的口字形构件是义符，表意为有边界的城。雍字的本义是只有鸟儿能飞越的宽阔平静的护城河。

【姓氏起源推测】人工修筑的护城河平静无波，倒映城墙，给人以平和、华贵的感觉。有如此景致的城，会以雍为名。雍还有环绕防御的功能，因此，都城四周战略要地建筑的城，也会以雍为名。

地名，是雍作为姓氏的源头。

黄帝的一支后裔在商周时采邑在雍地，以雍为氏。

周文王的第十二个儿子周初被封于雍，称雍伯，其后人以雍为氏。

三九　郤璩桑桂　濮牛寿通

Xì

郤

郤	郤	郤	郤	郤
小篆	隶书	草书	行书	楷书

【造字本义分析】郤，左边的构件"谷"是兼有表意功能的声符，本义为两座山峰之间有溪水流淌的巨大空隙；右边的构件"邑"是义符，本义为有边界有领主的聚居地。郤字的本义是建在山谷地区的城邑。

【姓氏起源推测】山谷之间，不但是有丰富水资源的宜居之地，也是易守难攻的军事重地。建在此处的城，会以郤为名。

地名，是郤作为姓氏的源头。

春秋时，晋国有公族叔虎因功被封于郤邑，称郤子，他的后人以郤为氏。

267

Qú
璩

璩　璩　璩　璩　璩

小篆　　隶书　　草书　　行书　　楷书

【造字本义分析】璩，左边的构件"玉"是义符，右边的构件"豦"是兼有表意功能的声符，本义为猛兽相斗纠缠。璩字的本义是雕有二虎相斗形象的玉制环饰。

【姓氏起源推测】玉文化历史悠久，器物形态多种多样，功能也各有不同。璩，以表示猛兽相斗的豦为构件，表意为紧扣、附着。作为人的佩饰，璩是耳环；作为器物的配饰，璩需要镂空雕刻，难度颇大。制作璩的工艺复杂，是一个专门的职业。

职业，是璩作为姓氏的源头。

一说，璩姓由同音的蘧姓演变而来。

Sāng
桑

甲骨文　　小篆　　隶书　　草书　　行书　　楷书

【造字本义分析】桑，上边的构件"叒"是义符，表意为多人一起采摘；下边的构件"木"是义符。桑字的本义是树叶被大量采摘以养蚕的树木。

【姓氏起源推测】据说中原地区养蚕纺丝的历史可以追溯到黄帝时期。虽然没有文物和文献佐证，但从文化人类学等角度反观，纺丝的源起要远早于夏商。最早有意识利用桑树养蚕的部落，可能以桑为氏。从文字学的角度来看，以桑为构件的字多与百姓日常生活场景有关，可见种桑养蚕相当普遍。缫丝纺织需要标准的工艺流程，种植桑树则不然。所以，从职业到姓氏不大可能。而桑树生长繁茂的地区，却可能以桑为名。

部落名、地名，是桑作为姓氏的源头。

传说神农氏的妻子的部落以桑为氏。

少昊氏的一支后裔居住在穷桑，以穷桑为氏，族人有以桑为氏者。

春秋时有桑国，战国时被秦国攻灭，遗民以桑为氏。

Guì
桂

桂　桂　桂　桂　桂
小篆　　隶书　　草书　　行书　　楷书

【造字本义分析】桂，左边的构件"木"是义符；右边的构件"圭"是兼有表意功能的声符，本义为测定天时所用的长条形玉片；桂字的本义是花朵形状像玉圭一样呈长条形的树木。

【姓氏起源推测】圭在商周时期是重要的占卜器和测量器，本来专用于测定天时，后演变为礼器。天子分封诸侯，以圭为重要的标志物。因其地位的重要，所以用上等的白玉制成。桂树的花朵，洁白晶莹，正与玉圭相类，所以以圭为表意声符，得名为桂。桂树生长繁茂的地区，会以桂为名。

地名，是桂作为姓氏的源头。

一说，周王室的一支后裔季桢在秦国为官，始皇焚书坑儒时被杀。他的弟弟季睢为避祸，将兄长的四个孩子改姓，其中长子奕改以与睢音近的桂为氏。

Pú
濮

| 小篆 | 隶书 | 草书 | 行书 | 楷书 |

【造字本义分析】，左边的构件"水"是义符；右边的构件"僕"是兼有表意功能的声符，本义为专门负责清扫的奴隶。濮字的本义是奴仆日常洗涤物品倾倒污水的河沟。

【姓氏起源推测】水不仅是生命之源，也是建筑宫城时必须考虑的因素。依水建城或引水于城，可以有多种功能：饮用、保卫、消防、清洁。濮，就是宫城水系中负责清洁功能的支流。这一支流的下游，会以濮为名。

地名，是濮作为姓氏的源头。

舜帝的儿子散封地在濮，其后人以濮为氏。

颛顼的一支后裔封地在濮，其后人以濮为氏。

春秋时，卫国康叔的一支后裔被封于濮阳，其后人以濮为氏。

Niú

牛

| 甲骨文 | 金文 | 小篆 | 隶书 | 草书 | 行书 | 楷书 |

【造字本义分析】 ，象形字，牛字的本义是长着一对尖角的动物。

【姓氏起源推测】牛在中原文明中，有着近乎神兽的地位，是祭祀仪式中最为重要的牺牲。官府为此会设专门的养牛机构，并有对应的官职。牛健硕的体质和温顺的性格又符合家长对孩子的期望，因此以牛给孩子取名的现象从古到今也很普遍。

官职、人名，是牛作为姓氏的源头。

西周时有官职称牛人，负责宫廷养牛及肉食供应，任职者的后人有以牛为氏者。

宋国微子的后人牛父在宋武公时任司寇，在抵御外敌时为国捐躯，其后人引以为荣，以牛为氏。

Shòu
寿（壽）

| 金文 | 小篆 | 隶书 | 草书 | 行书 | 楷书 |

【造字本义分析】 ，上边的构件"耂"是义符；本义为年长；下边的 S 形构件表意为曲线，构件"肉"是兼有表意功能的声符，二者会意为皱纹。寿字的本义是脸上布满皱纹的长者。

【姓氏起源推测】长寿，是人类共同追求的目标之一。长寿的老人，不仅在自己的家族中享有尊崇的地位，即使是在他生活的乡、国中，也有着很高的知名度，从而会被加一个寿的社会性符号。

长寿老人的号，是寿作为姓氏的源头。

春秋时，使吴国国力大增，进而自称吴王的国君寿梦（名梦，很长寿），其后人有以寿为氏者。

Tōng
通

| 甲骨文 | 金文 | 小篆 | 隶书 | 草书 | 行书 | 楷书 |

【造字本义分析】 ，左边的构件"辵"是义符，本义为行进；右边的构件"用"是兼有表意功能的声符，本义为用竹木骨架支撑的

运送容器。通字的本义是可以运送物品的管道。

【姓氏起源推测】管道运输可真是一项了不起的发明。时至今日，一些盛产油、气的国家依然将运输管道视为工业血管，倍加守护。最早的管道，应该是为了引水。再发挥一下想象力，很多物品都可以利用管道的高度差进行快速传送。后来将快速从甲地到达乙地的道路也称为通。位于交通要道上的地区，也会以通为名。

地名，是通作为姓氏的源头。

春秋时，巴国有大夫受封于通川，其后人以通为氏。

春秋时，卫国有大夫受封于通邑，其后人以通为氏。

四十 边扈燕冀 郏浦尚农

Biān
边(邊)

| 金文 | 小篆 | 隶书 | 草书 | 行书 | 楷书 |

【造字本义分析】 𨙙 ，左边的构件"辵"是义符，本义为行进；右上的构件"自"是鼻子的象形，一般为自称；右中的构件"穴"是义符，本义为有支撑的洞窟，字内表意为居住的地方；右下的构件"方"是义符，本义为起土做垄的工具，字内表意为确定的界线。边字的本义是聚居区的安全界线。

【姓氏起源推测】边最初是个地理和政治叠加的概念，指一个完整组织如部落或部落联盟势力范围的界线。联盟概念扩大，有了天下的意识，靠近其势力界线的地区，就会被称为边地、边城。

地名，是边作为姓氏的源头。

商朝时有边国，国人有以边为氏者。

东周襄王时，有大夫获封于边，称边伯，其后人以边为氏。

Hù

扈

| 小篆 | 隶书 | 草书 | 行书 | 楷书 |

【造字本义分析】　扈，上边的构件"户"是兼有表意功能的声符，本义为单开的门；下边的构件"邑"是义符，本义为有边界有领主的聚居地。扈字的本义是进出城邑的关卡。

【姓氏起源推测】扈是守卫领地的关卡，守卫关卡的官职可称为扈；关卡所在地也会以扈为名。首领出行，身旁负责守卫的将士相当于保证首领安全的一道门，所以称为扈从。深受首领信任，长时间担任扈从的人，或以扈为氏。联盟中，位处边地，担任守卫职责的部落或也称为扈。

官职、地名、部落号，是扈作为姓氏的源头。

夏禹时有部落名有扈氏，在夏启破坏禅让制继位为王后起兵反对，部落被夏启攻灭，遗民以扈为氏。按，有扈氏或即在联盟中担任边境保卫职责的部落。

Yān
燕

| 甲骨文 | 小篆 | 隶书 | 草书 | 行书 | 楷书 |

【造字本义分析】 ，象形字。燕字的本义是尾羽分叉，于民居屋檐下筑巢的候鸟。

【姓氏起源推测】上古先民认为燕子是一种神鸟，称其为玄鸟。燕子季节性地来去，且与人亲近，认识旧居，这些特性演化出不少传说，最著名的有玄鸟生商。燕子活动频繁的地区，会以燕为名；以燕为图腾的部落，也会以燕为名。

地名、部落名，是燕作为姓氏的源头。

商朝时封黄帝后裔伯倏于燕，建燕国，史称南燕。武王克商后，封功臣召公奭于燕，建燕国，史称北燕。燕国被灭后，遗民以燕为氏。

Jì
冀

| 金文 | 小篆 | 隶书 | 草书 | 行书 | 楷书 |

【造字本义分析】 ，上边北字形或折角形的构件表意为兽角或耳朵；下边的构件"異"是兼有表意功能的声符，本义为头戴面

具，此处突出脚部特征，表意为有伴随的舞步。冀字的本义是装扮成动物图腾的形状起舞，希望得到神力护佑。

【姓氏起源推测】从字形分析，冀是一种独特的祈神仪式，头部、面部均有特殊的装饰，手足也有特殊的舞姿。从北字形的构件分析，主祭者应是装扮成了某种动物的形象。其目的，不外乎希望获得此种动物的神力，或者希望这种动物与居民和解，不再为害乡里。冀，是原始巫术相似律的体现。流行冀这种仪式的地区，会以冀为名。

地名，是冀作为姓氏的源头。

武王克商后，封尧的后人于冀，建冀国。冀国春秋时被晋国吞并，遗民以冀为氏。

春秋时，晋国大夫芮食邑于冀，其后人以冀为氏。

Jiá
郏（郟）

小篆　　隶书　　草书　　行书　　楷书

【造字本义分析】郏，左边的构件"夹"是兼有表意功能的声符，本义为两个僮仆左右协同服侍主人，字内表意为两山并立；右边的构件"邑"是义符，本义为有边界有领主的聚居地。郏字的本义是建于两山之间的城邑。

【姓氏起源推测】双峰并峙，之间的峡谷就成了唯一的交通要道，地势险要，易守难攻，战略地位极其重要。此类地区，会以郏为名。

地名，是郏作为姓氏的源头。

武王克商后，将大禹所铸九鼎会于一处，最终由成王定鼎于郏鄏。郏鄏的官民遂有以郏为氏者。

春秋时郑国有大夫或封邑于郏，其后人以郏为氏。

Pǔ
浦

小篆	隶书	草书	行书	楷书
瀰	浦	浦	浦	浦

【造字本义分析】瀰，左边的构件"水"是义符；右边的构件"甫"是兼有表意功能的声符，本义为培育珍贵的植物幼苗。浦字的本义是像苗圃一样平坦湿润的河口滩涂。

【姓氏起源推测】甫，是精心育苗。小心地拔去杂草或抓住害虫，是捕；用车辆运送育苗物资，是辅；围起来的育苗场所，是圃；像育苗一样喂养幼儿，是哺；幼苗生长的平整湿润的土地，是浦。浦是一种特殊的地理形态，要经过常年的冲刷才能形成，一般位于各支流汇入干流或湖海的交界处。此类地区，会以浦为名。

地名，是浦作为姓氏的源头。

春秋时，姜子牙的后人跞在晋国做大夫，获食邑于浦地，称浦跞，其后人以浦为氏。

Shàng
尚

| 金文 | 小篆 | 隶书 | 草书 | 行书 | 楷书 |

【造字本义分析】 尚 ，上边的构件"八"是义符，本义为分开；下边的构件"向"是兼有表意功能的声符，本义为居所的窗户。尚字的本义是在居所适合的地方开口作为窗户。

【姓氏起源推测】人类脱离穴居窀境后，建筑开始兴起。在建筑设计中，梁柱关乎稳定；窗户则与舒适、健康有关。在哪个位置开窗户，需要有经验有权威的人来决定。尚，因此有了尊崇、决断的含义，后世的尚书一职，即由此而来。

尊号、官职，是尚作为姓氏的源头。

姜子牙辅佐武王克商，厥功至伟，或赐尊号师尚父，称姜尚。其后人有以此尊号为氏者。

一说夏朝时有部落称尚黑氏，族人有以尚为氏者。

一说战国即有尚书一职，任职者有以尚为氏者。

Nóng
农（農）

| 甲骨文 | 金文 | 小篆 | 隶书 | 草书 | 行书 | 楷书 |

【造字本义分析】 ，上边的构件表意为可耕种的林野；下边的构件"辰"是兼有表意功能的声符，本义为手持巨大的蚌壳制成的犁。农字的本义是使用工具在林野间开垦荒地。

【姓氏起源推测】农业是人类文明史上极为重要的发明。发明的标志就是不再以旁观者身份等待作物生长成熟，而是手持工具，直接干预作物的播种收获。传说最早系统性进行农业生产的部落，称神农氏。此后人类的各种组织形态中，几乎都有与农业相关的官职。

神农部落、官职，是农作为姓氏的源头。

周初，武王封神农氏后裔为农正。其他与农业相关的官职还有农师、农士、农史、农父、农役、司农等。这些官职的任职者，有的以农为氏。

四一　温别庄晏　柴瞿阎充

Wēn
温（溫）

| 甲骨文 | 小篆 | 隶书 | 草书 | 行书 | 楷书 |

【造字本义分析】，下边的构件"皿"是兼有表意功能的声符，本义为高足敞口的容器；上边的构件"人"是义符，四点的指事符号表意为热气升腾。温字的本义是在盛满热水的浴盆中洗澡。

【姓氏起源推测】孔子和几个学生讨论人生理想的时候，曾皙说"……浴乎沂……"据此推测，上古时期洗个热水澡应该是极为奢侈的，在自然环境沐浴应该有着久远的历史。而有地热资源的地区，则会因为热水资源的丰富而以温为名。

地名，是温作为姓氏的源头。

周成王的弟弟叔虞的一支后裔获封于温，其后人以温为氏。

春秋时晋国大夫郤至的食邑在温地，称温季，他的后人以温为氏。

Bié

别（別）

| 甲骨文 | 小篆 | 隶书 | 草书 | 行书 | 楷书 |

【造字本义分析】 ，左边的构件是"刀"；右边的构件是残骨的象形。别字的本义是用刀剔骨，由此引申出分别的含义。

【姓氏起源推测】别是剔肉，是屠宰职业的一个分支。由剔肉引申而来的，是骨肉分离的含义。一个家庭的孩子成年后，如果单立门户分家另过，也会被加以别这个社会性符号。商周开始的宗法制度中，嫡长子称宗子，弟弟们都称小宗。小宗的次子及以下，在宗族中地位极低，称为别子。

职业、外号、宗族地位，是别作为姓氏的源头。

Zhuāng

庄（莊）

| 小篆 | 隶书 | 草书 | 行书 | 楷书 |

【造字本义分析】 ，上边的构件"艸"是义符；左下的构件"爿"是义符，本义为筑墙的工具；右下的构件"土"是义符。庄

字的本义是筑土为墙以确定边界的种植园。

【姓氏起源推测】自人类发现自然资源的有限，领地的概念就极为敏感。占有土地的肥瘦多寡，是能力、身份、财富的重要标志。大者有国，中者有家，小者有庄。庄是用围墙圈起来的私人领地，面积广袤，且可根据自己意愿进行设计布局。拥有庄园的人，会被加以庄这个社会性符号。此外，庄的雄伟有序和不可侵犯也引申出庄重、庄严等含义，会用作谥号及人名。

外号、谥号、人名，是庄作为姓氏的源头。

春秋五霸之一的楚庄王，其后人有以谥号庄为氏者。

春秋时宋戴公名叫武庄，其后人有以庄为氏者。

Yàn
晏

| 小篆 | 隶书 | 草书 | 行书 | 楷书 |

【造字本义分析】，上边的构件"日"是义符；下边的构件"安"是兼有表意功能的声符，本义为娶妻到家，生活稳定。晏字的本义是长时间清丽的日光。

【姓氏起源推测】日光清丽，温度宜人，经常有如此气候的地区，会以晏为名。晏这种宜人的状态，也会被用于人名。

地名、人名，是晏作为姓氏的源头。

传说颛顼后裔陆终的第五个儿子叫晏安，他的后人有以晏为氏者。

尧帝时有名臣晏龙，他的后人有以晏为氏者。

春秋时，齐国大夫弱食邑在晏地，其后人以晏为氏。

Chái

柴

金文　小篆　隶书　草书　行书　楷书

【造字本义分析】 ，上边的构件"此"是兼有表意功能的声符，本义为走到心仪的肉食前并用匕指示；下边的构件"木"是义符。柴字的本义是散落在脚下的碎木。

【姓氏起源推测】古人伐木，成材的用作建筑或制造工具的原料；劈开用来烧火取暖的叫作薪；散落在脚下的散碎木屑叫作柴。拾柴、砍柴虽然只要体力无需技艺，但因需求持续且巨大，是一门古老的职业。柴来自巨木，却无缘栋梁，这个寓意或会被自谦的人用作名号。

职业、名号，是柴作为姓氏的源头。

齐国公室后裔高柴，是孔子的弟子。他的孙子举，以祖父之名为氏，称柴举。他的后人以柴为氏。

Qú
瞿

瞿　　瞿　　瞿　　瞿　　瞿

小篆　　隶书　　草书　　行书　　楷书

【造字本义分析】瞿，上边的构件"䀠"是兼有表意功能的声符，本义为鹰隼之类猛禽的眼睛；下边的构件"隹"是义符，本义为鸟类的统称。瞿字的本义是目光凶狠的大型猛禽。

【姓氏起源推测】鹰隼凶猛，却也可以成为人类捕猎的助手。驯养猛禽的人，会以瞿为社会性符号；出产猛禽的地区，会以瞿为名；生来目光如炬的人，会以瞿为名。古时把两个环刃像猛禽双眼一样的双耳戟也称为瞿，善于制戟的匠人和用戟如神的武将，或也以瞿为氏。

职业、地名、人名，是瞿作为姓氏的源头。

商王武乙名瞿，他的后人有以瞿为氏者。

商朝有大夫食邑于瞿上，称瞿父，他的后人以瞿为氏。

孔子有弟子名叫商瞿，他的后人有以瞿为氏者。

Yán

阎（閻）

小篆　　隶书　　草书　　行书　　楷书

【造字本义分析】閻，外边的构件"门"是义符；里边的构件"臽"是兼有表意功能的声符，本义为人失足落入深坑。阎字的本义是聚居区的大门，傍晚居民回去即锁闭，仿佛落入陷阱一般。

【姓氏起源推测】古代的居民聚居区，有一个名字叫闾阎。闾是个组织单位，二十五户人家为一闾，阎则指聚居区的大门。随着时代变迁，闾阎有盛有衰有聚有散，而阎的所在地却习惯性地以阎为名。

地名，是阎作为姓氏的源头。

西周初，武王封周太公曾孙仲奕于阎乡，其后人以阎为氏。

周康王的儿子封地在阎，其后人以阎为氏。

春秋时，晋成公的儿子封地在阎，其后人以阎为氏。

Chōng
充

| 小篆 | 隶书 | 草书 | 行书 | 楷书 |

【造字本义分析】 充字的字形像是一个人填满了中空的腹部。充字的本义是极度地吃饱。

【姓氏起源推测】充的本义是使腹中饱满。因为造字是官方行为，所以并非指百姓日常的饱食，其最初的含义应该是官方负责饲养的官职。

官职，是充作为姓氏的源头。

周朝时有充人一职，负责饲养祭祀牺牲，任职者有的以充为氏。

四二　慕连茹习　宦艾鱼容

Mù
慕

| 金文 | 小篆 | 隶书 | 草书 | 行书 | 楷书 |

【造字本义分析】　，上边的构件"莫"是兼有表意功能的声符，本义为日落，此处表意为不表达；下边的构件"心"是义符。慕字的本义是心里想念但没有表达的情绪。

【姓氏起源推测】慕是埋在心底的情感，深沉而炽烈。所慕的对象，堪比人生的灯塔。比如，孔子追慕禹舜与周公。一个人如果有了可慕的人生楷模，可能会伴生一个社会性符号，慕某某。

外号，是慕作为姓氏的源头。

传说，黄帝的一支后裔远走东北，建立鲜卑国。因其主张"慕二仪之德，继三光之容"，所以自称慕容氏。慕容氏的后人有简化为慕氏者。

Lián
连（連）

金文	小篆	隶书	草书	行书	楷书

【造字本义分析】 ，左边的构件"辵"是义符；右边的构件"车"是义符。连字的本义是战车编队行进。

【姓氏起源推测】造字年代，车不是常规的交通工具，其主要的含义是战车。若干组战车组成一个阵形编队行进，就是连。指挥这个编队的军官，其官职会以连为名。

官职，是连作为姓氏的源头。

西周时有连长、连帅的官职；春秋时楚国有连敖、连尹的官职，任职者有的以连为氏。

Rú
茹

小篆	隶书	草书	行书	楷书

【造字本义分析】 ，上边的构件"艸"是义符；下边的构件"如"是兼有表意功能的声符，本义为女子顺从的应答。茹字的本

义是采摘合乎心意的草本植物。

【姓氏起源推测】茹是采摘，本义突出的是按照自己的心意去采摘。有个让人听了不禁潸然泪下的词，含辛茹苦。辛是刀，含在口中如何下咽；苦是干草，握在手中是在下决心，要不要以之果腹啊。另一个类似的词是茹毛饮血，尽管同样令人反胃，但好歹补充的是动物蛋白。

如果采摘的内容是官方食材，采摘者可能被称为茹。茹不是职业，更可能是一种极低级的官职。

官职，是茹作为姓氏的源头。

一说，古代有官职茹人，职责为清理城内的垃圾。虽然工作艰苦，但总算不用含辛茹苦，还可以凭借自己的眼光从垃圾中"茹"到可以再次利用的宝贝，倒可以算是物资回收行业的鼻祖了。

Xí
习（習）

甲骨文	金文	小篆	隶书	草书	行书	楷书

【造字本义分析】，上边的构件"羽"是义符；下边的构件"曰"是兼有表意功能的声符，字内表意为空中。习字的本义是鸟儿在空中不断重复振翅的动作。

【姓氏起源推测】习是小鸟振翅，是为将来的长程飞行所做的必要准备。群鸟振翅，声势惊人。鸟儿群居的地方，常有此景，也就有可能将这一特征用于命名。

地名，是习作为姓氏的源头。

春秋时有习国，被灭后遗民以习为氏。

Huàn

宦

| 金文 | 小篆 | 隶书 | 草书 | 行书 | 楷书 |

【造字本义分析】，上边的构件"宀"是义符，表意为王宫；下边的构件"臣"是义符，字形为向下看的眼睛，本义为执行命令的属下。宦字的本义是在宫中听命于君王的人，后泛指中央官员，也专指在宫中为君王服务的奴仆。

【姓氏起源推测】"宦"是在王宫里任职者的统称，是直接听命于君王的中央官员。在具体职能部门或是地方任职的，就不能称"宦"而只能是"官"。这些京官可以用自己的具体官职作为社会性符号，也可以直接称宦某。宦字的内涵后来缩小，更多地指宫中净身的奴仆，管理他们的官职以宦为名。

官职，是宦作为姓氏的源头。

战国时，赵国有宦者令的官职，任职者会以宦为氏。

ài

艾

| 甲骨文 | 小篆 | 隶书 | 草书 | 行书 | 楷书 |

【造字本义分析】 ，四周的构件"艸"是义符；中间的构件"乂"是兼有表意功能的声符，本义为修剪植物的剪形工具。艾字的本义是用剪刀有选择性地修剪、采摘植物。

【姓氏起源推测】乂是种了不起的发明，可以利用杠杆的力量对植物的各个部位实施精准打击，从而在采拾经济中大有收获。最早发明并使用乂剪取植物的氏族，会以艾为名；最早群体性使用乂剪取植物的地方，会以艾为名。

氏族名、地名，是艾作为姓氏的源头。

商周时有艾国，国亡后，遗民以艾为氏。

春秋时齐景公有宠臣名孔，获封食邑于艾地，称艾孔。其后人以艾为氏。

一说春秋时吴王僚的儿子庆忌曾避难于艾城，其后人中有以艾为氏者。

Yú
鱼（魚）

| 甲骨文 | 金文 | 小篆 | 隶书 | 草书 | 行书 | 楷书 |

【造字本义分析】 ，象形字，鱼字的本义是一种有尾鳍和胸鳍的水生动物。

【姓氏起源推测】鱼进入人类食谱很早，因为逐水而居，捕鱼也并非某一地域的特有现象。与鱼有关的职业不少，有捕鱼、卖鱼、烹鱼，从业者的社会性符号都有可能是鱼。

职业，是鱼作为姓氏的源头。

春秋时宋襄公的庶兄目夷字子鱼，有贤名，其后人有以鱼为氏者。

Róng
容

| 金文 | 小篆 | 隶书 | 草书 | 行书 | 楷书 |

【造字本义分析】 ，上边的构件"穴"是义符；下边的构件"口"表意为内部空间。容字的本义是山洞内部可观的空间。

【姓氏起源推测】山洞在人类文明史上功不可没。先是提供了挡风遮雨躲避野兽的居所，之后又成为窖藏酒和粮食的绝佳之处。能住多少人，能存多少物品，是评价山洞的重要指标，称为容。境内有优质山洞资源的地区，会以容为名。容也被认为是人的一种美德，常见于人名。

地名、人名，是容作为姓氏的源头。

传说古时有容国，国民以容为氏。

一说黄帝时主管礼乐的官职称为容，担任此职者的后人有的以容为氏。黄帝时的礼官容成是传说中历法的发明者，据说他精于法术，被视为仙人。其后人以容为氏。

四三　向古易慎　戈廖庚终

Xiàng
向

| 甲骨文 | 金文 | 小篆 | 隶书 | 草书 | 行书 | 楷书 |

【造字本义分析】 上边的构件表意为房屋的墙壁；下边的构件"口"是义符，表意为窗户。向字的本义是在墙壁上凿开可以通风采光的窗户。

【姓氏起源推测】人类走出洞穴，走下树巢，开始建筑窑洞或半地穴式建筑后，居住环境大为改善。而开窗技术的发明，则使人类的居住又上了一个大台阶。最早兴建此类建筑的地方，或以向为名。

地名，是向成为姓氏的源头。

西周时有向国，春秋初被莒国所灭，遗民以向为氏。

春秋时宋桓公的后人有公子肸，字向父，其后人有以向为氏者。

Gǔ

古

古

甲骨文	金文	小篆	隶书	草书	行书	楷书

【造字本义分析】 ，上边的十字形构件是义符，表示以结绳或刻契的方式记事；下边的口字形构件是义符，表意为填埋坑。古字的本义是使用完毕可以填埋保存的记事载体。

【姓氏起源推测】古，是埋在坑里的遗迹。失去水分的干树枝被丢在灶坑里，是"枯"；垫在睡觉处的干草，是"苦"；从储酒的缸中取酒，是"沽"；用工具将已完成使命的物品推到坑中，是"故"。

考古，就是将埋在坑中的古物挖掘出来加以研究。现代考古实践中，发现了不少刻有符号的龟甲兽骨的填埋坑。结绳之所以没有发现，应该是因为材料腐化之故。从数量来看，应该是使用很久之后才会集中填埋。负责统计数量并完成填埋的官职，或以古为名。

官职，是古作为姓氏的源头。

周族的先祖称古公亶父，公是爵号，父是男子的尊称，亶或许是名，古，极有可能是他负责的工作。他的后人中，有以古为氏者。

春秋时晋国大夫郤犨，食邑在苦城，称苦成氏。他的后人有的以与苦读音相近的古为氏。

Yì
易

| 甲骨文 | 金文 | 小篆 | 隶书 | 草书 | 行书 | 楷书 |

【造字本义分析】，构件"皿"和"壶"是两个不同的容器；点状构件表意为液体倾倒。易字的本义是将一个容器中的液体倒入另一个容器，从而引起物体性状的改变。

【姓氏起源推测】从已有文物来看，商周时的铸造技术已达到极高的境界。从第一个容器中倾倒出来的液体，应该是熔点较低但可形成合金的锡熔液。最早掌握合金技术的铸造者，或以易为号；最早大规模应用合金技术的地方，或以易为名。

职业、地名，是易作为姓氏的源头。

古有易州，当地人以易为氏。

春秋时齐桓公有宠臣雍巫，字牙，食邑在易地，称易牙。他的后人以易为氏。

Shèn
慎

| 小篆 | 隶书 | 草书 | 行书 | 楷书 |

【造字本义分析】，左边的构件"心"是义符；右边的构件"真"是兼有表意功能的声符，本义为烹煮活人的酷刑。慎字的本

297

义是小心避祸。

【姓氏起源推测】"贞"，是在鼎前卜问；"真"，是卜问失误被扔到鼎内烹煮。宁可接受烹煮也要坚持的，是真理；身怀理想不怕被扔到锅里煮的，是真人。对于没有坚定信念和真人之躯的普通百姓，看到一锅鼎沸的开水，难免心生畏惧，这就是"慎"。在政争或内乱中失势的贵族、官员，出逃后往往不敢再用本姓。改以慎为氏是个不错的选择。而这些深藏秘密的家族聚居为村落，当地又会以慎为名。

避祸改姓、地名，是慎作为姓氏的源头。

春秋时楚国太子建的儿子胜曾在慎地大败吴军，后作乱自杀。其后人有定居慎地的，改以慎为氏。

Gē
戈

| 甲骨文 | 金文 | 小篆 | 隶书 | 草书 | 行书 | 楷书 |

【造字本义分析】，下边的构件"又"是义符，本义为手持；上边的构件是横竖刃相接的象形。戈字的本义是一种既有尖刃又有钩刃的长柄武器。

【姓氏起源推测】戈在青铜时代是主战武器，使用量极大。铸造戈是一门固定的职业，制造戈也需要一个专门的地方。

职业、地名，是戈作为姓氏的源头。

夏朝初期，有穷氏首领后羿以武力取代夏政，八年后被家臣寒浞所杀。寒浞封自己的一个儿子在戈地，建戈国。少康复国后，灭戈国，遗民以戈为氏。

Liào
廖

| 小篆 | 隶书 | 草书 | 行书 | 楷书 |

【造字本义分析】廖，上边的构件"广"是义符，本义为有顶的半开放建筑；下边的构件"翏"是兼有表意功能的声符，本义为头戴羽饰的部落长老。廖字的本义是部落长老主持集会的宽大建筑。

【姓氏起源推测】鸟类崇拜比较普遍。上古人类相信原始巫术中的接触律，认为头戴羽饰就可以获得鸟类的神力。但鸟也有等级，只有部落长老才能头戴华丽的羽冠，称为翏。部落长老居住或主持集会的地方，或称为廖。

地名，是廖作为姓氏的源头。

商朝时封颛顼后人叔安于廖地，建廖国，称廖叔安。其后人以廖为氏。

周文王有个儿子叫伯廖，其后人有以廖为氏者。

Yǔ
庾

| 小篆 | 隶书 | 草书 | 行书 | 楷书 |

【造字本义分析】庾，上边的构件"广"是义符，本义为有顶的半开放式建筑；下边的构件"臾"是兼有表意功能的声符，本义为双手将头发拢起。庾字的本义是需要像梳拢头发一样向上铲起堆放的储粮建筑。

【姓氏起源推测】农业发明至今，粮食安全一直是政府关心的头等大事。收割时节正值雨季，避免粮食被雨侵蚀的方法之一就是尽快仓储，庾就是其中的一种。储粮场所一般较高，而运进来的粮食摊开在地面，占用了宽度，浪费了高度。于是需要用叉、铲等工具一点点向高处堆放。这个过程正与梳拢头发相似，所以称庾。修建庾、看守庾的小官，会以庾为名。

官职，是庾作为姓氏的源头。

尧帝时管理粮食的官职叫掌庾大夫；周朝时管理粮仓的官职叫庾廪。担任这一官职者，会以庾为氏。

Zhōng

终（終）

| 甲骨文 | 金文 | 小篆 | 隶书 | 草书 | 行书 | 楷书 |

【造字本义分析】 ，冬是终的本字，本义是记录天气变化规律的绳索，一端表示开始，一端表示结束。小篆字形以"糸"为义符，"冬"为兼有表意功能的声符。终字的本义是结束了一个记录周期的绳索。

【姓氏起源推测】终是经过一年的持续记录，对一个循环表示结束的标记。在尚未发现自转、公转等天文知识的古代，这样的记录意义重大。所以，不只是结束记录的绳索叫终，负责记录和管理这一重要职责的，也需有专门的官职。

官职，是终作为姓氏的源头。

夏桀时的太史令叫终古，他的后人以终为氏。

颛顼的一个后裔叫陆终，他的后人有以终为氏者。

四四　暨居衡步　都耿满弘

Jì
暨

| 小篆 | 隶书 | 草书 | 行书 | 楷书 |

【造字本义分析】，上边的构件"既"是兼有表意功能的声符，本义为进食结束，字内表意为已经；下边的构件"旦"是义符，本义为红日刚出。暨字的本义是太阳刚刚升起的时刻。

【姓氏起源推测】暨是红日初升。地球是个自转的球体，理论上每一个角落每天都会看到日出。日出景色极为壮观美丽的地方，会以暨为名。

地名，是暨作为姓氏的源头。

传说颛顼的后人篯（一说铿，即以长寿闻名的彭祖）在商朝时获封于暨，其后人有以暨为氏者。

Jū
居

金文　　小篆　　隶书　　草书　　行书　　楷书

【造字本义分析】，上边的构件"尸"是义符，本义为祭祖仪式上以固定坐姿扮演逝者的人；下边的构件"古"是兼有表意功能的声符，本义为使用完毕的记录载体，引申为时间的久。居字的本义是以同一个姿势久坐，引申为长期停住。

【姓氏起源推测】可令人久居的，或者是便利于工作学习，或者是令人心旷神怡。传说中的神奇人物或是身份尊贵者久居之处，地名中或有居。

地名，是居作为姓氏的源头。

春秋时晋国大夫先轸屡有战功，他为国捐躯后，儿子先且居继承父志，以中军元帅之职辅佐晋襄公，曾率军大败秦军。其后人引以为荣，有以居为氏者。

Héng
衡

金文　　小篆　　隶书　　草书　　行书　　楷书

【造字本义分析】，外围的构件"行"是兼有表意功能的声符，本义为大路；中下的构件"大"是义符，表意为正面的人形；中

303

上的构件表示很难掌握重心的物品。衡字的本义是人头顶物品，小心翼翼地走在路上。

【姓氏起源推测】造字是官方行为，衡字的本义是人头顶物品行走，初期应该根据当地人习惯头顶物品的特点来对这一地区进行命名。但衡在官方语境中，很快便增加了内涵，指称取重量。对于一个国家，统一的重量单位极其重要。秦始皇统一度量衡，就是统一了长度、容积、重量的单位。负责制定重量标准并管理称重的官职，以衡为名。

地名、官职，是衡作为姓氏的源头。

辅佐商汤讨伐夏桀的名臣伊尹，因功被赐予阿衡的官职，后改称保衡。他的后人中，有以衡为氏者。

Bù
步

甲骨文	金文	小篆	隶书	草书	行书	楷书

【造字本义分析】，构件"止"是义符，本义为脚。步字的本义是两脚在路上交替移动。

【姓氏起源推测】双腿长度恒定，两脚前后移动的距离就相对固定，可以作为不太精确但具有参考意义的丈量单位。这样的单位，在官方的测量行为中意义重大，负责规定测量单位、测量规则并监督执行的官职，会以步为名。车和马，是冷兵器时代的主战装备，与其相配合的，是步兵。步兵的统领官职，会以步为名；步兵的屯驻之地，会以步为名。

官职、地名，是步作为姓氏的源头。

春秋时晋国大夫郤豹的后裔扬，封邑在步地，称步扬。他的后人以步为氏。

Dū
都

| 金文 | 小篆 | 隶书 | 草书 | 行书 | 楷书 |

【造字本义分析】 ，左边的构件"者"是兼有表意功能的声符，本义为首领召集各部聚食时以单位统计需准备肉食的数量；右边的构件"邑"是义符，本义是有边界有领主的聚居地。都字的本义是首领召集众部集中议事的地方。由此产生了都城、都市的含义。

【姓氏起源推测】 都，是首领召集各下属单位集中议事的城，是一个行政区域的中心，其命名一般都有都字。尽管世事变迁，许多都城都已破败，甚至片瓦无存，但其名称却会保留下来。都城所设的官职，不少也会带有都字。

地名、官职，是都作为姓氏的源头。

春秋时，楚国的公子田封邑在都，称公都田，他的后人中，有以都为氏者。

春秋时，郑国大夫公孙阏，字子都，以勇力和美貌著称。他的后人中，有以都为氏者。

Gěng
耿

金文	小篆	隶书	草书	行书	楷书

【造字本义分析】 ，左边的构件"耳"是义符；右边的构件"火"也是义符。耿字的本义是因为愤怒、急躁而耳朵变红发烫。

【姓氏起源推测】一着急耳朵变红的人不少，有这一特征的人一般正直善良，但性情急躁。如果在姓氏形成的年代，这样的人会被冠以耿这一社会性符号。如果一个地区的人普遍具有这样的性格特征，那耿又可以作为这一地区的地名用字。

外号、地名，是耿作为姓氏的源头。

商朝初年，从祖乙到阳甲在耿地定都，直至盘庚迁殷。武王灭商后，分封一支亲族至耿地，建耿国。春秋时，耿国被晋国所灭，遗民以耿为氏。

Mǎn
满（滿）

小篆	隶书	草书	行书	楷书

【造字本义分析】 ，左边的构件"水"是义符；右边的构件"㒼"是兼有表意功能的声符，本义为一个物体的各个部分均达到

了最大容量。满字的本义是容器中的水达到了最大容量。

【姓氏起源推测】一些内部结构复杂的容器，注入液体后逐渐达到最大的液面，这个状态称为满。引申一下，人的福气、运气达到最大值时，也可以称为满。这当然是人们愿意看到的一种状态。因此，满作为一种美好的希冀，是人名的常用字。

人名，是满作为姓氏的源头。

武王克商后，将舜帝后裔满封于陈，建陈国。春秋时，陈国被楚国所灭。遗民有的以陈为氏，有的以先祖满的名字为氏。

Hóng
弘

| 甲骨文 | 金文 | 小篆 | 隶书 | 草书 | 行书 | 楷书 |

【造字本义分析】，上边的构件"弓"是义符；下边的构件"口"是义符，表意为发声。弘字的本义是弓箭发射时的巨大声响。

【姓氏起源推测】弘的本义是形容弓力的强劲，多用于人名；弘又有发扬很远的引申义，可用于君王提倡的德与行，可用于地名。

人名、地名，是弘作为姓氏的源头。

春秋时，卫国有大夫弘演，以忠心闻名。他的后人有以弘为氏者。又按，弘演的先祖共工氏的一支长期活动于弘地。如此，则弘氏的出现要早于弘演。

四五　匡国文寇　广禄阙东

Kuāng
匡

金文　　小篆　　隶书　　草书　　行书　　楷书

【造字本义分析】 ，左边的构件"匚"是义符，本义为以竹木制成的方形容器；右边的构件"往"是兼有表意功能的声符，本义为前去拜见首领。匡字的本义是用容器将指定物品送到正确的地方。

【姓氏起源推测】造字是官方行为。老百姓送一筐土，绝无造一个匡字的可能。匡，一定是运送官方物资。负责规划、监督运送的官职，会以匡为名；运送的目的地，一半是官方专门的储存地，也会以匡为名。

官职、地名，是匡作为姓氏的源头。

商王沃丁封自己的儿子羊于匡地，建匡国。武王伐纣时，匡国被灭，遗民以匡为氏。

商周时有官职巫匡，西周另有官职匡人，任职者有以匡为氏者。

春秋时鲁国有句须被任命做匡邑宰，他的后人以匡为氏。

Guó
国（國）

| 甲骨文 | 金文 | 小篆 | 隶书 | 草书 | 行书 | 楷书 |

【造字本义分析】 ，左边的"口"字形构件是义符，表示有边界的疆域；右边的构件"戈"是兼有表意功能的声符，表意为武力。国字的本义是用武力守护的疆域。

【姓氏起源推测】普天之下莫非王土。王认为天下都是我的，边界反而极其模糊。国就不同了，王封某位亲族或功臣在某地建国，边界都是经过严格丈量。一旦越界，两国间就有可能刀兵相见。一国之内，有自己完整的官僚体系，有的官职会以国为名。

另，国的字形表明，其本义与武力密切相关。因此，守卫森严的王城也被称为国，城墙之外则被称为野。居住在城里的，称国人。国人到了乡野，国就会成为他的社会性符号。

官职、外号，是国作为姓氏的源头。

传说为夏禹掌管车马出巡的官员名叫国哀，他的后人有以国为氏者。

春秋时齐国有上卿名国，其后代世袭上卿，以国为氏。

春秋时郑穆公的儿子发字子国，其后人有以国为氏者。

Wén

文

甲骨文　　　金文　　　小篆　　　隶书　　　草书　　　行书　　　楷书

【造字本义分析】 ，几组平行的线段两两相交，文字的本义是在硬质材料上的线形刻画。

【姓氏起源推测】文化一词，文是物质基础。只有打动人心，具有美学价值的痕迹才能称之为文。因此，文是谥号的常用字，也是人名的常用字。

谥号、人名，是文作为姓氏的源头。

武王克商后，给自己的父亲追赠谥号文，称文王。文王的后裔中，有以文为氏者。

春秋时，卫国有孙文子，晋国有范文子，他们的后人中，有以文为氏者。

Kòu

寇

金文　　　小篆　　　隶书　　　草书　　　行书　　　楷书

【造字本义分析】 ，上边的构件"宀"是义符，本义为房屋；左下的构件"元"是义符，本义为人的头部；右下的构件"攴"

是义符，本义为持械击打。寇字的本义是闯入家中伤人性命的盗匪。

【姓氏起源推测】穴居时代，上古先民住在山洞中，一心提防狮子老虎等野兽闯进来开饭。等到走出了山洞，建起了自己的房子，才发现狮子老虎懒得下山，同类的人反而成了危险的因素。

寇，是跑到人家家里谋财害命的强盗，怎么会演化为姓氏呢？正因如此，寇姓的来源极为单一，就是先秦时专门打击盗匪的官职司寇。

官职，是寇作为姓氏的源头。

Guǎng
广（廣）

| 金文 | 小篆 | 隶书 | 草书 | 行书 | 楷书 |

【造字本义分析】廣，上边的构件"广"是义符，本义为有顶的空间；下边的构件"黄"是兼有表意功能的声符，本义为居中的箭靶。广字的本义是用于练习射箭的宽大建筑。

【姓氏起源推测】练习射箭的建筑，其宽阔可想而知，其简陋也一目了然。如果有人在此居住，且大名为人所知，他的名字前就会加一个广的社会性符号，意为在广地居住的某某。

地名、外号，是广作为姓氏的源头。

传说黄帝时有隐士广成子，黄帝经常去向他问道。他的后人中，有以广为氏者。

Lù
禄（祿）

| 小篆 | 隶书 | 草书 | 行书 | 楷书 |

【造字本义分析】禄，左边的构件"示"是义符，本义为神灵给予的预兆；右边的构件"录"是兼有表意功能的声符，本义为用辘轳汲水。禄字的本义是神灵庇佑得到像井水一样源源不断的收获。

【姓氏起源推测】在北方干旱地区，打一眼井，如果没有准确的勘测，多数时候是徒劳无功。如果蒙神所示，每打一眼都有清泉溢出，源源不断，那就是禄。地表干旱，但地下水丰富的地方，会以禄为名。

另，井中汲水又与官员发薪有相似之处，都是周期性地从万壑之中取一瓢饮。因此，官员按期领取的薪俸也称为禄；负责计算发放俸禄的官职，也以禄为名。福禄寿喜，人之所欲。禄，也是人名的常用字。

地名、官职、人名，是禄作为姓氏的源头。

纣王的儿子武庚，字禄父，起兵作乱被周公平定后，他的后人为避祸，有以禄为氏者。

周朝有司禄一职，任职者有以禄为氏者。

Quē
阙(闕)

小篆　　隶书　　草书　　行书　　楷书

【造字本义分析】 ，上边的构件"门"是义符；下边的构件"欮"是兼有表意功能的声符，本义为呼吸的气流阻滞，字内表意为不通。阙字的本义是立于大门两旁但无法用于通行的门状建筑。后也取两阙之间没有连接的形象，孳乳出空缺的义项。

【姓氏起源推测】阙是种显示威严的建筑，建在大门两旁，标示出入之所在，但本身无法通行，就是一对巨大的柱子。有的阙可以登顶，或瞭望，或观景，勉强有点实用功能。无用且高大，那就不是普通建筑所能承载。建阙的地方，或是王宫，或是君王的陵寝，政治地位极高。因此，建阙的地方，会以阙为名。

地名，是阙作为姓氏的源头。

春秋时，孔子聚徒讲学的地方叫阙里，当地人有以阙为氏者。

一说商末忠臣关龙逢遇难后，其后人为避祸迁居阙党，改以阙为氏。

Dōng

东（東）

| 甲骨文 | 金文 | 小篆 | 隶书 | 草书 | 行书 | 楷书 |

【造字本义分析】 ，东字的本义是一个打好的行囊。古人日出而作，行囊的形象由此和东方产生了联系。

【姓氏起源推测】弱小的人类之所以能在食物链上反败为胜，最关键的因素就是通过各种组织将个体的力量汇聚在了一起。原始政权形成后，疆域扩大，部门众多，信息传递十分密集，出差是家常便饭。东，是官方标准化的出差行囊。同一部门的官员，各自的东放在同一个搁架上，这就是曹。如有外出，晨光熹微就背起行囊出发，因此东就和日出的方向产生了直接的联系。日常管理东的官职，会以东为名。东成为方位名词后，很多地方会以东为名。

官职、地名，是东作为姓氏的源头。

传说舜帝有七个好友，其中一位叫东不识，他的后人以东为氏。

四六　欧殳沃利　蔚越夔隆

欧（歐） ōu

小篆	隶书	草书	行书	楷书

【造字本义分析】 歐，左边的构件"区"是兼有表意功能的声符，本义为在特定区域放置众多物品，字内表意为腹内饱食或心有情绪；右边的构件"欠"是义符，本义为张口吐气。欧字的本义有两个：一是呕吐；一是发声感叹。

【姓氏起源推测】"欧"字呕吐的义项完全过渡到了"呕"字，保留下来的内涵就是发声感叹。经常发声感叹的人，会被冠以欧这个社会性符号；令人发声感叹的美景，尤其是高山，也会以欧为名。

外号、地名，是欧作为姓氏的源头。

春秋末期，吴越有著名铸剑师欧冶子（令人赞叹的冶金大师），他的后人有以欧为氏者。

战国时，越王无彊的次子蹄封地在欧余山之阳，其后人以欧阳为氏，后有简省为欧氏者。

Shū

殳

| 甲骨文 | 金文 | 小篆 | 隶书 | 草书 | 行书 | 楷书 |

【造字本义分析】 ，右边的构件"又"是义符，本义为手持；左边的构件 是一种长柄的锤类物体。殳字的本义是手持长柄锤类武器对敌人进行攻击。

【姓氏起源推测】殳最初是一种用于战车之上的武器，在两车交会时，武士用殳打击敌人车上的乘员，既可以对其造成伤害，又不至于因为尖刃刺入敌人身体而导致战车移动受限。执殳的武士，或以殳为氏。在车战被马战取代后，殳演变为主要的仪仗武器。执殳者的官职，以殳为名。

官职，是殳作为姓氏的源头。

舜帝时有大臣殳戕（擅长以殳击打敌人），他的后人有以殳为氏者。

Wò

沃

| 小篆 | 隶书 | 草书 | 行书 | 楷书 |

【造字本义分析】 ，上边的构件"艸"是义符；左下的构件"水"是义符；右下的构件"夭"是兼有表意功能的声符，本义为

起舞的人。沃字的本义是植物得到水的浇灌后生机勃勃。

【姓氏起源推测】植物得到充分浇灌后生机勃勃的状态称沃；水源充足，植物生长繁盛的地方也称为沃。

地名，是沃作为姓氏的源头。

山西有曲沃，居民有以沃为氏者。

商朝早期帝王太甲的儿子沃丁，在位时天下大治，世人称颂，他的后人有以沃为氏者。

Lì

利

| 甲骨文 | 金文 | 小篆 | 隶书 | 草书 | 行书 | 楷书 |

【造字本义分析】利，左边的构件"禾"是义符；右边的构件"刀"是义符，本义为可以屠宰牲畜的刀。利字的本义是刀刃完好可以收割禾苗的刀具。

【姓氏起源推测】利是以刀具收割禾苗，这是生产工具改进在汉字中的遗存。最早发明用于收割的金属刀具的人，会被冠以利这个社会性符号；最早大规模使用刀具收割禾苗的地区，会以利为名。《易经》的爻辞中多有利字，可见利字有利、顺利的含义，已经脱离农业本身，可用于人名等。

地名、人名，是利作为姓氏的源头。

据说皋陶有后裔名叫利贞（总能占卜出有利的结果），曾受纣王的迫害而出逃，他的后人有以利为氏者。

春秋时楚国和晋国都有公子食邑在利邑（应非一地），其后人以利为氏。

Yù
蔚

蔚	蔚	蔚	蔚	蔚
小篆	隶书	草书	行书	楷书

【造字本义分析】 蔚 ，上边的构件"艹"是义符；下边的构件"尉"是兼有表意功能的声符，本义为用加热的设备使表面平整。蔚字的本义是可用于热敷治疗的草药。

【姓氏起源推测】在对人体结构没有完全掌握，外科手术尚属天方夜谭的年代，以外敷的方式进行疾病治疗是非常普遍的。蔚就是一种可用于热敷治疗的植物。药效独特的植物，生长环境也各有要求。蔚草生长繁茂的地方，会以蔚为名。

地名，是蔚作为姓氏的源头。

西周后期，郑国公子翩被封于蔚地，称蔚翩，其后人以蔚为氏。

Yuè
越

越	越	越	越	越	越
金文	小篆	隶书	草书	行书	楷书

【造字本义分析】 越 ，左边的构件"邑"是义符，本义为有边界有领主的聚居地；右边的构件"戉"是兼有表意功能的声符，本

义为威力巨大的圆刃巨斧，一般用作君权的象征。越字的本义是武力保护的边界。

【姓氏起源推测】边界的概念，是在武力保证的基础上形成的。过了边界，就是越，就要承担失去武力保护的后果。君权之外的区域，不受君王的保护和约束，对中央政府而言，就是越了的地方，可命名为越。

地名，是越作为姓氏的源头。

夏朝少康的庶子无余，封地在偏远的越地，建越国。战国时，越国被楚国所灭，遗民以越为氏。

Kuí

夔

| 甲骨文 | 金文 | 小篆 | 隶书 | 草书 | 行书 | 楷书 |

【造字本义分析】，上边的构件 是头部带有明显装饰的形象；中间的构件"人"是义符；下边的构件"止"是一只夸张的大脚。夔字的本义是以明显夸张的装饰进行乐舞，其外形应是模仿当地崇拜的某种神。

【姓氏起源推测】夔是个图腾的形象，从字形上看应该是龙崇拜的地方化。文献中也确有夔龙的记载。《书》记载"夔，命汝典乐"，夔应该是最早的乐官官名，职责是创编并教导乐舞，后被神化。以夔为崇拜的地方，会以夔为名。

官职、地名，是夔作为姓氏的源头。

尧帝时有乐官名夔，夔的后人有以夔为氏者。按，闽南地区至今仍有将一只脚放在鼓面上以调节节奏的"脚板鼓"，可能就是"夔一足"的遗存。

周成王封熊绎于楚地，建楚国。熊绎又将儿子熊挚封于夔地，建夔国。楚国后来以不敬祀先祖为由灭掉了夔国，遗民有以夔为氏者。

Lóng

隆

| 小篆 | 隶书 | 草书 | 行书 | 楷书 |

【造字本义分析】 隆 ，上边的构件"降"是兼有表意功能的声符，本义为自山上下来；下边的构件"生"是义符。隆字的本义是由于山体滑坡而突然出现的土包。

【姓氏起源推测】隆是种地形，用现代地理学的知识来理解就是地壳运动产生的褶皱带。拥有这种地形的地方，会以隆为名。

地名，是隆作为姓氏的源头。

春秋时，鲁国境内有隆邑，当地人有以隆为氏者。

四七　师巩厍聂　晁勾敖融

Shī
师（師）

| 金文 | 小篆 | 隶书 | 草书 | 行书 | 楷书 |

【造字本义分析】 ，左边的构件"㠯"是义符，本义是中央派出人员所持的信物；右边的构件"帀"（shi）是兼有表意功能的声符，本义为军旗。师字的本义是中央才能调动的军队。后将所有有组织的、需要专业技能训练的职业统称为师。

【姓氏起源推测】师是在外的军队，只接受中央的调动，或为作战，或为屯驻。但有一个共同点，就是需日日操练，且有等级之分。音乐、美术等门类，在这一点上与军队类似，所以有乐师、画师等称谓。先秦时期，各类师基本是为王或君服务。师，是个官职，而且因为其对技能的严格要求，一般为世袭。长期担任师的家族，会以师为氏。

官职，是师作为姓氏的源头。

古代著名的乐师有师延、师涓、师旷等，乐师的后人多以师为氏。

Gǒng
巩(鞏)

| 金文 | 小篆 | 隶书 | 草书 | 行书 | 楷书 |

【造字本义分析】，左边的构件"工"是兼有表意功能的声符，本义是用于制造业的精巧的器具；右边的构件"卂"（jí）也是兼有表意功能的声符，本义为用双手牢牢抓持。巩字的本义是双手发力用工具进行加固。小篆的字形增加了义符"革"，表意为用皮革加固。

【姓氏起源推测】巩是用工具进行加固，操作应颇有难度。在器物制造越来越丰富之后，巩或是一种职业；最早或大规模进行加固处理的机构，会以巩为名；也有待命名或新改名的地方，取其加固之义命名为巩。

职业、地名，是巩作为姓氏的源头。

东周敬王时有姬姓卿士简公或封邑于巩地，称巩简公，他的后人以巩为氏。

Shè
厍(厙)

| 小篆 | 隶书 | 草书 | 行书 | 楷书 |

【造字本义分析】厍，厍是库的俗字，本义相同。

【姓氏起源推测】库是存放军车的大型建筑，有专门的守卫官职，以库为名。民间俗为厍，读音应从舍移植，后来只保留了姓氏一个义项。

地名、官职，是厍作为姓氏的源头。

Niè
聂（聶）

小篆　隶书　草书　行书　楷书

【造字本义分析】聶，三个耳并列，表意为用心去听。聂字的本义是对方说话声极小，需要集中精力侧耳聆听。

【姓氏起源推测】聂最初应是用来指说话很小声的人，具有此种特征的人，会被冠以聂这个社会性符号。如果一个地方的居民普遍习惯轻声说话，则该地也会以聂为名。

外号、地名，是聂作为姓氏的源头。

春秋时，齐国丁公给自己的一支庶出子孙封邑于聂，该支后裔以聂为氏。

一说，卫国、楚国有大夫食邑于聂，其后人以聂为氏。

Cháo
晁

| 小篆 | 隶书 | 草书 | 行书 | 楷书 |

【造字本义分析】 ，上边的构件"日"是义符；下边的构件"黽"是义符，本义为龟、蛙等背部有花纹的动物。鼂字的本义是一种背部有花纹的喜光动物，俗作晁。

【姓氏起源推测】从俗体写法将义符"黽"换作"兆"分析，晁可能是一种龟类。从其以"日"为义符分析，这种大龟或者喜光，爱好晒太阳；或者感觉敏锐，能预知晴天。从其只保留姓氏这一义项分析，晁在当时就比较稀有，后来就灭绝了，曾有晁活动的地方，或以晁为名。晁预知晴天的能力有人文含义，或被用于人名。

地名、人名，是晁作为姓氏的源头。

春秋时卫国有大夫名史晁，他的后人有以晁为氏者。

一说周景王的小儿子朝争位失败，出逃楚国。其后人为避祸，以与朝同音的晁为氏。

Gōu

勾

| 甲骨文 | 金文 | 小篆 | 隶书 | 草书 | 行书 | 楷书 |

【造字本义分析】 ，勾与句同源，外围的构件"丩"是兼有表意功能的声符，本义为互相咬合在一起；中间的构件"口"是义符。勾字的本义是口中所说的意义连续的话。为了区分语句这一独立的含义，又造勾字，将义符"口"改为"厶"，强调勾字的本义是为了自己的目的而将不同的部分连在一起。

【姓氏起源推测】勾是将物体有意连接，应属于专业技能。掌握此项技能的群体，会以勾为族名；拥有此种技能的人，会被冠以勾这个社会性符号。

氏族名、外号，是勾作为姓氏的源头。

上古时有木正的官职，专管万物生长。少昊时的木正由勾芒氏担任，勾芒氏后人有以勾为氏者。勾芒，字面意义为植物的连接。

传说共工有儿子名叫勾龙，善利用水土，其后人多以勾为氏。神话中龙的职能是行云布雨，勾龙，就是掌握了下雨的气象规律。

áo

敖

| 金文 | 小篆 | 隶书 | 草书 | 行书 | 楷书 |

【造字本义分析】 ，左边的构件是一个戴着夸张头饰起舞的人形；右边的构件"攴"是义符，本义为手持杖形器具。敖字的本义是头戴夸张头饰，手持杖形器具起舞的人。

【姓氏起源推测】传说四海龙王的名字都有敖，可能就是因为龙角的特征。戴着龙形的头饰，手里拿着杖一类的道具起舞，应该是为了祭祀龙之类的神灵。祭祀不是率性而舞，而是有着严格的仪轨。主祭者一般是由熟知仪式仪轨的家族世袭，以此为职业的家族，会以敖为氏。如果不是主持此类祭祀，但也有夸张的发型或头饰，也会被冠以敖这个社会性符号。

职业、外号，是敖作为姓氏的源头。

传说颛顼有一个老师叫太敖，他的后人有以敖为氏者。

春秋时，楚国称被杀、被废等没有谥号的国君为敖，他们的后人有以敖为氏者。

Róng

融

| 金文 | 小篆 | 隶书 | 草书 | 行书 | 楷书 |

【造字本义分析】 ，两边的构件"虫"是兼有表意功能的声符；中间的构件"鬲"是义符，本义为三个中空腹足间可以生火的炊具，字内表意为加热；两个鬲相背，表意为地表上下同时加热。融字的本义是大地回暖，冬眠的虫类复苏。

【姓氏起源推测】融字的来源与观察自然有关，大地回暖，万物复苏，需要长期周而复始地观察。负责观察此类现象的官职，会以融为名。

官职，是融作为姓氏的源头。

上古时有火正的官职，负责管理与火有关的各种事务。帝喾时担任火正的是祝融氏，祝融氏的后人有以融为氏者。祝融，字面意义为春泥消融时的祭祀。

四八　冷訾辛阚　那简饶空

Lěng

冷

| 小篆 | 隶书 | 草书 | 行书 | 楷书 |

【造字本义分析】冷，左边的构件"仌"是义符；右边的构件"令"是兼有表意功能的声符，本义为使大家聚集的权威信息。冷字的本义是大家因为气温极低而聚集在一起。

【姓氏起源推测】冷是一种自然现象，由于地球的公转自转及纬度的不同，地面上不同的位置同一时间距离太阳的位置也不同，近日则热，远日则冷。也有的地方由于高海拔或地形遮挡，常年处于低气温的状态。气温长时间处于低位的地方，会以冷为名。

地名，是冷作为姓氏的源头。

周武王弟弟康叔的一位后人被封于冷水，他的后人以冷为氏。

一说黄帝时的乐官泠伦的后人以泠为氏，后讹为冷。

Zǐ
訾

訾　　訾　　訾　　訾　　訾
小篆　　隶书　　草书　　行书　　楷书

【造字本义分析】訾，上边的构件"此"是兼有表意功能的声符，本义为以匕点选心仪的肉块；下边的构件"言"是义符，本义为口中发出的有意义的声音。訾字的本义是一边指点一边评价。

【姓氏起源推测】訾，是对面前的事物指点评价。评价对象可能是一块肉，也可能是一本账簿，甚至是一个人；评价的态度或者是谨慎认真，或者是恶意诋毁。不管评价什么，如何评价，都需要一系列的标准以体现相对的公平。负责此项事务的官职，会以訾为名；进行评价的机构，或也以訾为名。

官职、地名，是訾作为姓氏的源头。

传说帝喾时有訾陬氏，夏朝时有訾陬国，有成员以訾为氏。

西周时祭国有訾城，后被齐国夺取，居民有以訾为氏者。

春秋时楚国有地名訾枝，当地人有以訾为氏者。

Xīn

辛

| 甲骨文 | 金文 | 小篆 | 隶书 | 草书 | 行书 | 楷书 |

【造字本义分析】 ，象形字。辛字的本义是下端尖锐的刀具，多用于对犯人和奴隶施加肉刑。

【姓氏起源推测】辛是尖利的刑刀，从以辛为构件的汉字来看，辛的用法有戳，有劈，应是根据所触犯刑法而选择。辛字相当古老，在上古时期，负责执掌刑法的部落，或以辛为名。在执法演进为官职后，也会以辛为名。

部落名、官职，是辛作为姓氏的源头。

帝喾又称高辛氏，高辛氏部落成员有以辛为氏者。按，有说帝喾因出生在高辛而称高辛氏，似不确。高辛，或是帝喾所在家族世世代代负责的刑具，所以其部落称高辛氏；高辛又或是专门施刑的地方，所以成为地名。

Kàn

阚（闞）

| 小篆 | 隶书 | 草书 | 行书 | 楷书 |

【造字本义分析】 ，外边的构件"门"是义符；里边的构件"敢"是兼有表意功能的声符，本义为勇士手持网状的工具捕捉野

猪。阚字的本义是峡谷高耸如门，适合伏击野兽的地方。

【姓氏起源推测】野猪的战斗力不容小觑，要想将其变为餐桌上的美味，不能完全寄希望于网和弓，要拼智商。将猎物驱赶至易守难攻的地形，居高临下地伏击，既增加了安全性，又提高了成功率，自然是最佳选择。但这样的地形却不易得，一旦找到，利用率势必极高，需要命名。

地名，是阚作为姓氏的源头。

一说黄帝后裔所建的南燕国王族中有封于阚邑的，其后人以阚为氏。

春秋时齐国大夫止久居于阚地，称阚止，其后人以阚为氏。

Nā（Nuó）
那

小篆	隶书	草书	行书	楷书

【造字本义分析】，左边的构件"冄"是兼有表意功能的声符，本义为两鬓下垂的胡须；右边的构件"邑"是义符，本义为有边界有领主的聚居地。那字的本义是须发浓重的异族人聚居的地方。

【姓氏起源推测】古代的中原人认为身体发肤受之父母，不敢毁伤，所以大家除了发量略有差异，发型基本一样。这时候来一些剃了脑门一脖子小辫儿的外来者，辨识度自然极高。那，是脱离了己族文化圈的遥远地方。从如此遥远的地方来到中原的人，会被冠以那这个社会性符号。

地名、外号，是那作为姓氏的源头。

春秋时，楚国攻灭权国，置县。权国遗民酝酿暴动，被楚武王镇压，并强行将其迁至那城。权国遗民从此有以那为氏者。

Jiǎn
简（簡）

| 小篆 | 隶书 | 草书 | 行书 | 楷书 |

【造字本义分析】 簡 ，上边的构件"竹"是义符；下边的构件"间"是兼有表意功能的声符，本义为两片门板中的缝隙。简字的本义是像缝隙一样细长的竹片，一般用来作为书写的载体。

【姓氏起源推测】在纸张和知识没有普及之前，简既是官方的参考书，又是官方的日记本，意义非凡。负责制作竹木简的官职，会以简为名。掌握众多简上记录知识的人，会以简为号。

官职、谥号，是简作为姓氏的源头。

春秋时，晋国大夫狐鞫居食邑于续，号简，称续简伯，他的后人中有以简为氏者。

春秋时，晋国大夫赵鞅谥号简，称赵简子，他的后人中有以简为氏者。

战国时，楚简王的后人中，有以先祖谥号简为氏者。

Ráo
饶（饒）

饒　饒　饶　饶　饒

小篆　隶书　草书　行书　楷书

【造字本义分析】 饒 ，左边的构件"食"是义符；右边的构件"尧"是兼有表意功能的声符，本义为塑形完毕的陶坯，字内表意为陶器。饶字的本义是粮食富足，需要更多的陶器储存。

【姓氏起源推测】"尧"，是塑形完毕待烧制的陶坯。双手在陶轮上塑形，是"挠"；用绳索在陶坯上缠出纹路，是"绕"；塑好的陶坯用火定型，是"烧"。烧制好的陶器用来做什么呢？储存粮食。家里摆一排储粮的陶罐，那就是富饶啊。既然你都这么富饶了，要不就别计较我这点小错误，饶了我吧。

饶，是丰产的体现。水土丰茂，气候宜人，粮食产量高且稳定的地方，称饶。

地名，是饶作为姓氏的源头。

战国时，齐国有大夫食邑于饶，其后人以饶为氏。

战国时，赵悼襄王封他的弟弟长安君于饶，其后人以饶为氏。

Kōng
空

| 金文 | 小篆 | 隶书 | 草书 | 行书 | 楷书 |

【造字本义分析】，上边的构件"穴"是兼有表意功能的声符，本义为孔洞；下边的构件"工"是兼有表意功能的声符，本义为营造用的多功能器具。空字的本义是经过人力营造的洞窟。

【姓氏起源推测】未经人工营造的洞穴，居住环境比较恶劣；由人工巧心经营的洞窟，称"空"，就是当时的豪宅了。曾经营穴而居的地方，会以空为名。负责营造的职业，会以空为名；负责管理营造事务的官职，会以空为名。

地名、职业、官职，是空作为姓氏的源头。

周礼中有司空的官职，后为三公之一，任职者有的以空为氏。

古代有空国，国君称空侯氏，其后人有以空为氏者。

商朝始祖契的一支后裔被封于空桐，其后人有以空为氏者。

四九　曾毋沙乜　养鞠须丰

Zēng
曾

甲骨文	金文	小篆	隶书	草书	行书	楷书

【造字本义分析】 ，下边的田字形构件是蒸食物用的箅子的象形；上边的八字形构件表意为蒸汽。曾字的本义是用带箅子的锅蒸熟食物。

【姓氏起源推测】从字形推断，曾在造字之初是一种烹饪方式的发明。因为蒸锅与食物之间隔了一层箅子，所以才引申出曾经、曾祖等含义。

人类加工食物的第一阶段是烧烤，灵感源自天火。能驾驭火之后，烧烤之外增加了煮食。蒸，则需要巧思发明一种隔水的箅，才能完全利用蒸汽的力量。最早发明箅并用于蒸食的部落，或以曾为号；最早普遍使用曾这种烹饪方式的地方，或以曾为名。

部落号、地名，是曾作为姓氏的源头。

夏王少康封小儿子曲烈于鄫，建鄫国。春秋时鄫国被莒国所灭，太子逃奔鲁国，其后人以曾为氏。

Wú
毋

| 金文 | 小篆 | 隶书 | 草书 | 行书 | 楷书 |

【造字本义分析】 𝀒 ，构件"母"是兼有表意功能的声符，本义为生育期的女性，头部或手部延长的一笔是指事符号，表意为否定。毋字的本义是女性在生育期间的生活禁忌。

【姓氏起源推测】 医学不发达的古代，生育是一件极端矛盾的事。一方面添丁进口，保证种族延续，大喜；另一方面则是产妇和胎儿都面临严峻的健康威胁，生死难料，大凶。漫长的岁月中，科技尚在萌芽，不足以成为第一生产力，人口数对国和家都意义重大。二者相权，还是鼓励女性多生育，但也形成了不少的禁忌以保证女性的健康和胎儿的安全。所以，毋所表达的否定，具有绝对的意义。如果父母希望孩子不要怎样，就可以用毋来取名以作表达。

人名，是毋作为姓氏的源头。

尧帝有贤臣名叫毋句，据说是磬的发明者，他的后人有以毋为氏者。

一说战国时齐宣王弟弟的食邑在毋丘，其后人有的以毋为氏。按，从字形分析，作为地名，毋丘应为毌丘。毋毌形近，讹为一体。

Shā
沙

| 金文 | 小篆 | 隶书 | 草书 | 行书 | 楷书 |

【造字本义分析】 左边的构件"水"是义符；右边的构件"小"是兼有表意功能的声符，本义为细微的石粒。沙字的本义是河中细小的石粒。

【姓氏起源推测】沙是石头长期被水流冲刷的产物，大量的沙聚集，则形成了地貌特征，可用于命名。

地名，是沙作为姓氏的源头。

据说神农氏有大臣名叫夙沙氏，他的后人有以沙为氏者。按，夙沙氏，或是活动于沙砾密集的古河道区域的氏族。

春秋时，微子启的一支后裔获食邑于沙，其后人以沙为氏。

Niè
乜

| 隶书 | 草书 | 行书 | 楷书 |

【造字本义分析】乜没有大篆和小篆的字形，应是后造字，或民间用字。从保留至今的用法分析，乜字的本义是对异族人由于语言不

通而斜眼歪头着意倾听状态的描摹。

【姓氏起源推测】异族人到中原来，语言不通，使劲倾听，就会呈现出斜眼歪头的形象。我们初听外语，也是如此。异族人若是经常往来，乜便由体貌特征变为称呼他的社会性符号；他们若是定居中原，聚居处也会以乜为名。

外号、地名，是乜成为姓氏的源头。

春秋时，卫国有大夫食邑在乜，其后人以乜为氏。

Yǎng
养（養）

| 甲骨文 | 金文 | 小篆 | 隶书 | 草书 | 行书 | 楷书 |

【造字本义分析】 ，左边的构件"羊"是兼有表意功能的声符；右边的构件"攴"是义符，本义为持械击打。养字的本义是放牧家畜。小篆字形以"食"为义符，本义不变。

【姓氏起源推测】

养是放牧。根据造字的官方性原则，养字最初并非指民间的放牧，而是为官方畜牧。负责此事的官职，或以养为名；官方牧场所在地，或以养为名。

官职、地名，是养作为姓氏的源头。

周朝有养国，春秋时被楚国所灭，遗民有以养为氏者。

春秋时吴国内乱，公子掩余、烛庸逃至楚国，楚王赐养地为他们的食邑。其后人有以养为氏者。

Jū
鞠

| 小篆 | 隶书 | 草书 | 行书 | 楷书 |

【造字本义分析】鞠，左边的构件"革"是义符，本义为去除动物的皮；右边的构件"匊"是兼有表意功能的声符，本义为双手捧起粮食。鞠字的本义是将动物的皮向内窝折，制成球形的器物，比如早期的足球。

【姓氏起源推测】中国足球虽然让人无奈，但足球发源于中国却是铁证如山，那就是春秋时已有的运动项目蹴鞠。鞠，是一门手艺，可以将皮料弯折缝缀，形成坤包、水囊或足球。专力于此的手艺人，也称为鞠，相当于后来的皮匠。

职业，是鞠作为姓氏的源头。

传说周朝始祖弃的孙子生下来手心有类似菊花的纹路，于是得名鞠陶。他的后人中，有以鞠为氏者。

传说周朝王室中有内侍官职鞠人，专门负责为王室成员卷收门帘。任职者有的以鞠为氏。

Xū
须（須、鬚）

| 甲骨文 | 金文 | 小篆 | 隶书 | 草书 | 行书 | 楷书 |

【造字本义分析】 ，左边的构件"页"是义符，本义为头部；右边与页侧下紧紧相接的构件"彡"是义符，表意为飘飘的毛发。须字的本义是面部与下巴生长的胡子。

【姓氏起源推测】虽说古代人不剃须发，但受基因控制，不同部落的须发生长差异极大。即使在现代，男性须发的个体差异仍十分明显。须发特异的人，会被冠以须这个社会性符号；须发特异的部落，会以须为名，其长期活动的区域，也会以须为地名。

外号、部落名、地名，是须作为姓氏的源头。

商朝有密须国，国君后裔有以须为氏者。

春秋时有须句国，被邻近的邾国所灭，遗民以须为氏。

春秋时晋国有官职竖头须，负责保管王室重要财物，任职者有的以须为氏。

Féng
丰（豐）

| 甲骨文 | 金文 | 小篆 | 隶书 | 草书 | 行书 | 楷书 |

【造字本义分析】 ，中间的构件"壴"是义符，本义为击鼓庆祝；两边的构件"亡"是义符，本义为刀刃刺入，字内表意为收割或宰杀猎物。豐字的本义是击鼓庆祝满满的收获。后来的字形以"丰"代替"亡"作为兼有表意功能的声符，表意为成串的美玉；构件"壴"则被形近的"豆"代替，表意为满盛收获。

【姓氏起源推测】农业，内因是勤劳，外因现代是科技，过去是天时。辛苦一年，若是丰收，农人不会想到这是我勤劳所致，而是第一时间感谢天神的恩赐。所以要用容器盛满美玉敬献神灵，这个仪式就是丰。负责此项仪式的官职，或以丰为名；举行此类仪式的地方，或以丰为名。

官职、地名，是丰作为姓氏的源头。

渭河支流有丰水，南岸称丰邑，居民有以丰为氏者。

武王克商后，将他的弟弟、文王的第十七个儿子封于鄪邑，称鄪侯。鄪侯后人有的以丰为氏。

五十　巢关蒯相　查后荆红

Cháo
巢

金文　小篆　隶书　草书　行书　楷书

【造字本义分析】巢，上边的构件"甾"是义符，本义为一种竹编的过滤器；下边的构件"木"是义符。巢字的本义是树上像竹篓一样的鸟窝。

【姓氏起源推测】树上栖息的鸟儿不会成为虎狼的点心，这一现象给了某位先民以灵感，于是带领大家砍伐枝条，在树上构巢而居。传说中，这位智慧者被称为有巢氏。有巢氏所率领的部落，也以此为号；有巢氏部落所活动的区域，也以此为名。

部落号、地名，是巢作为姓氏的源头。

夏禹时，有巢氏后人建巢国。春秋时巢国被吴国所灭，遗民以巢为氏。

Guān
关（關）

| 金文 | 小篆 | 隶书 | 草书 | 行书 | 楷书 |

【造字本义分析】 ，外边的构件"门"是义符；里边的构件"卝"是兼有表意功能的声符，本义为门闩，两点是指事符号，表意为固定。关字的本义是用门闩将门锁闭。

【姓氏起源推测】关是锁门。从这个本义出发，有两个引申的方向。一是地势险要的山谷；一是需要专人把守出入口的岗位。

地名、官职，是关作为姓氏的源头。

夏末有忠臣龙逄，因封邑于关，称关龙逄。关龙逄因直谏被桀杀害，其后人以关为氏。

春秋时周王室有大夫喜，担任函谷关关令，称关尹喜。他的后人中，有的以关为氏。

西周时有官职关孔，负责兵器装配；有官职关津，负责把守货物出入口；商周时有官职关人，负责守卫贵族墓地；春秋时越国有官职关弓，为弓箭手的统领。上述任职者中，有的以关为氏。

Kuǎi

蒯

| 隶书 | 草书 | 行书 | 楷书 |

【造字本义分析】蒯字没有大篆和小篆字形，应为后造字，或民间用字。据楷书字形推断，蒯是一种长茎、簇生的植物，用刀收割后可用于编织。

【姓氏起源推测】蒯是种植物，从构件朋和刀分析，其作为编织原料的价值很高。蒯草生长繁茂的地方，或以蒯为名；擅长蒯草编织的人，或以蒯为社会性符号。

地名、外号，是蒯作为姓氏的源头。

商朝时有蒯国，国人有的以蒯为氏。

春秋时晋国大夫得获封邑蒯，称蒯得。其后人以蒯为氏。

Xiāng

相

| 甲骨文 | 金文 | 小篆 | 隶书 | 草书 | 行书 | 楷书 |

【造字本义分析】 ，左边的构件"木"是义符，表意为树木；右边的构件"目"是义符。相字的本义是仔细观察树木的特征，

以判断其适合的用途。

【姓氏起源推测】相的本义是观察木材，以决定其适合的用途。在应用中，其内涵不断扩大。值得观察的内容、进行观察的人和官职、通过观察以进行辅助、观察物和观察者的关系，都可称为相。其中，职业、官职是相作为姓氏的源头。

春秋时，齐国设相的官职，各国纷纷效仿，称呼有相国、国相、丞相、宰相等，任职者有的以相为氏。

西周时有观察天象的冯相氏、驱鬼逐疫的方相氏，都是世袭的官职，任职者有的以相为氏。

夏朝第五代王名相，建都城相里，居住在相里的王族有的以相为氏。

商朝第十六代王名河亶甲，也曾居住于相地，他的后人中有的以相为氏。

Zhā

查

| 隶书 | 草书 | 行书 | 楷书 |

【造字本义分析】查，大小篆均无查字，应为后造字。上边的构件"木"是义符；下边的构件"旦"是义符，本义为日出。查字的本义是借日出之光仔细观察树木的生长状况。

【姓氏起源推测】采拾经济要早于渔猎经济和农业经济，先民们对树木果实的了解历史也就很悠久。掌握果树的生长规律甚至种植果树，都需要经验和技巧。社会分工越来越细后，查，或就成了一种职业。因为观察果树经验丰富而获得更多更好果实的地方，或以查为名。

职业、地名，是查作为姓氏的源头。

春秋时，齐顷公封自己的一个儿子在楂邑，其后人有的以查为氏。

春秋时，鲁庄公的一个儿子食采于楂（也写作樝）邑，其后人有的以查为氏。

春秋时，楚国有大夫食邑于查（柤）邑，其后人有的以查为氏。

Hòu
后（後）

| 甲骨文 | 金文 | 小篆 | 隶书 | 草书 | 行书 | 楷书 |

【造字本义分析】，左边的构件"彳"是义符，本义为行进；右上的构件"幺"是义符，本义为绳结；右下的构件是倒写的"止"，义符，本义为脚。后字的本义是因足部被束缚而脚步迟缓。

【姓氏起源推测】足部被丝绳束缚，是失去了人身自由，其身份多为战俘。如果有战俘因为身怀绝技或完全顺从而获得释放，得以融入社会，那后就会是他的社会性符号之一。如果一个自由人天性和缓，走路迟慢，也会被冠以后这个社会性符号。

外号，是后作为姓氏的源头。

太昊的一个后裔名叫后照，其后人以后为氏。按，上古罕有两字名，后照很可能名照，后是他的社会性符号。

Jīng
荆（荊）

金文	小篆	隶书	草书	行书	楷书

【造字本义分析】，左边的星形构件是指事符号；右边的构件"人"是义符。荆字的本义是劳作时容易刺伤人手脚的尖刺植物。后期金文字形在左边增加兼有表意功能的声符"井"，表意为荆是可以放置在陷阱内给猎物造成更大伤害的尖刺植物。

【姓氏起源推测】荆是生有尖刺的植物，既能给终日在林间劳作的先民带来满身的伤口，也能被利用来困住野兽。此类植物生长繁茂的地方，或以荆为名。

地名，是荆作为姓氏的源头。

西周初，楚国的先祖鬻熊于荆山立国，称荆国。至曾孙熊绎，始改为楚国。荆国旧民有的以荆为氏。

Hóng
红（紅）

金文	小篆	隶书	草书	行书	楷书

【造字本义分析】，左边的构件"糸"是义符；右边的构件"工"是兼有表意功能的声符，本义为精巧的生产器具。红字的

本义是经过精心染色的丝线。红色在古代是被极其尊崇的颜色，正红色极不易得，需要精巧的工艺，所以以工为兼有表意功能的声符。

【姓氏起源推测】对颜色的命名，多来自植物和矿物。而直观体现颜色的，则是丝织物。从红字的字形分析，正红色并非自然界原有，是经过精巧的工艺才呈现出这庄重美丽的颜色。最早染出红色的部落，或以红为号；最早流行红色的地域，或以红为名；精于加工红色的职业，或以红为名。

部落号、地名、职业，是红作为姓氏的源头。

西周时，楚王熊渠封儿子熊挚为鄂王。熊挚字红，他的后人中，有的以红为氏。

西汉楚元王刘交的儿子刘富获封在红地，称红侯，他的后人中，有的以红为氏。

Yóu
游

| 甲骨文 | 金文 | 小篆 | 隶书 | 草书 | 行书 | 楷书 |

【造字本义分析】　，左边的构件"㫃"是兼有表意功能的声符，本义为飘动的旗帜；右边的构件"子"是义符，表意为孩童。游字的本义是孩童举着旗帜模仿战争嬉戏玩乐。

【姓氏起源推测】游戏，本来是游的本义，游的主体也是孩子。或许是游戏中模拟的整装外出的情节太过动人，后来竟把远行也称作游。又或者因为上古部落聚居区一般以山或河为界，过界河，需要游；过了界河，就是游。经常出游或长时间出游的人，会被冠以游这个社会性符号。如果是官方需要频繁出游的事务，就可能设一个以游为名的官职。

外号、官职，是游作为姓氏的源头。

周朝时有官职囿游和游人，任职者有的以游为氏。

春秋时，郑穆公的一个儿子偃字子游，其后人有的以游为氏。

Zhú

竺

| 金文 | 小篆 | 隶书 | 草书 | 行书 | 楷书 |

【造字本义分析】 ，上边的构件"竹"是兼有表意功能的声符；下边的构件"二"是义符，字内表意为相等。竺字的本义是用截为等长的竹段，可用来制造器物或用于建筑。在用于 India 的音译词后，其本义逐渐消失。

【姓氏起源推测】竹子生长迅速，结构匀称，是器物制作和建筑的绝佳材料。竹子生长繁茂、竹制品应用普遍的地方，或以竺为名；竹器制作的职业，或以竺为名。

地名、职业，是竺作为姓氏的源头。

商朝末期，孤竹国国君的两个儿子伯夷和叔齐为谦让君位出奔周地，又因不赞同周以臣伐君而饿死首阳山。孤竹国民为纪念二人的高义，有以竺为氏者。

印度和中国互相交通后，以身毒、天竺作为其国名的音译。有的僧侣以竺作为其在中国的姓氏，其信徒有的跟从改以竺为氏。

Quán
权（權）

| 小篆 | 隶书 | 草书 | 行书 | 楷书 |

【造字本义分析】  ，左边的构件"木"是义符；右边的构件"蘿"是兼有表意功能的声符，本义为协助渔猎的猛禽。权字的本义是已驯猛禽栖息的硬木。因其平衡产生秤砣的含义；因指挥猛禽产生权力的含义。

【姓氏起源推测】训练猛禽是一件极富想象力的创举，最早实现的部落或以权为名；权氏部落的活动地域，或以权为名；驯养猛禽较为普遍的地方，或以权为名；驯养猛禽的职业，或以权为名。

部落名、地名、职业，是权作为姓氏的源头。

商王武丁将自己的一支后裔封于权，建权国。权国公室后人以权为氏。春秋时，权国被楚国攻灭，遗民有以权为氏者。

Lù
逯

| 小篆 | 隶书 | 草书 | 行书 | 楷书 |

【造字本义分析】 ，左边的构件"辶"是义符，本义为行进；右边的构件"录"是兼有表意功能的声符，本义为用辘轳架从井

中汲水。逮字的本义是井水外溢，缓慢流淌。

【姓氏起源推测】北方缺水的地方，要用很长的绳索缚着水桶取水。南方地下水充沛的地方，只需用瓢在井口舀水。遇有连续的大雨，地下水位上涨，井水便会从井口溢出。具有此种景观的地方，或以逮为名。

地名，是逮作为姓氏的源头。

战国时，秦国有大夫获封邑逮，其后人以逮为氏。

东周时，楚国有邑名逮，在此采食的贵族以逮为氏。

Gě（Gài）
盖（蓋）

| 金文 | 小篆 | 隶书 | 草书 | 行书 | 楷书 |

【造字本义分析】 ，上边的人字形构件是义符，象形；下边的构件"盒"是兼有表意功能的声符，本义为可封闭的用来盛装物品的器物。盖字的本义是为珍贵的盒子加一个保护罩。金文另有字形以"艸"为义符，说明早期的盖是以植物枝茎编制而成。

【姓氏起源推测】从字形分析，盖是在完整的盒上面，所加的一个兼具装饰和保护作用的罩。从使用价值看，可有可无；从身份体现角度看，则效果显著，有点类似于现代的奢侈品。编制盖的职业，或以盖为名；出产适宜编制盖的植物且多有精美的盖出品的地方，或以盖为名。

职业、地名，是盖作为姓氏的源头。

战国时，齐国有大夫食邑于盖，其后人以盖为氏。

Yì
益

| 甲骨文 | 金文 | 小篆 | 隶书 | 草书 | 行书 | 楷书 |

【造字本义分析】 ，构件"皿"是义符，本义为高足敞口的盛水器；四点的指事符号表意为注水。益字的本义是持续往器皿中注水。

【姓氏起源推测】益是一个有多重褒义的字，因此是取名的常用字。益由注水的动作引申而出的多个义项中，有一个是丰饶，可用于地名。

人名、地名，是益作为姓氏的源头。

舜帝时掌管刑法的皋陶的儿子伯益颇有才干，为禹的助手，也被禹选为禅让的对象，后被禹的儿子启杀死。伯益的后人中，有以益为氏者。

战国时，齐国境内有益都，居民有以益为氏者。

Huán
桓

| 金文 | 小篆 | 隶书 | 草书 | 行书 | 楷书 |

【造字本义分析】 ，左边的构件"木"是义符，本义为树；右边的构件"亘"是兼有表意功能的声符，本义为循环往复的天象。

桓字的本义是树木冬枯夏荣的恒常规律。

【姓氏起源推测】桓字被创造是因为先民们对草木生长规律的长期观察总结。而这种观察一般由政府组织，并非民间行为。负责观察树木生长规律的官职，或以桓为名。树木静默而恒定地生长也被抽象为多种美德，如公平、忠诚。尧舜开始，中央政府宫殿外就竖立表彰此种精神的木柱，称为桓表，后改称华表。桓的诸种美德，也多用于谥号。

官职、谥号，是桓作为姓氏的源头。

黄帝时有大臣桓常，他的后人以桓为氏。按，桓和常有相近的含义，桓常，或是官职名。

春秋时有宋桓公、齐桓公、鲁桓公，他们的后人中，有的以桓为氏。

Gōng
公

| 金文 | 小篆 | 隶书 | 草书 | 行书 | 楷书 |

【造字本义分析】 上边的构件"八"是义符，本义为均匀地分开；下边的构件口字形符号是义符，象征可供分配的劳动所得。公字的本义是均匀分配部落成员共有的渔猎成果或种植收获。篆文将口字型构件写作"厶"，会意的线索变为经过均匀分配后即成为私有财产的共有财产。

【姓氏起源推测】原始共产主义阶段，氏族、部落的集体劳动所得，按照大家都接受的原则进行分配。负责分配的人，称作公。家天下之后，又把这个极为尊崇的称呼作为王室爵位的第一等。公爵在第三人称语境下，被称为公某；公爵的儿子则是公子某；公爵的孙子就是公孙某。公、公子、公孙的后人，都有以公为氏者。

爵位，是公作为姓氏的源头。

春秋时鲁昭公的两个儿子衍和为，都获公爵封号，称公衍、公为。他们的后人以公为氏。

五二　万俟司马　上官欧阳

Mòqí
万俟

甲骨文	金文	小篆	隶书	草书	行书	楷书

【造字本义分析】 **丂** ，构件"人"上加一横的指事符号，本义是剃掉顶部头发的怪异发型的异族人，后作为萬的简化字形。

小篆	隶书	草书	行书	楷书

【造字本义分析】 **俟** ，左边的构件"人"是义符；右边的构件"矣"是兼有表意功能的声符，本义为射出的箭落到地上。俟字的本义是在箭落地的地方等候主人的侍从。

【姓氏起源推测】万与萬本来是两个字，萬是摇头晃尾的蝎子；万则是头顶剃光鬓发飘飘的怪异发型。因为形象与读音的接近，万做了萬的俗字。万俟连用，字义所反映的直接信息是为中原贵族服务的异族侍从。这一群体在原属的部落中，因其身份特殊，应自成一族，族号，或许就是中原对他们的称呼万俟。

族号，是万俟作为姓氏的源头。

Sīmǎ
司马（司馬）

甲骨文	金文	小篆	隶书	草书	行书	楷书

【造字本义分析】 ，左边的构件"口"是义符；右边的枝形构件是义符，表意为具有主导意义的权杖。司字的本义是在主导的领域里发号施令。

甲骨文	金文	小篆	隶书	草书	行书	楷书

【造字本义分析】 ，象形字。突出的特点是鬃毛和长尾。

【姓氏起源推测】人类最早驯化的动物，分为两大类。一类作为肉食的储备，一类作为工作的辅助。马从成为人类的伙伴，就是非常优质的交通工具，尤其是在军事领域。司马，就是军事、交通这一领域的主导者，相当于现在的国防部长。

官职，是司马作为姓氏的源头。

文献记载中，西周至汉代一直有司马一职，任职者的后人中，有的以司马为氏。

Shàngguān
上官

甲骨文	金文	小篆	隶书	草书	行书	楷书

【造字本义分析】 ，下边的长横表意为地面；上边的短横表意为高于地面的物体。上字的本义是对高于地面物体位置的描述。

甲骨文	金文	小篆	隶书	草书	行书	楷书

【造字本义分析】 ，上边的构件"宀"是义符，本义为有顶的建筑；下边的构件" "是义符，本义为从一块信物上折下来又可以对上的部分，作用是证明命令出自大家公认的首领。官字的本义是藏有政府授权信物的公务部门。

【姓氏起源推测】官字的本义是政府机构，上官，就是管理"上"这一范畴的政府部门。"上"的所指，可能是君王，也可能是政府某一事务的组织形式。上官机构所在地，或以上官为名；上官这一官职的任职者，或以上官为氏。

官职、地名，是上官作为姓氏的源头。

春秋时，楚庄王的小儿子子兰任职上官大夫，他的后人中，有的以上官为氏。

春秋时，楚国有上官邑，居民中有的以上官为氏。

Ōuyáng
欧阳（歐陽）

小篆	隶书	草书	行书	楷书

【造字本义分析】 歐 ，左边的构件"区"是兼有表意功能的声符，本义为藏匿众多物品，表意为腹内饱食或心有情绪；右边的构件"欠"是义符，本义为张口吐气。欧字的本义有两个，一是呕吐；一是发声赞美。

甲骨文	金文	小篆	隶书	草书	行书	楷书

【造字本义分析】 阳 ，左边的构件"阜"是义符，本义为山坡；右边的构件"昜"是兼有表意功能的声符，本义为日光。阳字的本义是日光照到的山坡。

【姓氏起源推测】欧字保留下来的义项是发声感叹。尤其是高山，会以欧为名。古人以日照辨方向，水之北、山之南为阳。令人感叹的高山的南边，就是欧阳。

地名，是欧阳作为姓氏的源头。

战国时，越王无疆的次子蹄封地在欧余山之阳，其后人以欧阳为氏。

五三 夏侯诸葛 闻人东方

夏侯

甲骨文	金文	小篆	隶书	草书	行书	楷书

【造字本义分析】，上边的构件"日"是义符；下边的构件是跪坐举头望日的形象，表意为无奈。夏字的本义是太阳灼烤难挨的时节。金文字形以"页"为义符，突出手脚并用，持刀、耒等多样农具赶做农活的季节。

甲骨文	金文	小篆	隶书	草书	行书	楷书

【造字本义分析】，左边的构件"厂"是义符，本义为山崖，此处表意为领地的边界；右边的构件"矢"也是义符，表意为射猎。侯字的本义是拥有随意射猎领地的人。

【姓氏起源推测】根据所观察太阳运行规律进行农业耕作的部落，以夏为号，比如禹所领导的夏后氏。侯，本义是有封地的人，后来由此演化出侯的爵位。夏侯，就是以夏为号的侯爵。

爵号，是夏侯作为姓氏的源头。

武王克商后，封夏禹后裔东楼公于杞，建杞国。战国时，杞国被楚所灭。杞简公的弟弟佗逃到鲁国，鲁悼公尊其为夏禹之后，以侯爵之礼相待，称夏侯。佗的后人于是以夏侯为氏。

Zhūgě

诸葛（諸葛）

小篆　　隶书　　草书　　行书　　楷书

【造字本义分析】，左边的构件"言"是义符；右边的构件"者"是兼有表意功能的声符，本义为部族聚食时按照等级和人数确定烹煮兽肉的数量和部位。诸字的本义是各部首领在聚食仪式上发言讨论。

小篆　　隶书　　草书　　行书　　楷书

【造字本义分析】，上边的构件"艸"是义符；下边的构件"曷"是兼有表意功能的声符，本义为因为缺失而大声乞求。葛字的本义是用来制作极为简陋衣服的粗纤维植物。

【姓氏起源推测】诸，就是有资格聚会议事的"各位"。诸侯聚会议事的城邑，或以诸为名。葛是早期用来制作遮蔽身体的简陋衣物的植物之一，最早发现这种植物的功用并普及此类"时装"的部落，或以葛为号。

地名、部落号，是诸葛作为姓氏的源头。

按字形字义来分析，诸葛氏的起源应该是葛氏部落的各部首领。

但诸葛氏起源的线索十分清晰，即由远古的葛天氏部落后裔建立的葛国被商朝灭亡后，葛国王室的一支迁到诸城，称诸城葛氏，简为诸葛。

Wénrén
闻人（聞人）

| 甲骨文 | 金文 | 小篆 | 隶书 | 草书 | 行书 | 楷书 |

【造字本义分析】 ，左边的构件表意为举手附在头部；右边的构件夸大的"耳"是义符。闻字的本义是将手放在耳朵旁，认真地倾听。小篆字形改为以"耳"为义符，"门"为兼有表意功能的声符，表意为虽有阻隔仍认真倾听。

| 甲骨文 | 金文 | 小篆 | 隶书 | 草书 | 行书 | 楷书 |

【造字本义分析】 ，象形字。人字的本义是弯腰垂首的劳作者。

【姓氏起源推测】闻的器官，如何从耳朵变成了鼻子，是个很有意思的课题。从字形看，闻字的本义就是认真听。闻人，有两个理解的角度。一是广纳信息知识广博的人；一是德行深厚有很高知名度的人。

出于尊重而加的称呼，是闻人作为姓氏的源头。

春秋时，鲁国的少正卯和左丘明都有闻人的称呼，他们的后人有的以闻人为氏。

Dōngfāng
东方（東方）

| 甲骨文 | 金文 | 小篆 | 隶书 | 草书 | 行书 | 楷书 |

【造字本义分析】 ，东字的本义是一个打好的行囊。古人日出而作，行囊的形象由此和东方产生了联系。

| 甲骨文 | 金文 | 小篆 | 隶书 | 草书 | 行书 | 楷书 |

【造字本义分析】 ，居中的刀形构件表意为一种有尖刃的工具；构件"工"是义符，表意为测量。方字的本义是根据测量结果用犁铧等有尖刃的工具推出田地的边界。

【姓氏起源推测】中央王朝的地位确立之后，以之为参照物的四方的概念随之形成。中原势力范围所及的边缘，也有着雏形政治组织的部族被称为方国。东边的方国，统称为东方。族人进入中原后，东方就是他们的社会性符号。

地域名，是东方作为姓氏的源头。

一说伏羲制八卦时以震为尊，对应东方。伏羲的后人有的以东方为氏。

五四　赫连皇甫　尉迟公羊

赫连（赫連）

| 小篆 | 隶书 | 草书 | 行书 | 楷书 |

【造字本义分析】 赫，两个并列的构件"赤"都是义符，本义为火刑。赫字的本义是盛大的火势，引申为特别明显。

| 金文 | 小篆 | 隶书 | 草书 | 行书 | 楷书 |

【造字本义分析】 连，左边的构件"辵"是义符；右边的构件"车"是义符。连字的本义是战车编队行进。

【姓氏起源推测】赫连氏的来历非常清楚，东汉时进入中原的南匈奴经过三国乱世的滋养，实力不减反增。在西晋末的政治真空时，右贤王刘豹子的后代刘勃勃起兵自立，号大夏天王，自取赫连二字为氏，称赫连勃勃。我们能推测的，是勃勃取赫连二字为氏要表达的意义。赫是盛大的火势，连是战车的编队。手握十万雄兵，入夜扎营，火把连天，也许是这样的盛景打动了野心勃勃的刘勃勃，赫连二字，这一刻跃入脑海，以之为氏，所表达的正是希望自己的部落永远强盛的愿景。

Huángfǔ
皇甫

| 甲骨文 | 金文 | 小篆 | 隶书 | 草书 | 行书 | 楷书 |

【造字本义分析】，下边一竖的构件示意为手持；上边的构件示意为火光。甲骨文另一字形，火把中间增加了一横的指事符号，表意为可以人为控制燃烧的时间；手持的部分增加了兼有表意功能的声符"王"。皇字的本义是掌握了用火诀窍的王者。

| 甲骨文 | 金文 | 小篆 | 隶书 | 草书 | 行书 | 楷书 |

【造字本义分析】，上边的构件"屮"是义符，下边的构件"田"也是义符。田内只强调一株植物，甫字的本义是在苗圃内精心育苗。引申出刚开始、美好等含义。

【姓氏起源推测】最早学会驾驭火的是皇，最早祭祀天神的是帝。在火的使用和祭祀行为普及之后，皇和帝有很长一段时期不再作为最高首领的称呼。夏商周三代，最高级的称呼是王（夏有时称后）。皇在这一阶段回归本义，就是火把。甫，是育苗。皇甫，极可能是指夜间也需点亮火把的高级苗圃。苗圃所在地，或以皇甫为名；看管苗圃的官职，或以皇甫为名。

地名、官职，是皇甫作为姓氏的源头。

一说春秋时宋戴公的儿子充石，字皇父，他的后人中有的以皇父为氏，汉代时改为皇甫。

一说西周时有太师名皇甫，他的后人中有的以皇甫为氏。按，皇甫的引申义可以是教导王室后裔，皇甫，也许是太师的另一称呼。

Yùchí
尉迟（尉遲）

小篆　　隶书　　草书　　行书　　楷书

【造字本义分析】 ，左上的构件"仁"是义符，表意为平等；右上的构件"手"是义符；下边的构件"火"是义符。尉字的本义是手持高温设备使物体表面变平整。

甲骨文　　金文　　小篆　　隶书　　草书　　行书　　楷书

【造字本义分析】 ，左边的构件"彳"是义符，金文字形改为"辵"，表意为行进；中间的构件"人"是义符；右边的构件"辛"是义符，本义为刑具。迟字的本义是犯人在受刑路上行动缓慢。

【姓氏起源推测】尉迟氏的来历非常清楚。尉迟，是古于阗国的国姓。尉迟并非以汉字命名，其含义也与汉字尉迟无关，只是读音接近（于阗语尉迟意为胜利者，推测其拼写或与A ictor相近）。鲜卑崛起后，有一支于阗人加入鲜卑拓跋部。北魏孝文帝推行汉化时，拓跋部中的尉迟部于是以发音接近的尉迟二字为氏。

Gōngyáng
公羊

| 金文 | 小篆 | 隶书 | 草书 | 行书 | 楷书 |

【造字本义分析】，上边的构件"八"是义符，本义为均匀地分开；下边的构件口字形符号是义符，象征可供分配的劳动所得。公字的本义是均匀分配部落成员共有的渔猎成果或种植收获。篆文将口字形构件写作"厶"，会意的线索变为经过均匀分配后即成为私有财产的共有财产。

| 甲骨文 | 金文 | 小篆 | 隶书 | 草书 | 行书 | 楷书 |

【造字本义分析】象形字。羊字的本义是有一对弯角，鼻翼向上的动物。

【姓氏起源推测】就目前的文献记载看，公羊氏起源与公和羊二字的含义没有直接关系。春秋时，鲁国有一位学识渊博的贵族名叫公孙羊孺，因其德高望重，后人有的称"公孙羊孺后人某某"，后简化为公羊氏。

五五　澹台公冶　宗政濮阳

Tántái
澹台（澹臺）

小篆　　隶书　　草书　　行书　　楷书

【造字本义分析】，左边的构件"水"是义符；右边的构件"詹"是兼有表意功能的声符，本义为在高处预警。澹字的本义是在高处看到的远处的水面。

金文　　小篆　　隶书　　草书　　行书　　楷书

【造字本义分析】，上边的构件"止"是义符；下边的构件是建筑的象形。臺字的本义是人工建筑高而平的顶部。

【姓氏起源推测】台对应多个繁体字形，表意各不相同。澹台的台，应为臺，本义是高而平的顶部。澹台，就是可以远眺湖海波光粼粼的高台。有此种景观的地方，或以澹台为名。

地名，是澹台作为姓氏的源头。

春秋时，孔子的弟子灭明因久住澹台山，于是以澹台为氏，称澹台灭明。其后人以澹台为氏。

Gōngyě
公冶

| 金文 | 小篆 | 隶书 | 草书 | 行书 | 楷书 |

【造字本义分析】 ，上边的构件"八"是义符，本义为均匀地分开；下边的构件口字形符号是义符，象征可供分配的劳动所得。公字的本义是均匀分配部落成员共有的渔猎成果或种植收获。篆文将口字形构件写作"厶"，会意的线索变为经过均匀分配后即成为私有财产的共有财产。

| 金文 | 小篆 | 隶书 | 草书 | 行书 | 楷书 |

【造字本义分析】 ，右边两短横的构件表意为标准化的金属锭，演化为"仌"，表意为可熔化的固体；左上的构件"刀"是义符；左下的构件"口"表意为熔化金属锭的坩埚。左边的构件演化为兼有表意功能的声符"台"，表意为合乎心意。冶字的本义是熔化金属锭打造兵器，后演化为熔化金属打造想要的器物。

【姓氏起源推测】公是可分配的共有财产，冶是批量铸造的金属器物。公冶，或是负责为集体铸造或分配金属器物的官职。

官职，是公冶作为姓氏的源头。

春秋时，鲁国权臣季氏中有一位担任大夫的季冶，字公冶。他的后人中，有的以公冶为氏。

Zōngzhèng
宗政

| 甲骨文 | 金文 | 小篆 | 隶书 | 草书 | 行书 | 楷书 |

【造字本义分析】 ，上边的构件"宀"是义符，本义为有顶的房屋；下边的构件"示"是义符，本义为天神有预警意义的预兆，泛指祭祀。宗字的本义是存放先祖神位的祭祀之所。

| 甲骨文 | 金文 | 小篆 | 隶书 | 草书 | 行书 | 楷书 |

【造字本义分析】 ，左边的构件"正"是兼有表意功能的声符，本义为武力讨伐不义之城；右边的构件"攴"是义符，本义为持械击打，字内表意为强制。政字的本义是使用强制手段推行统一的是非标准。

【姓氏起源推测】 宗是家族祭祀的专用字；政则有强制标准的含义。宗政连用，正表达了家族祭祀中程序礼仪不容紊乱的含义。造字时代的宗庙，专指王室和有封地的君侯、大夫的家族祭祀场所。负责宗庙礼仪维护的，是很重要的官职，或以宗政为名。

官职，是宗政作为姓氏的源头。

秦汉时有主管皇家内祀的官职宗正，任职者或以宗正为氏，后有改为宗政者。有记载最早以宗政为氏的，是汉初楚元王刘交的儿子刘郢客，他的官职是宗正。

Púyáng

濮阳（濮陽）

| 小篆 | 隶书 | 草书 | 行书 | 楷书 |

【造字本义分析】 ，左边的构件"水"是义符；右边的构件"僕"是兼有表意功能的声符，本义为贴身侍奉主人的侍从。濮字的本义是负责生活的侍从冲洗衣物或倾倒生活污水的小河，也用来称水质浑浊不清的河流。

| 甲骨文 | 金文 | 小篆 | 隶书 | 草书 | 行书 | 楷书 |

【造字本义分析】 ，左边的构件"阜"是义符，本义为山坡；右边的构件"易"是兼有表意功能的声符，本义为日光。阳字的本义是日光照到的山坡。

【姓氏起源推测】濮是水质浑浊的河流；阳则指山之南或水之北。濮水北岸，就是濮阳。

地名，是濮阳作为姓氏的源头。

春秋时，卫国迁都濮阳。秦国吞并卫国后，有遗民以濮阳为氏。

371

五六　淳于单于　太叔申屠

淳于

| 金文 | 小篆 | 隶书 | 草书 | 行书 | 楷书 |

【造字本义分析】 ，上边的构件表意为有盖的炊具；中间的构件"羊"是义符；下边的构件"水"是义符。淳字的本义是用加盖的炊具熬煮出来的味道浓厚的羊汤。

| 甲骨文 | 金文 | 小篆 | 隶书 | 草书 | 行书 | 楷书 |

【造字本义分析】 ，左边的构件"丂"是义符，表意为直而有节的竹管；右边的曲线形构件是义符，表意为气流在竹管内迂曲通行而最终呼出。于字的本义是气流不畅的竹管乐器，与吁同源。

【姓氏起源推测】淳是美味浓郁的羊汤；于是音调婉转的管状乐器。淳于连用，极可能是形容让人回味无穷的管乐演奏，或指技艺高超的管乐演奏者。从演化为姓氏的可能性分析，应该是后者的社会性符号。

外号，是淳于作为姓氏的源头。

武王克商后，将贵族淳于公封于古斟灌国故地，建淳于国。淳于国后被杞国所灭，遗民有的以淳于为氏。

Chányú
单于（單于）

| 甲骨文 | 金文 | 小篆 | 隶书 | 草书 | 行书 | 楷书 |

【造字本义分析】 　，上边的两个圆环形构件是指事符号，示意可以穿套绳索；下边的丫字形构件象形的是巨大的树杈。单字的本义是利用树杈的弹力发射石头的远程攻击武器。

| 甲骨文 | 金文 | 小篆 | 隶书 | 草书 | 行书 | 楷书 |

【造字本义分析】 　，左边的构件"亏"是义符，表意为直而有节的竹管；右边的曲线形构件是义符，表意为气流在竹管内迂曲通行而最终呼出。于字的本义是气流不畅的竹管乐器，与亏同源。

【姓氏起源推测】单于一词，是匈奴最高首领称呼的音译，意为广大的，与对应的汉字没有直接的含义关联。在匈奴活动的区域，除现任单于外，他人不得使用这一称呼，所以不会直接演化为姓氏。东汉时期，南匈奴左贤王（一说右贤王）去卑单于率众归降，请求在中原定居，其后人有的以单于为氏。

太叔

小篆　　隶书　　草书　　行书　　楷书

【造字本义分析】 ，太与泰同源，上边的构件"大"是兼有表意功能的声符，本义为不需亲自劳作的贵族；两点的指事符号表意为降雨，后简为一点。太字的本义是接受祭祀而降雨的神灵。

金文　　小篆　　隶书　　草书　　行书　　楷书

【造字本义分析】 ，左边的构件"卡"是兼有表意功能的声符，本义为簇生的豆荚；右边的构件"又"是义符，本义为手。叔字的本义是采摘豆荚。

【姓氏起源推测】古汉语中，大和太发音一样，也经常混用。但二者的含义还是有区别的，大就是指不用事事亲为的贵族，太则是懂求雨之术的主祭者，二者的区别是有无神通。

叔是摘豆荚，豆荚簇生，正如家里位于老大老二和老幺之间的所有孩子。太叔，就是指排行在中间的有神通的人。

外号，是太叔作为姓氏的源头。

春秋时，卫文公的儿子仪排行第三，称叔仪。又因其能力出众，称太叔仪。他的后人中，有的以太叔为氏。

春秋时，郑庄公的弟弟段封邑在京，称京城太叔。他的后人中，有的以太叔为氏。

Shēntú
申屠

| 甲骨文 | 金文 | 小篆 | 隶书 | 草书 | 行书 | 楷书 |

【造字本义分析】 ，象形字，申字的本义是闪电。

| 小篆 | 隶书 | 草书 | 行书 | 楷书 |

【造字本义分析】 ，上边的构件"尸"是义符，本义为祭祖仪式上踞坐高处扮作已逝亲人，字内表意为行动受限失去反抗能力；下边的构件"者"是兼有表意功能的声符，本义为部族聚餐时以牲畜的头对应统计一类用餐的人数，字内表意为斩首。屠字的本义是杀掉没有反抗力的人或动物。

【姓氏起源推测】申是天意，屠是宰杀。申屠，就是根据上天的意志宰杀牺牲。官方造字，屠并非指民间的宰杀，所屠的应是官方祭祀中的牺牲。负责执行这一过程的官职，或以申屠为名。

官职，是申屠作为姓氏的源头。

春秋时，楚国有申屠一职，任职者有的以申屠为氏。

神农氏时掌管四方的四岳的后人，在周初被封于申，称申侯。申侯的后裔中有一支居住于屠原，以申屠为氏。

五七　公孙仲孙　轩辕令狐

Gōngsūn
公孙(公孫)

| 金文 | 小篆 | 隶书 | 草书 | 行书 | 楷书 |

【造字本义分析】 ，上边的构件"八"是义符，本义为均匀地分开；下边的构件口字形符号是义符，象征可供分配的劳动所得。公字的本义是均匀分配部落成员共有的渔猎成果或种植收获。篆文将口字形构件写作"厶"，会意的线索变为经过均匀分配后即成为私有财产的共有财产。

| 甲骨文 | 金文 | 小篆 | 隶书 | 草书 | 行书 | 楷书 |

【造字本义分析】 ，左边的构件"子"是义符；右边的构件"幺"是兼有表意功能的声符，本义为最小的一束丝，字内表意为延续。孙字的本义是子的后代。

【姓氏起源推测】 公的本义是分配集体劳动所得，之后引申为有主持分配资格的人，终于成为最高一等的爵位。公的嫡长子，一般可继承公的爵位，小一点的嫡子和所有的庶子，没资格做公，但毕竟也是公的儿子，于是都称为公子。公子的儿子，就是公的孙子，就以公孙作为社会性符号。公孙的后代，有的以公孙为氏。

仲孙（仲孫）

金文　　小篆　　隶书　　草书　　行书　　楷书

【造字本义分析】 ，上边的构件"人"是义符；下边的构件
"中"是兼有表意功能的声符，本义为与边陲相对的王宫。仲字的本义
是中央的官员，因为经常为争端做出调解和判断，引申出仲裁的含义。

金文　　金文　　小篆　　隶书　　草书　　行书　　楷书
甲骨文

【造字本义分析】 ，左边的构件"子"是义符；右边的构
件"幺"是兼有表意功能的声符，本义为最小的一束丝，字内表意为
延续。孙字的本义是子的后代。

【姓氏起源推测】仲的本义是宫中派出的人，在处理争端时，因
其身份的权威性，可居于两方之中进行调停，由此引申出居中者的含
义。在家里的兄弟中，老大老三之间的老二，也由此称为仲。仲子的子，
称仲孙。如果某个仲孙有出息，他的后人就会沿用他的社会性符号，
以仲孙为氏。

春秋时，鲁桓公的次子庆父因排行第二，称仲庆父。庆父的后人中，
有以仲孙为氏者。

Xuānyuán
轩辕（軒轅）

軒	軒	軒	軒	軒
小篆	隶书	草书	行书	楷书

【造字本义分析】軒，左边的构件"车"是义符；右边的构件"干"是兼有表意功能的声符，本义为长柄的武器。轩字的本义是战车前沿两端竖置的兵器。乘用车辆在前端安置立柱以固定篷布的也称为轩；可以用立柱撑起来的窗户也称为轩。

轅	轅	轅	轅	轅
小篆	隶书	草书	行书	楷书

【造字本义分析】轅，左边的构件"车"是义符；右边的构件"袁"是兼有表意功能的声符，本义为正式的长衣。辕字的本义是像披衣服一样连接车轭与车身的部件。

【姓氏起源推测】轩是车上的立柱，可撑起车篷；辕是连接马牛与车身的关键部件，可提供向前的摩擦力。轩辕，是车的代名词。最早发明使用畜力车的部落，以轩辕为名。

部落名，是轩辕作为姓氏的源头。

传说黄帝首先发明畜力车，故以轩辕为氏。黄帝的后裔中，有的以轩辕为氏。

Línghú
令狐

| 甲骨文 | 金文 | 小篆 | 隶书 | 草书 | 行书 | 楷书 |

【造字本义分析】，上边的构件"亼"是义符，本义为汇聚；下边的构件"卩"是义符，本义为跪坐。令字的本义是使大家汇聚在一起的带有权威性的信息。

| 甲骨文 | 金文 | 小篆 | 隶书 | 草书 | 行书 | 楷书 |

【造字本义分析】，左边的构件"亡"是兼有表意功能的声符，本义为刀失去了尖刃，引申为消失；右边的构件"犬"是义符。狐字的本义是生性狡猾，猎犬容易跟丢的野兽。

【姓氏起源推测】狐狸的狡猾，见诸无数的童话故事。有高超的驯兽技巧，能让狡猾的狐狸都乖乖集中的氏族，或以令狐为号。令狐族聚居的地方，或以令狐为名。

地名，是令狐作为姓氏的源头。又按，令狐中的令，不读去声，而读成阳平，可能是灵的讹写。灵狐出没之地，或以灵狐为名，在传写中将灵讹为令。

春秋时，晋国名将魏颗因战功获封邑令狐，其后人以令狐为氏。

五八　钟离宇文　长孙慕容

Zhōnglí

钟离（鍾離）

| 金文 | 小篆 | 隶书 | 草书 | 行书 | 楷书 |

【造字本义分析】 **鍾**，左边的构件"金"是义符；右边的构件"重"是兼有表意功能的声符。鍾字的本义是用来称重的金属容器。

| 甲骨文 | 金文 | 小篆 | 隶书 | 草书 | 行书 | 楷书 |

【造字本义分析】 **離**，上边的构件"隹"是义符；下边的构件"离"是兼有表意功能的声符，本义为手持罗网捕捉。离字的本义是持网捕捉鸟类。

【姓氏起源推测】钟（鍾）是称重的容器，也可借指称重行为。离是用网抓鸟。从字形分析，钟离，或是形容一网捕获得鸟儿颇多，需要用标准化的容器才能称量。古人对鸟的消耗似乎不少，或许有人以捕鸟为业。总是能有如此收获的捕鸟高手，或以钟离为号；鸟类资源丰富或善于用网捕鸟的地方，或以钟离为名。

职业、外号、地名，是钟离作为姓氏的源头。

武王克商后，将伯益的后裔封于钟离邑，建钟离国。春秋时，钟离国被楚国攻灭，有遗民以钟离为氏。楚国将钟离城封与由晋国逃亡而来的宋桓公后裔州犁，州犁的后人以钟离为氏。

Yǔwén
宇文

| 金文 | 小篆 | 隶书 | 草书 | 行书 | 楷书 |

【造字本义分析】  ，上边的构件"宀"是义符，本义为屋顶；下边的构件"于"是兼有表意功能的声符，本义为一组竹管构成的内部曲折气流不畅的乐器。宇字的本义是屋顶的四角像于一样重叠上翘。

| 甲骨文 | 金文 | 小篆 | 隶书 | 草书 | 行书 | 楷书 |

【造字本义分析】 文 ，几组平行的线段两两相交，文字的本义是在硬质材料上有具体含义的线形刻画。

【姓氏起源推测】屋顶四角上翘的，是规格极高的建筑，面阔极大，所以也用宇来表示横向的无限长度。此类华屋纵向的椽架，称宙，也用来表示纵向的无限长度。宇宙一词，由此而来。文是有意义的符号，比如表达美好寓意的花纹。宇文，或是在正面的梁、枋上施画彩绘。以此为业的人，或以宇文为氏。房子外部有华丽彩绘的人，或被称为宇文某某。

如果将宇理解为无限的宽度，那么能在其上涂画表达，只有天神家族。宇文，就可以理解为天神的表达。据《周书》等史籍记载，被东汉击败的一支匈奴加入鲜卑的部落联盟，几代后的首领普回在外出狩猎时捡到一颗刻着皇帝字样的玉玺，于是不再隐藏自己的野心，将自己的部落命名为有天子之意的宇文。

职业、外号、部落名，是宇文作为姓氏的源头。

长孙（長孫）

甲骨文　　金文　　小篆　　隶书　　草书　　行书　　楷书

【造字本义分析】，下边的构件是一个拄着拐杖的老人；上边的构件是飘飘的长发。长字的本义是老者，之后由生长的过程引申出长度的含义。

甲骨文　　金文　　小篆　　隶书　　草书　　行书　　楷书

【造字本义分析】，左边的构件"子"是义符；右边的构件"幺"是兼有表意功能的声符，本义为最小的一束丝。孙字的本义是子之后延续的后代。

【姓氏起源推测】长有两个引申义，一是地位最尊贵，二是排行最靠前。这两个引申义用在家族中，就是有资格继承领导权的长子长孙。但在悠久的宗族文化中，长孙无数，因为各种原因未能顺利继承的也为数不少。这些身世曲折历经传奇的长孙，会在人们的口口相传中加一个长孙的社会性符号。他们的后人，或以长孙为氏。

　　据记载，拓跋珪创建北魏王朝后，按宗法确立曾祖父拓跋郁律长子拓跋沙英雄的长子拓跋嵩长孙的地位，且赐姓长孙。拓跋嵩的后人以长孙为氏。

Mùróng
慕容

| 金文 | 小篆 | 隶书 | 草书 | 行书 | 楷书 |

【造字本义分析】 ，上边的构件"莫"是兼有表意功能的声符，本义为日落，此处表意为不表达；下边的构件"心"是义符。慕字的本义是心里想念但没有表达的情绪。

| 金文 | 小篆 | 隶书 | 草书 | 行书 | 楷书 |

【造字本义分析】 ，上边的构件"穴"是义符；下边的构件"口"表意为内部空间。容字的本义是山洞内部可观的空间。

【姓氏起源推测】很多时候，心里想着但没说出来的情感要比表达出来的情感更为浓烈。慕，是深藏于心的向往。容，本来指屋内的空间，但大屋的外貌也纳入了容的含义，继而延伸至一切可观的外貌。慕容，直观的理解就是对某种外貌的向往。据说鲜卑早期的涉归单于受汉文化影响，自称仰慕天地二仪之德，承继日月星三光之容，于是取慕容二字为自己部落的称号。慕容作为姓氏由此开始。

五九　鲜于闾丘　司徒司空

鲜于（鮮于）

| 金文 | 小篆 | 隶书 | 草书 | 行书 | 楷书 |

【造字本义分析】　，上边的构件"羊"是兼有表意功能的声符，本义为牺牲，表意为最好的状态；下边的构件"鱼"是义符。鲜字的本义是可以直接烹饪的活鱼。

| 甲骨文 | 金文 | 小篆 | 隶书 | 草书 | 行书 | 楷书 |

【造字本义分析】　，左边的构件"丂"是义符，表意为直而有节的竹管；右边的曲线形构件是义符，表意为气流在竹管内迂曲通行而最终呼出。于字的本义是气流不畅的竹管乐器。

【姓氏起源推测】上好的鱼才能称鲜。水质优良，出产优质鱼类的地方，也会以鲜为名。于是用曲折的结构以发出幽咽曲调的乐器，善于吹于的人或以于为号。流行于这种乐器的地方，或也会以于为名。鲜于，则是河流像于一样曲折但出产优质鱼类的地方。

地名，是鲜于作为姓氏的源头。

武王克商后，被纣王囚禁的忠臣箕子耻为周臣，率众东走朝鲜。箕子的一个后裔仲，食邑在于地，他的后人以来自鲜地的于地人自称，简称为鲜于氏。

Lúqiū
闾丘（閭丘）

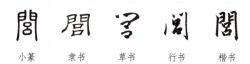

小篆　隶书　草书　行书　楷书

【造字本义分析】 閭 ，外边的构件"门"是义符；里边的构件"吕"是兼有表意功能的声符，本义为外形相同的标准件。闾字的本义是由众多相同结构的房屋构成的有统一大门的聚居区。

甲骨文　金文　小篆　隶书　草书　行书　楷书

【造字本义分析】 ，丘字的字形为山去掉主峰。丘字的本义是规模很小、不能称其为山的地势隆起。

【姓氏起源推测】闾是早期的封闭式小区，居民一般是同身份、同阶层，或同家族。丘是没有峰的山，或是一片高地。闾丘，就是在高地上建筑的统一管理的聚居区。闾丘所在的地方，也会以闾丘为名。

地名，是闾丘作为姓氏的源头。

春秋时，齐国大夫婴食邑在闾丘，其后人有的以闾丘为氏。

Sītú
司徒

甲骨文	金文	小篆	隶书	草书	行书	楷书

【造字本义分析】 ，左边的构件"口"是义符；右边的构件"卜"是义符，本义为有决定作用的权杖，字内表意为代表首领去执行。司字的本义是按照首领的旨意去执行某事。

甲骨文	金文	小篆	隶书	草书	行书	楷书

【造字本义分析】 ，左边的构件"辵"是义符，本义为行走；右边的构件"土"是兼有表意功能的声符。徒字的本义是不借助任何工具在地上行走。

【姓氏起源推测】司与后字形对称，但表意却相差甚远。先有决定权再发布旨意的，是后；有了旨意再去执行的，是司。古代的政府组织形式中，司是个普遍的称呼；职官体系中，一般具体领域的名前加一个司，就是管理该领域的官职。徒，本来指光脚行走，后也指是一无所有的底层百姓。司徒，就是对普通民众进行管理的官职。

官职，是司徒作为姓氏的源头。

舜帝时，商族始祖契曾担任司徒。

Sīkōng
司空

| 甲骨文 | 金文 | 小篆 | 隶书 | 草书 | 行书 | 楷书 |

【造字本义分析】 ，左边的构件"口"是义符；右边的构件"卜"是义符，本义为有决定作用的权杖，字内表意为代表首领去执行。司字的本义是按照首领的旨意去执行某事。

| 金文 | 小篆 | 隶书 | 草书 | 行书 | 楷书 |

【造字本义分析】 ，上边的构件"穴"是兼有表意功能的声符，本义为孔洞；下边的构件"工"是兼有表意功能的声符，本义为营造用的多功能器具。空字的本义是经过人力营造的洞窟。

【姓氏起源推测】司是古代的政府组织形式中一个普遍的称呼，后边所加的字一般就是其管理的领域。空，本义是对洞穴进行加工，可以说是最早的建筑行为。司空，就是负责官方建筑事宜的官职。

官职，是司空作为姓氏的源头。

尧舜时，禹曾担任司空。

六十　亓官司寇　仇督子车

Qíguān
亓官

| 金文 | 小篆 | 隶书 | 草书 | 行书 | 楷书 |

【造字本义分析】 亓，亓是其的异体字，是将其的字形进行了简化。亓字的本义是竹编的手持容器。

| 甲骨文 | 金文 | 小篆 | 隶书 | 草书 | 行书 | 楷书 |

【造字本义分析】 上边的构件"宀"是义符，本义为有顶的建筑；下边的构件"目"是义符，本义为从一块信物上拆下来又可以对上的部分，作用是证明命令出自大家公认的首领。官字的本义是藏有政府授权信物的公务部门。

【姓氏起源推测】 以大幅度笔画简省而形成的异体字，一般因为民间书写出现。其，是竹制的手持容器，除簸扬谷糠之外，从期、旗、基等同构件字族提供的信息分析，还用于官方征用百姓进行的大型建筑活动中。对众多民夫进行统一管理的官，就是亓官。

官职，是亓官作为姓氏的源头。

又按，亓以异体字出现而成为传承的姓氏，亓官或许只是民间对此一官职的俗称，任职者也是从民间临时指定。

一说春秋时各国多有笄官，职责是指导成年之初的贵族后代学习礼仪。后由笄官讹为亓官。按，笄、亓虽读音相近，但字形字义相差甚远，似乎很难经由讹写而固化为一个姓氏。

Sīkòu
司寇

| 甲骨文 | 金文 | 小篆 | 隶书 | 草书 | 行书 | 楷书 |

【造字本义分析】，左边的构件"口"是义符；右边的构件"卜"是义符，本义为有决定作用的权杖，字内表意为代表首领去执行。司字的本义是按照首领的旨意去执行某事。

| 金文 | 小篆 | 隶书 | 草书 | 行书 | 楷书 |

【造字本义分析】，上边的构件"宀"是义符，本义为房屋；左下的构件"元"是义符，本义为人的头部；右下的构件"攴"是义符，本义为持械击打。寇字的本义是闯入家中伤人性命的盗匪。

【姓氏起源推测】在古代的政府组织形式中，司是个普遍的称呼，一般指管理具体领域的官职。寇，是打家劫舍的盗匪。司寇，就是负责剿灭盗匪、维持治安的官职。

官职，是司寇作为姓氏的源头。

司寇是西周时六卿之一，春秋时诸侯国也多设司寇一职。

Zhǎng

仉

仉	仉	仉	仉
隶书	草书	行书	楷书

【造字本义分析】仉字不见于现已发现的甲骨文和金文中，小篆也没有对应字形，疑为民间造字。与仉字形和读音都极为接近的是居，但字义应有分别。仉字唯一的含义是姓氏，疑为坐于几上的形象与掌握监督权力这两种含义的结合。

【姓氏起源推测】官方组织的集体劳动中，会有一个临时指定的监督官。此官职一般由已划定的民间行政单位的负责人兼任，或由此负责人指定。由于其掌握督导大权，因此可简称为掌督。仉，或是掌的民间简写。简写的字形依据，则是因为掌督工作时坐在一个小几上。民间将这一形象与掌混同之后，便有了仉督这一官职。这一官职演化为姓氏之后，又分化出仉、督两个姓氏。

Dū

督

督	督	督	督	督	督
甲骨文	小篆	隶书	草书	行书	楷书

【造字本义分析】，上边的构件"叔"是兼有表意功能的声符，本义为用手摘下簇生的豆荚，字内表意为众多的同类；下边的

构件"目"是义符，表意为监视。督字的本义是监视、检查服役民夫的劳动。

【姓氏起源推测】豆荚簇生，与同辈中夹于老大老二和老幺之间的众多兄弟相仿佛，所以居中的这一众兄弟都称为叔。这是叔的一个引申义，叔字的本义，是摘豆角。徭役现场，众多身着布衣的民夫也正像一簇待摘的豆角。监督他们生产劳动的官职，或以督为名；徭役频繁或一个工程持续很久的地方，或以督为名。

官职、地名，是督作为姓氏的源头。

西周时有仇督的官职，后分化出姓氏督。

战国时燕国有地名督亢，肥沃高产。荆轲刺秦时，就以督亢的地图作为诱饵。督亢居民有的以督为氏。

春秋时宋戴公的后裔中有华父督，他的后人中，有的以督为氏。

Zǐchē
子车（子車）

甲骨文	金文	小篆	隶书	草书	行书	楷书

【造字本义分析】　，象形字，上边圆形的构件为头部；向上的折线表意为上扬的双手。子字的本义是只会挥动双手的新生儿。

甲骨文	金文	小篆	隶书	草书	行书	楷书

【造字本义分析】　，两边的圆形构件是车轮，中间的构件有的字形突出车厢，有的字形突出牛、马拉动的车辀。车字的本义是由畜力拉动的运输工具。

【姓氏起源推测】目前可见子车氏最早的记载，是《黄鸟》一篇中对秦国三位良臣的悲叹，他们的名字是子车奄息、子车仲行、子车鍼虎。三良同氏，证明其时子车氏已经形成。子是新生儿，因为造字是官方行为，所以子最初应该是指王公家族中的新生儿，将来有可能会继承王公的权力地位，其重要性可想而知。或有专供王公贵族幼子乘坐的车，称子车，有专人驾驶并肩负保卫之职，这一官职或以子车为名。

官职，是子车作为姓氏的源头。

六一　颛孙端木　巫马公西

Zhuānsūn

颛孙（顓孫）

缫	颛	颛	顓	颛
小篆	隶书	草书	行书	楷书

【造字本义分析】缫，左边的构件"耑"是兼有表意功能的声符，本义为拄杖涉水；右边的构件"页"是义符，本义为突出头部特征的形象。颛字的本义是像拄杖涉水一样严谨认真的表情。

器	景	臡	孫	孙	孫	孫
甲骨文	金文	小篆	隶书	草书	行书	楷书

【造字本义分析】器，左边的构件"子"是义符；右边的构件"幺"是兼有表意功能的声符，本义为最小的一束丝。孙字的本义是子之后延续的后代。

【姓氏起源推测】表情庄重不怒自威，使人一望而生敬畏之心的人称为颛。颛孙，是个社会性符号，可能是颛者的孙子，也可能是生而有威严之像的孙辈。

黄帝的后裔中有颛顼帝，颛顼，就是形容他面容庄严。颛孙，很可能是颛顼的某个孙子所用的氏。

春秋时，陈国有公子颛孙到鲁国去做官，他的后人以颛孙为氏。

Duānmù
端木

| 小篆 | 隶书 | 草书 | 行书 | 楷书 |

【造字本义分析】，左边的构件"立"是义符，右边的构件"耑"是兼有表意功能的声符，本义为挂杖涉水。端字的本义是借助手杖在涉水时稳稳站立。

| 甲骨文 | 金文 | 小篆 | 隶书 | 草书 | 行书 | 楷书 |

【造字本义分析】，象形字，突出的特点是根和枝干。木字的本义是树。

【姓氏起源推测】涉急流，需借助手杖。持杖入水，找到支点站稳是第一步，这就是开端、端点等含义的由来。木的本义是树，端木，就是开端之处的树。以这棵树（或这一片树林）为标志物的地方，或以端木为名。

地名，是端木作为姓氏的源头。

孔子有贤弟子端木赐，说明端木氏至迟在春秋时已经形成。

Wūmǎ
巫马（巫馬）

| 甲骨文 | 金文 | 小篆 | 隶书 | 草书 | 行书 | 楷书 |

【造字本义分析】 ，构件"工"是义符；垂直相交表意为叠加使用。巫字的本义是可以利用多种工具解决问题的人。

| 甲骨文 | 金文 | 小篆 | 隶书 | 草书 | 行书 | 楷书 |

【造字本义分析】 ，象形字。突出的特点是鬃毛和长尾。

【姓氏起源推测】巫是能解决具体问题的人，所以在科学未普及的年代或者被神化，或者被妖魔化。当然，作为氏族或部落里不多的把知识和经验私有化的群体，巫的地位极其重要。马在人类最早驯化的动物中，是人类非常优质的伙伴，是交通工具，更是军事领域的核心战力。能解决马的各种问题，特别是治病疗伤的官职，或以巫马为名。

官职，是巫马作为姓氏的源头。

周朝设有巫马的官职，任职者有的以巫马为氏。

Gōngxī
公西

金文	小篆	隶书	草书	行书	楷书

【造字本义分析】 ，上边的构件"八"是义符，本义为均匀地分开；下边的构件口字型符号是义符，象征可供分配的劳动所得。公字的本义是均匀分配部落成员共有的渔猎成果或种植收获。篆文将口字形构件写作"厶"，会意的线索变为经过均匀分配后即成为私有财产的共有财产。

甲骨文	金文	小篆	隶书	草书	行书	楷书

【造字本义分析】 ，象形字。西字的形象是打开的食物布囊。公务人员出差，日出而行，所以捆扎好的行李是东；日落而止，休息进食，所以称打开的食物布囊为西。

【姓氏起源推测】公字的本义是分配共同劳动所得，之后含义延伸至有分配权力的人，进而演化为最高一级的爵位。西，则由出差的作息引申出了方位的概念。公西，字面所表达的含义是某位公封地或食邑的二级单位，即西边的地域。

地名，是公西作为姓氏的源头。

春秋时，盛极一时的季孙氏家族的一支以公西为氏。孔子的弟子中，有公西华。

六二　漆雕乐正　壤驷公良

漆雕

金文	小篆	隶书	草书	行书	楷书

【造字本义分析】 ，构件"木"是义符；四点的构件是指事符号，表意为大量渗出的液体。漆字的本义是树皮中大量渗出的液体，可以对物体表面进行涂绘。

金文	小篆	隶书	草书	行书	楷书

【造字本义分析】 ，左边的构件"周"是兼有表意功能的声符，右边的构件"隹"是义符。周字的本义是围起来的大田，隹字的本义是鸟，雕字的本义是贵族为保护田里的庄稼而豢养的猛禽。因为猛禽的尖嘴利爪，引申出了雕刻的含义。简化时合并了表示彩绘的彫和表示治玉的琱。

【姓氏起源推测】以漆对物体表面进行涂绘美化的行为，发展出了漆器这种兼具审美与实用的器物。漆雕，是制作漆器的技艺，也用来称呼制作漆器的职业。

职业，是漆雕作为姓氏的源头。

一说吴太伯南下时，有一支擅长制作漆器的随从，入吴后以漆雕为氏。

Yuèzhèng
乐正（樂正）

甲骨文	金文	小篆	隶书	草书	行书	楷书

【造字本义分析】 ，上边的构件"丝"是义符；下边的构件"木"是义符。乐字的本义是丝线绑在木板上发出的声音。

甲骨文	金文	小篆	隶书	草书	行书	楷书

【造字本义分析】 ，下边的构件"止"是兼有表意功能的声符，本义为脚，表意为前往；上边的口字形构件表意为远方的城邑。正字的本义是前往讨伐不服从的城邑。

【姓氏起源推测】音乐的发生，大致有三个阶段。首先是打击乐，即从日常的敲击中发现节奏的美；其次是吹管乐，来源是风吹过孔洞的声音，先民们从中发现了音高的不同；第三是弦乐，非自然界所有，是人类主动的创造，涵盖了节奏与音高。所以最终采用乐作为这种美的通称。正，虽然大量表现为军事行为，但其本质却是去说理，说理的根据就是既定的标准。乐正，就是宫廷乐队中负责纠错的官职，类似于现在的指挥。

官职，是乐正作为姓氏的源头。

商周都设有乐正官职，任职者有的以乐正为氏。

Rǎngsì
壤驷（壤駟）

壤　壞　𤳰　壤　壤
小篆　隶书　草书　行书　楷书

【造字本义分析】壤，左边的构件"土"是义符；右边的构件"襄"是兼有表意功能的声符，本义为借助布袋播种。壤字的本义是适于播种的肥沃土层。

駟　駟　馹　𱆍　駟　馹
金文　小篆　隶书　草书　行书　楷书

【造字本义分析】駟，左边的构件"马"是义符；右边的构件"四"是兼有表意功能的声符。驷字的本义是四匹马形成的合力。

【姓氏起源推测】商周时，战车是军队的主要构成。一辆战车，标准的配置是四匹马。驷马难追，就是说最快的战车也追不上。驷，也可以指拉战车的战马。壤本是农业用语，指适合播种的肥沃土层，此处表意为养育。壤驷，可能是负责养育战马的官职。

官职，是壤驷作为姓氏的源头。

孔子弟子中，有从秦国远道来求学的壤驷赤。据此推断，壤驷可能是秦国所设的官职。

Gōngliáng
公良

| 金文 | 小篆 | 隶书 | 草书 | 行书 | 楷书 |

【造字本义分析】 上边的构件"八"是义符，本义为均匀地分开；下边的构件口字形符号是义符，象征可供分配的劳动所得。公字的本义是均匀分配部落成员共有的渔猎成果或种植收获。篆文将口字形构件写作"厶"，会意的线索变为经过均匀分配后即成为私有财产的共有财产。

| 甲骨文 | 金文 | 小篆 | 隶书 | 草书 | 行书 | 楷书 |

【造字本义分析】 中间的口字形构件表意为建筑物；上下的线形构件表意为连通的途径。良字的本义是前后都有专用通道的建筑。

【姓氏起源推测】公的本义是分配集体的劳动成果，后来指德高望重的分配者，继而演变为最高一等的爵位。良的本义是有前后通道的建筑，后来抽象成表示美好、优秀的形容词。公良，或许是一位名叫良的公，或许是一位品德高尚的公。

人名、尊称，是公良作为姓氏的源头。

春秋时陈国有公子良，他的后人中有的以公良为氏。

Tuòbá

拓跋

| 小篆 | 隶书 | 草书 | 行书 | 楷书 |

【造字本义分析】，左边的构件"手"是义符；右边的构件"石"是兼有表意功能的声符。拓字的本义是清理荒地上的石块以便耕作。

| 小篆 | 隶书 | 草书 | 行书 | 楷书 |

【造字本义分析】，左边的"足"是义符，右边的构件"发"是兼有表意功能的声符。发字的本义是狗发力奔跑，跋字的本义是人努力地行走。写一本书也是长途跋涉，所以在正文后所作的短文也称为跋。

【姓氏起源推测】拓是对一片新的土地进行开荒；跋则可以理解为努力寻找新的可开拓的土地。拓跋，从字形字义传达的信息是努力开创新的局面。拓跋成为北魏的国姓，有两种可能。如果鲜卑部落与中原同根同源，那么拓跋氏就是一个赤手空拳开创基业的氏族；如果鲜卑与中原文化无涉，则拓跋就只是一个音译词。拓跋氏率领鲜卑部落从索头部族中取得独立地位，且一路南迁寻找新的游牧之地，确有开拓之功，拓跋部因功而受到鲜卑各部拥戴，获得拓跋的名号是极有可能的。

部落名，是拓跋作为姓氏的源头。

夹谷（夾穀）　Jāgǔ

甲骨文	金文	小篆	隶书	草书	行书	楷书

【造字本义分析】，中间的构件"大"是义符，表意为地位尊崇的人；两边的构件"人"是义符，表意为僮仆。夹字的本义是两个僮仆左右协同服侍主人。

甲骨文	金文	小篆	隶书	草书	行书	楷书

【造字本义分析】，上边的两个八字形构件是义符，表意为溪水；下边的"口"也是义符，表意为两座山峰之间的空隙。谷字的本义是两座山峰之间有溪水流淌的巨大空隙。

【姓氏起源推测】谷是两座山峰之间的空隙，据字形分析，这个空隙或是水流冲刷而成。若是两座矮的山峰中间还有一座高的山峰，三峰之间又有二谷，这样的地形或以夹谷为名。

地名，是夹谷作为姓氏的源头。

据现有记载，夹谷作为姓氏出自女真，原为加古，是一个部落，后讹为夹谷。

Zǎifù
宰父

甲骨文　金文　小篆　隶书　草书　行书　楷书

【造字本义分析】，上边的构件"宀"是义符，本义为屋顶，表意为官府；下边的构件"辛"是义符，本义为尖刃的刑具。宰字的本义是在祭祀场所中决定何时杀掉牺牲的人。

甲骨文　金文　小篆　隶书　草书　行书　楷书

【造字本义分析】，右边的构件"又"表示用手，左边竖线的构件是指事符号，表示劳动工具。父字的本义是手持工具劳作的人。

【姓氏起源推测】在中央政府、诸侯国以及大夫的采邑中，主持刑罚都是极为重要的职责。宰，也就不论其对象是牺牲还是奴隶，其主持的含义成为主要的内涵。父，最初并不是专指父亲，而是劳动者的总称。宰父，或是对官府中工作人员进行管理的官职。如果宰的含义具化到了屠杀牺牲，那宰父也可以理解为宰杀牲畜的职业。

官职、职业，是宰父作为姓氏的源头。

周代，宰父也写作宰夫。

Gǔliáng
谷梁（穀梁）

| 小篆 | 隶书 | 草书 | 行书 | 楷书 |

【造字本义分析】 ，上边的构件"殳（壳）"是兼有表意功能的声符，本义为坚硬的外壳；下边的构件"禾"是义符。谷字的本义是庄稼上所结的有壳的籽实。

| 金文 | 小篆 | 隶书 | 草书 | 行书 | 楷书 |

【造字本义分析】 ，左边的构件"水"是义符；右边的构件是"刃"和"亡"的合体，是兼有表意功能的声符，表意为去掉了刃的力（翻土的农具）。梁字的本义是将翻土的犁倒置在小水泊上以便通过。

【姓氏起源推测】谷（穀）最初并不指某一类具体的作物，而是籽实包有硬壳的作物的统称。梁，最初并不指建筑物上主要的承重构件，而是将犁翻过来用以通过水沟。经常用到梁的地方，应是多雨，河流纵横。如果该地生产谷类作物，或以谷梁为名。

地名，是谷梁作为姓氏的源头。

春秋时，鲁国有大夫获封采邑于谷梁，其后人以谷梁为氏。

一说谷梁由谷粱讹变而来。梁和粱字义虽相差甚远，但字形非常相近，讹写可能较大。

六四　晋楚闫法　汝鄢涂钦

Jìn
晋（晉）

| 甲骨文 | 金文 | 小篆 | 隶书 | 草书 | 行书 | 楷书 |

【造字本义分析】，上边的构件"珡"是兼有表意功能的声符，本义为按照既定的射程与箭道的标准选择合格的箭矢；下边的构件表意为容器。晋字的本义是将检验合格的箭矢插入箭囊。

【姓氏起源推测】冷兵器时代，弓箭是最主要的远程杀伤武器。箭矢的制造，有严格的标准。晋，是最后一道工序，通过实际射程和箭道进行质量检验，合格者插入箭囊，待分发使用。负责这一工序的官职，或以晋为名；检验的地方一般也是箭库所在地，该地或以晋为名。

官职、地名，是晋作为姓氏的源头。

西周初，成王将自己的弟弟叔虞封于晋，建晋国。春秋末，韩赵魏三家分晋，晋侯被废，其后人有的以晋为氏。

春秋战国时期，长柄武器的两端有金属制成的护套，称晋围。制作晋围的工匠，有的以晋为氏。

Chǔ
楚

甲骨文	金文	小篆	隶书	草书	行书	楷书

【造字本义分析】，两边的构件小草表意为带刺的灌木丛；中间的构件"疋"表意为行进。楚字的本义是穿过丛生的灌木。之后的引申方向有三个，第一是被荆棘所伤的痛楚；第二是由灌木生长规律抽象出来的整齐清晰，如清楚、楚楚动人；第三是普遍生长这种荆棘的地方，春秋战国时的楚国历史悠久，辖区大约包括现在的湖北全境、湖南河南安徽四川广东江西的部分。

【姓氏起源推测】四周荆棘丛生的城邑，被称为楚。

地名，是楚作为姓氏的源头。

西周初，颛顼后裔鬻熊在荆山立国，国号荆。至成王时，封鬻熊后人熊绎为子爵，称楚子。熊绎于是改国号为楚。战国末，楚国被秦国所灭，遗民有的以楚为氏。

Yán
闫（閆）

小篆	隶书	草书	行书	楷书

【造字本义分析】，大小篆均无闫字。闫是阎的民间俗字。外边的构件"门"是义符；里边的构件"三"是臽的简写，是兼有表

意功能的声符。闫与阊本义相同，是有大门的百姓聚居区。

【姓氏起源推测】阊字的本义是有统一大门的百姓聚居区，傍晚居民回去即锁闭，仿佛落入陷阱一般。这样的聚居区，或以某某阊命名，在民间则有时讹写为闫。岁月变迁，闫阊逐渐破败消失，但这样的地名却会保留下来。

地名，是闫作为姓氏的源头。

武王克商后，封周太伯曾孙仲奕于闫乡。仲奕的后人中，有的以闫为氏。

春秋时，楚国王族伯玙被封于闫邑，其后人以闫为氏。

Fǎ
法

| 金文 | 小篆 | 隶书 | 草书 | 行书 | 楷书 |

【造字本义分析】𤇾，左上的构件"去"是义符，本义为离开；左下的构件"水"是义符；右边的构件"廌"是义符，本义为能明辨是非的神兽。法字的本义是像廌能逐水而居一样的自然规律。

【姓氏起源推测】法的本义是尊重自然规律，后来也指已经被证明的正确规章，又演化出学习已有规章的含义。保管、执行此类规章的官职，或以法为名。对此类规章十分重视的家长，也会用法给孩子取名。

官职、人名，是法作为姓氏的源头。

战国时，燕国联合秦楚等五国破齐，齐湣王被杀，太子田法章乔装躲避，以法为氏，逃过一劫。敌军退去后，田法章继位为齐襄王。齐国被秦国攻灭后，齐襄王的后人改以法为氏。

Rú
汝

甲骨文	金文	小篆	隶书	草书	行书	楷书

【造字本义分析】，左边的构件"水"是义符；右边的构件"女"是兼有表意功能的声符。汝字的本义是平静的可供女子浣洗梳妆的河，以面对倒影的线索引申为第二人称代词。

【姓氏起源推测】众多的文明都是围绕河流而生。聚居处的河流如果常年平静无波，两岸多有女子梳洗映照，这条河流或以汝为名，以这条河为中心的一片地域也会以汝为名。

地名，是汝作为姓氏的源头。

平王东迁后，封自己的小儿子在汝地，其后人以汝为氏。

商朝时有贤人汝鸠、汝方，以此推断，早至商朝即有汝地外出的人以汝为氏。

Yān
鄢

小篆	隶书	草书	行书	楷书

【造字本义分析】，左边的构件"焉"是兼有表意功能的声符，本义为远飞的候鸟；右边的构件"邑"是义符，本义为有边界

有领主的聚居地。鄢字的本义是众多候鸟停留的地区。

【姓氏起源推测】候鸟南飞，越过淮河，路途之长令人咋舌。途中停留休息的地点，也大致固定。某个候鸟集中的栖息地，或以鄢为名。

地名，是鄢作为姓氏的源头。

颛顼帝的后人建郐国，商末，支持武王伐纣。周初，武王封郐侯在更南方的鄢地，建鄢国。春秋时，鄢国被郑国所灭，遗民有的以鄢为氏。

Tú

涂

| 甲骨文 | 金文 | 小篆 | 隶书 | 草书 | 行书 | 楷书 |

【造字本义分析】，左边的构件"水"是义符，表意为液体的；右边的构件"余"是兼有表意功能的声符，本义为尖顶单柱的简易建筑。涂字的本义是用桐油、树漆或溶于水的颜料等液体刷在建筑表面，以起到防腐的保护效果。

【姓氏起源推测】涂，是在建筑物表面敷一层物质。涂的目的，一是防腐，一是美化。涂的物质，液态的有漆，固体的则需能溶于水。富产涂料，建筑物多有涂饰的地方，或以涂为名。

地名，是涂作为姓氏的源头。

传说大禹时有涂山氏。涂山，或许就是富含用于涂饰的矿物质的山。涂山氏成员及后裔中，有的以涂山为氏，后简为涂氏。

Qīn

钦（欽）

金文	小篆	隶书	草书	行书	楷书

【造字本义分析】 ，左边的构件"全"是兼有表意功能的声符，表意为青铜礼器；右边的构件"欠"是兼有表意功能的声符，本义为张口，表意为说话。钦字的本义是将王侯所说的重要内容刻在青铜礼器上。

【姓氏起源推测】青铜器上的铭文不但为我们保留了许多的古文字，而且记录了很多古代重要的史实。就目前所见，铭文的内容多为王、侯、君的重要训令或活动。钦，并非日常用字，体现的是君王的意志。由君王派到地方处理特定事务的人，称为钦差。担任钦差是极其尊荣之事，由钦差进行表彰也是家族的盛事。此二者的后人，都有可能以钦为氏。没有正式命名的山水地名，如果由君王亲自命名，地名也会加一个钦字。

身份、地名，是钦作为姓氏的源头。

古赣州地区有钦山，居民或以钦为氏。

东胡的一个分支秦末被匈奴所破，在乌桓山重整后称乌桓族。乌桓与中原王朝来往密切，有一个酋长称钦志贲，或是经中原王朝钦赏。钦志贲部落的成员，有的以钦为氏。

六五　段干百里　东郭南门

Duàngān
段干

| 金文 | 小篆 | 隶书 | 草书 | 行书 | 楷书 |

【造字本义分析】 ，左边的构件"厂"是义符，本义为山崖；两横的指事符号表意为大小相似；右边的构件"殳"是义符，本义为手持锤类的工具。段字的本义是在山崖下用锤等工具以敲打的方式开采大小相似的石材。

| 甲骨文 | 金文 | 小篆 | 隶书 | 草书 | 行书 | 楷书 |

【造字本义分析】 ，象形字，干字的本义是用整棵小树做成的有分叉尖刃和手持长柄的武器。

【姓氏起源推测】干，由树杈加工而来，是戈发明之前的主战武器。从其形制可以推知，战斗之中的损耗应该不小，长期加工供给的量应该极大。段，是个加工工艺，其结果是形成数量众多的标准件。段干，就是按照严格标准加工生产干这种武器。这一职业，或以段干为名；干的需求量极大，必定需要专门的生产储存场地，所在地也可能以段

411

干为名。

职业、地名，是段干作为姓氏的源头。

战国时，道家创始人老子的儿子李宗是魏国的大将，因功获食邑段干，其后人有的以段干为氏。

Bǎilǐ
百里

| 甲骨文 | 金文 | 小篆 | 隶书 | 草书 | 行书 | 楷书 |

【造字本义分析】 ，上边一横的构件是指事符号，表意为加盖封闭的；下边的构件"亼"是义符，本义为同类物体的集合。百字的本义是同一容器中大量同类物体的总称。

| 金文 | 小篆 | 隶书 | 草书 | 行书 | 楷书 |

【造字本义分析】 ，上边的构件"田"是义符，表意为耕作之地；下边的构件"土"是义符，表意为居住之地。里字的本义是耕作居住的地方。

【姓氏起源推测】里最初只是指一个耕作居住的区域，并不是长度计量单位。百，则是一个含糊的形容词，指容量的大。百里，就是一块很大的耕作区域。称呼久了，或成为一个约定俗成的地名。

地名，是百里作为姓氏的源头。

春秋时，秦穆公用五张羊皮从楚国换回来一个有才能的奴隶，拜为国相。后因功赐其封地百里，称百里奚。其后人有的以百里为氏。按，

奚的本义是战俘或奴隶，应该是指百里奚的身份。百里，应该是其获
得封地后的氏。

Dōngguō
东郭（東郭）

甲骨文　　金文　　小篆　　隶书　　草书　　行书　　楷书

【造字本义分析】 ，东字的本义是一个打好的行囊。古人日
出而作，行囊的形象由此和东方产生了联系。

甲骨文　　金文　　小篆　　隶书　　草书　　行书　　楷书

【造字本义分析】 ，象形字，中间的构件"口"表示城邑；
四周的构件"高"是兼有表意功能的声符，本义为城门上用于瞭望预
警的尖顶多层的楼阁；郭字的本义是外围有多层瞭望塔的城邑。

【姓氏起源推测】大的城，四周建有兼具瞭望和防御功能的外郭。
东边的郭，就是东郭。负责守卫东郭的官职，或以东郭为名；建成日久，
围绕东郭形成的聚居区，也或以东郭为名。

官职、地名，是东郭作为姓氏的源头。

春秋时，齐国国君的亲族分别担任东南西北四郭的大夫。齐桓公
的直系子孙曾任东郭大夫，其后人中有的以东郭为氏。

413

Nánmén
南门（南門）

| 甲骨文 | 金文 | 小篆 | 隶书 | 草书 | 行书 | 楷书 |

【造字本义分析】 ，象形字。上边的中字形构件是悬挂重物的绳结；下边的构件"凡"是兼有表意功能的声符，本义为打制土坯的框型模具。南字的本义是悬挂晾晒用过的土坯模具，以其所居的位置而被借指南方。

| 甲骨文 | 金文 | 小篆 | 隶书 | 草书 | 行书 | 楷书 |

【造字本义分析】 ，门字的字形为两扇对开的户。门字的本义是由两扇单户组成的控制出入的装置。

【姓氏起源推测】标准的城池，都有东南西北四个门。负责把守各个城门的官职，或以该门为名。围绕该门形成的聚居区，或也以该门为名。

官职、地名，是南门作为姓氏的源头。

一说，古人观测天象，发现有两颗位置恒定的大星，称为南门星，也就是神话中的南天门。所以有的天文官也以南门为氏。

六六　呼延归海　羊舌微生

Hūyán
呼延

| 小篆 | 隶书 | 草书 | 行书 | 楷书 |

【造字本义分析】，左边的构件"口"是义符；右边的构件"乎"是兼有表意功能的声符，本义为吹响号角。呼字的本义是像吹号角那样吐气发声。

| 甲骨文 | 金文 | 小篆 | 隶书 | 草书 | 行书 | 楷书 |

【造字本义分析】，构件"延"（chān）是兼有表意功能的声符，本义为在通达的路上稳步行走；上边的构件"丿"是义符，表意为继续前行。延字的本义是到达原定目的地后继续前行。

【姓氏起源推测】呼，似乎是在模仿号角发出报警等信号；延，是在到了目的地之后继续前进。呼延，字面意义是部落内一种催促部众继续前进的声音信号。负责发出这种信号的官职，或以呼延为名。

官职，是呼延作为姓氏的源头。

秦汉时，活跃于大漠之中的匈奴中有呼延部落。鲜卑入主中原时，呼延部落随拓跋氏南侵，并以呼延为汉姓。

Guī
归（歸）

| 甲骨文 | 金文 | 小篆 | 隶书 | 草书 | 行书 | 楷书 |

【造字本义分析】，左上的构件"目"是兼有表意功能的声符，本义为从一块信物上拆下来又可以对上的部分，作用是证明命令出自官府；右上的构件"止"是义符，本义为行进；下边的构件"帀"是义符，本义为下端飘扬着装饰物的战旗，与构件目组成"师"字。归字的本义是在外的军队奉命回师。

【姓氏起源推测】归，是远征的军队接到中央政府的命令回师。归师如在途中因故停驻，甚至无法继续回归，归师，就会成为这支军队的称呼之一。军队的成员，有的或以归为氏。

军队称号，是归作为姓氏的源头。

西周时有胡国，国君以归为氏。春秋时胡国被楚国所灭，遗民有的以胡为氏，有的以归为氏。

Hǎi
海

| 金文 | 小篆 | 隶书 | 草书 | 行书 | 楷书 |

【造字本义分析】，左边的构件"水"是义符；右边的构件"每"是兼有表意功能的声符，本义为处于旺盛生育时期的女性。

海字的本义是有巨大包容力，可以滋养万物的水体。

【姓氏起源推测】大海占据了地球的大部分，既是生命起源之处，又给人类带来极大的心理震撼。如同观测天象的官职，历来的政府也会有专门的官职负责管理与海有关的事务。近海的居民，或以海为氏。

官职、地名，是海作为姓氏的源头。

传说黄帝的儿子禺阳官职为海司，民间以之为东海之神。他的后人中，有的以海为氏。

春秋时，卫灵公的大臣海春因生于海边，以海为氏，他的后人以海为氏。

Yángshé
羊舌

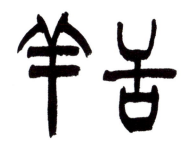

甲骨文	金文	小篆	隶书	草书	行书	楷书

【造字本义分析】 Ψ ，象形字。羊字的本义是有一对弯角，鼻翼向上的动物。

甲骨文	金文	小篆	隶书	草书	行书	楷书

【造字本义分析】 Ψ ，象形字。舌字的本义是蛇口中可伸出缩进的器官。

【姓氏起源推测】羊是早期驯化的动物中性格最为柔顺的一种，又是常见的牺牲，所以也被当作吉祥的标志。舌，被认为是发声的重要器官。羊舌，或许是在重要庆典中专门进献祥瑞之词的官职。另，羊舌是个具体的形象，如某地的地形与羊舌相似，也会以羊舌为名。

官职、地名，是羊舌作为姓氏的源头。

春秋时，晋靖侯的一个后人被封于羊舌邑，其后人以羊舌为氏。

Wēishēng
微生

| 小篆 | 隶书 | 草书 | 行书 | 楷书 |

【造字本义分析】 微，左边的构件"彳"是义符，本义为路口，表意为行进；右边的构件是兼有表意功能的声符，本义为化装隐藏手持器械以接近猎物。微字的本义是化装隐藏手持器械，向猎物的方向缓缓移动。

| 甲骨文 | 金文 | 小篆 | 隶书 | 草书 | 行书 | 楷书 |

【造字本义分析】 生，一横的构件表意为地面；三叉形的构件表意为幼芽。生字的本义是植物的幼芽破土而出。

【姓氏起源推测】微是猎人精妙的化妆术，利用头饰做隐蔽，可以缓慢地接近猎物，从而在有效距离内一举击杀，有所收获。微的主要含义，不在收获，而是因为化装而不被觉察。微生，字面意义就是植物若隐若现的萌芽阶段。一个农业技术高超的部落，能在植物微生阶段就判断其长势收成，或会以微生为名。另，微生，体现的是一种谦逊的野心，有远大抱负又有冷静头脑的人，或以微生为号。

部落名、自号，是微生作为姓氏的源头。

周文王的一支后裔定居鲁国，以微生为氏。

武王克商后，商末忠臣微子启被封于宋，建宋国。战国时，宋国被齐、魏、楚三国联军所灭。遗民有的以微生为氏，生读作商，意为微子所延续的商族后裔。

六七　岳帅缑亢　况郈有琴

Yuè

岳

| 甲骨文 | 小篆 | 隶书 | 草书 | 行书 | 楷书 |

【造字本义分析】，构件"山"是义符；构件表意为更高的山峰。岳字的本义是高耸入云的山峰。

【姓氏起源推测】因为对自然科学知之甚少，古人对天神无比崇敬。但崇拜天神的人类毕竟立足地面，想象力受限，认为山是天神的楼梯，于是对高山也生出了崇拜之情。称为岳的，都是上可接天的高山。对岳的崇拜，逐渐形成一系列完整的祭祀。主管这些祭祀的官职，也以岳为名。

官职，是岳作为姓氏的源头。

尧帝时有四岳，主管四方地理。四岳的后人有的以岳为氏。

Shuài
帅（帥）

| 甲骨文 | 金文 | 小篆 | 隶书 | 草书 | 行书 | 楷书 |

【造字本义分析】 ，左边的构件是双手抓持旗杆；右边的构件"巾"表意为军队统一的佩巾，即军旗。帅字的本义是高举军旗，统领全军。

【姓氏起源推测】千军万马，需要一个统一的指挥。手持军旗，引领众人行止的，就是帅。担任帅职的人，或以帅为氏。

官职，是帅作为姓氏的源头。

一说西晋时为避司马师的讳，有师姓改为形近的帅。

Gōu
缑（緱）

| 小篆 | 隶书 | 草书 | 行书 | 楷书 |

【造字本义分析】 ，左边的构件"糸"是义符，本义为丝线或纺织品；右边的构件"侯"是兼有表意功能的声符，本义为拥有

封地的人，在封地内凭借箭头上的记号可以确定猎物归属。缑字的本义是带有特定标志的丝织品。

【姓氏起源推测】用以确定领地归属的不仅有箭头，带有专属标记的丝织物也是一种。专门督造生产此类有属地标示意义的丝织品的官职，或以缑为名；此类织物用量极大，需要专门的生产地，这个生产地也会以缑为名。

官职、地名，是缑作为姓氏的源头。

西周初，周公的一支后裔被封于缑，称缑侯，他的后人以缑为氏。

秦汉时有缑工，专门负责给刀剑等武器进行有标志性的丝线装饰，从事此职的人有的以缑为氏。

Kàng

亢

| 甲骨文 | 金文 | 小篆 | 隶书 | 草书 | 行书 | 楷书 |

【造字本义分析】，字形为正面的人形，腿部的一横为指事符号，表意为限制。亢字的本义是对情绪激动、反抗激烈的人腿部施加羁绊，限制其行动。

【姓氏起源推测】被俘但不服，反抗激烈的人，称为亢。性情刚烈的战俘或奴隶，称呼前或被加一个亢（没有自由的人，往往也没有了名）。假如他们恢复了自由，亢也会是一个伴随终生的社会性符号。具有重要军事意义的地方，如果抵抗坚决，久攻不下，也会被称为亢。

外号、地名，是亢作为姓氏的源头。

春秋时，齐国有亢父邑；战国时，燕国有督亢邑。居民有的以亢为氏。

Kuàng

况

况 况 况 况 况
小篆　隶书　草书　行书　楷书

【造字本义分析】况，左边的构件"水"是义符，表意为泪水；右边的构件"兄"是兼有表意功能的声符，本义为祭祖仪式的主持人。况字的本义是在祭祖仪式上落泪悲泣。

【姓氏起源推测】古人祭祀的对象，大致可分为两大类。一类是神，一类是祖先。对于神，因为未知而恐惧，祭祀时满心惶恐，唯恐不够虔诚而遭到惩罚。对于祖先的崇拜，其实又可分为两类。祖和宗，年代久远，事迹传奇，已经被神化；距离较近的先人，则没有什么虚无缥缈的神格崇拜，更多的是人格的情绪，悲伤和怀念。祭祀时，忆及往日与先人相处的点滴，情难自已，不禁泪下。这种情景，就是况。大孝之人，或因每次祭祖都悲恸不已而被加一个况的社会性符号。

名号，是况作为姓氏的源头。

Hòu

郈

郈 郈 郈 郈 郈
小篆　隶书　草书　行书　楷书

【造字本义分析】郈 左边的构件"后"是兼有表意功能的声符，本义为发号施令执掌特定权力的人；右边的构件"邑"是义符，

423

本义为有边界有领主的聚居地。郈字的本义是后所居住的城。

【姓氏起源推测】郈姓现简改为后姓。后是凭权杖发号施令的人。上古时，后多指帝王，比如后稷、后羿；也有指某一领域的管理者，如后土，就是负责天下农耕的官职。人间的后所居的地方，是宫。称为郈的，或是后去世后神庙所在的地方。

地名，是郈作为姓氏的源头。

Yǒu（Yòu）

有

| 金文 | 小篆 | 隶书 | 草书 | 行书 | 楷书 |

【造字本义分析】 ，右边的构件"又"是兼有表意功能的声符，本义为伸手取食；左边的构件"肉"是义符。有字的本义是取到了肉食。

【姓氏起源推测】伸手而取得肉食，就是有。有字的核心内涵，是已经获得。拥有某项发现或某类资源的氏族或部落，或以有为名。上古时，最先构巢而居的，称有巢氏；最先掌握猎熊技能的，是有熊氏；最早利用植物的纤维特性的，是有莘氏。这些氏族或部落的成员，有的以有为氏。

Qín
琴

小篆　　隶书　　草书　　行书　　楷书

【造字本义分析】  ，王字形的构件是固定丝弦的雁柱；今字形的构件居中的一竖是丝弦，其余部分是一端的正面视图。琴字的本义是由木身、雁柱、丝弦构成的乐器，弹拨可发出动听的声音。

【姓氏起源推测】琴是先民出于艺术欣赏目的主动创造的乐器，演奏技艺高超而在官府之中专职表演的职业，称为琴师。

职业，是琴作为姓氏的源头。

六八　梁丘左丘　东门西门

Liángqiū
梁丘

| 金文 | 小篆 | 隶书 | 草书 | 行书 | 楷书 |

【造字本义分析】 ，左边的构件"水"是义符；右边的构件是"力"和"亡"的合体，是兼有表意功能的声符，表意为去掉了刃的力（翻土的农具）。梁字的本义是将翻土的犁倒置在小水泊上以便通过。

| 甲骨文 | 金文 | 小篆 | 隶书 | 草书 | 行书 | 楷书 |

【造字本义分析】 ，丘字的字形为山去掉主峰。丘字的本义是规模很小，不能称其为山的地势隆起。

【姓氏起源推测】丘是种地形，略高于周边地面，可免于水患之苦，适合居住。梁，或是根据地形特征对丘的命名；或是因梁姓家族聚居于此而得名。梁丘，就是被命名为梁的山丘。

地名，是梁丘作为姓氏的源头。

春秋时，齐国有大夫的食邑在梁丘，其后人以梁丘为氏。

Zuǒqiū
左丘

甲骨文　　　金文　　　小篆　　　隶书　　　草书　　　行书　　　楷书

【造字本义分析】 ，象形字，左字的本义是朝向右边的手。字形 、 、 ，在手腕处增加作为参照物的口、言、工，示意左手的位置。构件"工"兼表示左手持工具起辅助作用之意。

甲骨文　　　金文　　　小篆　　　隶书　　　草书　　　行书　　　楷书

【造字本义分析】 ，丘字的字形为山去掉主峰。丘字的本义是规模很小，不能称其为山的地势隆起。

【姓氏起源推测】丘是种地形，略高于周边地面，可免于水患之苦，适合居住。左，本来指相对于王的位置，居于这个位置的臣子或记录王的言行，或负责工程营造。后来成为标示相对位置的方位词。左丘，或是相对于某一山峰、城邑左边的丘；或是左氏聚居的丘。

地名，是左丘作为姓氏的源头。

春秋时，鲁国有著名史官左丘明，被封为左丘氏始祖。古代史官都是世袭，以左、史为氏。左丘明的家族，或因居于某丘而衍生出左丘一氏。

东门（東門）

甲骨文	金文	小篆	隶书	草书	行书	楷书

【造字本义分析】 ，东字的本义是一个打好的行囊。古人日出而作，行囊的形象由此和东方产生了联系。

甲骨文	金文	小篆	隶书	草书	行书	楷书

【造字本义分析】 ，门字的字形为两扇对开的户。门字的本义是由两扇单户组成的控制出入的装置。

【姓氏起源推测】标准的城池，都有东南西北四个门。负责把守各个城门的官职，或以该门为名。围绕该门形成的聚居区，或也以该门为名。

官职、地名，是东门作为姓氏的源头。

Xīmén
西门（西門）

| 甲骨文 | 金文 | 小篆 | 隶书 | 草书 | 行书 | 楷书 |

【造字本义分析】 ，象形字。西字的形象是打开的食物布囊。公务人员出差，日出而行，所以捆扎好的行李是东；日落而止，休息进食，所以称打开的食物布囊为西。

| 甲骨文 | 金文 | 小篆 | 隶书 | 草书 | 行书 | 楷书 |

【造字本义分析】 ，门字的字形为两扇对开的户。门字的本义是由两扇单户组成的控制出入的装置。

【姓氏起源推测】标准的城池，都有东南西北四个门。负责把守各个城门的官职，或以该门为名。围绕该门形成的聚居区，或也以该门为名。

官职、地名，是西门作为姓氏的源头。

六九 商牟佘佴 伯赏南宫

Shāng
商

| 甲骨文 | 金文 | 小篆 | 隶书 | 草书 | 行书 | 楷书 |

【造字本义分析】 ，上边的构件"辛"是兼有表意功能的声符，本义为尖刃的刑具，字内表意为凿之类的尖刃工具；下边的构件"穴"是兼有表意功能的声符，本义为宽敞的内部空间。商字的本义是用钻凿的方式开孔。

【姓氏起源推测】从人类有意制造工具开始，砍砸、切割的功能最先被实现，而钻凿则相对较难。最早发明尖锐且坚固的工具，并将之用来探索物体内部的部落，或以商为名。商人进行物物交换，可以用商的方式看内部的优劣，可以用量的方式看整体的质地，商量之后，便会有一个公允的价值。

部落名、职业，是商作为姓氏的源头。

一说帝喾的儿子契被尧帝封于商，发展为商族。按，此说存疑。契的本义是刻，与商的含义非常接近。商又称殷商，殷的本义也是刺。契极有可能因为对金属工具做了突破性的改进而得名，此类工具用于物是商，用于人是殷。

Móu

牟

| 金文 | 小篆 | 隶书 | 草书 | 行书 | 楷书 |

【造字本义分析】　，下边的构件"牛"是义符；上边的构件　是指事符号，表意为洪亮的叫声。牟字的本义是健壮的牛发出的洪亮悠扬的叫声。

【姓氏起源推测】牛在古代是极其重要的家畜，既是主要的耕畜，又是祭祀时最高级的牺牲。判断牛的健壮程度，其叫声是很重要的依据。根据叫声相牛的职业，或以牟为名；善养犍牛的地方，或以牟为名；军队中用牛角吹送信号的官职，或以牟为名。

职业、地名、官职，是牟作为姓氏的源头。

武王克商后，将祝融的后裔封于牟地，其后人以牟为氏。

春秋时，杞国有牟娄、根牟的地名，居民或以牟为氏。

西周时有岑牟的官职，相当于现在的军乐队。任职者或以牟为氏。

Shé

佘

| 隶书 | 草书 | 行书 | 楷书 |

【造字本义分析】大篆和小篆均无佘字。从其字形和读音推断，疑为捕蛇人自建的休息处。因比余更为简陋，所以省掉一笔。

【姓氏起源推测】佘字晚出。从字形和读音推断，可能是捕蛇人在山上修建的临时休息之所，所以用蛇的读音；因为比余更为简陋，所以省掉一笔。佘作为捕蛇人的代名词后，从事此职业的人或以佘为氏。

Nài

佴

| 小篆 | 隶书 | 草书 | 行书 | 楷书 |

【造字本义分析】佴，左边的构件"人"是义符；右边的构件"耳"是兼有表意功能的声符，字内表意为两边的、辅助的。佴字的本义是起辅助作用的人。

【姓氏起源推测】政府官职中，配合主要负责人工作的官职有时被称为佴。担任这一辅助官职的人，或以佴为氏。一些器物的耳形把手或冠冕两侧的饰物，所需工艺繁杂，需要单独制作，制作此类物品的职业，或以佴为名。

官职、职业，是佴作为姓氏的源头。

Bó
伯

| 小篆 | 隶书 | 草书 | 行书 | 楷书 |

【造字本义分析】伯，左边的构件"人"是义符；右边的构件"白"是兼有表意功能的声符，本义为火的内焰，字内表意为明白、通晓。伯字的本义是通晓事理的人。

【姓氏起源推测】伯在实际语言运用中，一般指伯爵或家中的嫡长子。被封伯爵的，称某伯，其后人或以伯为氏；嫡长子，一般在名之前加个伯，称伯某，其后人或以伯为氏。

伯氏多以协助大禹治水的伯益为先祖。伯益，益应该是名，伯是其排行。

Shǎng
赏（賞）

| 金文 | 小篆 | 隶书 | 草书 | 行书 | 楷书 |

【造字本义分析】賞，上边的构件"尚"是兼有表意功能的声符，本义为开凿窗户，字内表意为送出；下边的构件"贝"是义符。

赏字的本义是送出财物。

【姓氏起源推测】尚是开窗通风，从窗户哗哗送钱不可能是民间行为。赏，一般是君王对下属进行表彰的专用词。普天之下莫非王土，赏的内容五花八门，更重要的是受赏的荣耀。有幸受赏的人，必以受赏之事标榜宣扬，且家族代代以此为荣。有的家族，或因此以赏为氏。

中原王朝实力雄厚时，多对周边藩属政权采取怀柔政策，包括各种形式的封赏。党项族和彝族中也有赏氏，或许就源于此。

Nángōng
南宫（南宫）

甲骨文	金文	小篆	隶书	草书	行书	楷书

【造字本义分析】 象形字。上边的"屮"字形构件是悬挂重物的绳结；下边的构件"凡"是兼有表意功能的声符，本义为打制土坯的框型模具。南字的本义是悬挂晾晒用过的土坯模具，以其所居的位置而被借指南方。

甲骨文	金文	小篆	隶书	草书	行书	楷书

【造字本义分析】 外围的构件表意为围墙；里边错落的两个口字形构件表意为多重院子。宫字的本义是同一道外墙内由多重院子组合而成的大型建筑群。

【姓氏起源推测】宫是大型建筑群，在礼制确立之后，宫只有君王及政府认可的宗教首领才能居住，民间则严禁建筑。南宫，就是相对处于南方的宫。如果是王室建筑，则负责宫内事务的官职或以南宫为名；如果是宗教建筑，则其所处的地方或以南宫为名。

官职、地名，是南宫作为姓氏的源头。

春秋时，鲁国公族仲孙阅居住在南宫，其后人有的以南宫为氏。

七十　墨哈谯笪　年爱阳佟

Mò
墨

金文　　小篆　　隶书　　草书　　行书　　楷书

【造字本义分析】 ，上边的构件"黑"是兼有表意功能的声符；下边的构件"土"是义符。墨字的本义是由烟黑为主要原料调和出来的黑色泥状物。

【姓氏起源推测】在已发现的甲骨片中，有毛笔书写的痕迹。据此推断，先民利用火烧后的墨土进行涂抹或书写的历史也极为悠久。以墨涂面的部落，或以墨为名；制墨的职业，或以墨为名。

部落名、职业，是墨作为姓氏的源头。

一说大禹有一个老师叫墨如，夏朝建立后，启将墨如的儿子胎初封于孤竹，建孤竹国。孤竹国国君家族以墨为氏。

Hǎ
哈

| 小篆 | 隶书 | 草书 | 行书 | 楷书 |

【造字本义分析】哈，后造字，左边的构件"口"是义符；右边的构件"合"是兼有表意功能的声符，本义为给盛物的器皿盖上合适的盖子。哈字的本义是嘴巴像合盖一样开合。

【姓氏起源推测】哈字字义单纯，内涵极小，很难沉淀为姓氏。哈极有可能是外族姓氏的音译。

Qiáo
谯（譙）

| 金文 | 小篆 | 隶书 | 草书 | 行书 | 楷书 |

【造字本义分析】谯，左边的构件"言"是义符；右边的构件"焦"是兼有表意功能的声符，本义为烧烤鸟肉。谯字的本义是负责烧烤鸟肉的人用语言通报烧烤的实时状况。

【姓氏起源推测】古代传递军事情报的主要手段是烽火，所以在城墙上往往会有专门的瞭望楼来观察烽火，称为谯楼。城内如有火情，也由谯楼发出警报。负责在谯楼观察的官职，或以谯为名；为观察敌情所建的小城，或以谯为名。

官职、地名，是谯作为姓氏的源头。

西周初，召公奭的儿子盛封地在谯，其后人以谯为氏。

周武王弟弟振铎的一支后裔食邑在谯，以谯为氏。

Dá
笪

小篆　　　隶书　　　草书　　　行书　　　楷书

【造字本义分析】笪，上边的构件"竹"是义符；下边的构件"旦"是兼有表意功能的声符，本义为日出。笪字的本义是在日出后晾晒用于竹编的材料。

【姓氏起源推测】笪字极少用，可见的义项有竹席、竹编的绳索、用竹制的刑具抽打。尽管三个义项差别很大，但有一个共同点，都是竹制品。可以推断，早晨晾晒材料的笪逐渐将含义外延到了竹编环节。从事竹编职业的人，或以笪为氏。

职业，是笪作为姓氏的源头。

一般认为笪姓是由其他姓改姓而来，不尽可信。

Nián
年

| 甲骨文 | 金文 | 小篆 | 隶书 | 草书 | 行书 | 楷书 |

【造字本义分析】，上边的构件"禾"是义符；下边的构件"人"是兼有表意功能的声符。年字的本义是收获之后背负成果回家，寓意一个劳作周期的结束。

【姓氏起源推测】年是个时间单位，起点是万物复苏开始播种，终点是收割禾苗搬运回家。一年终了，收成几何是最重要的。由于对自然知识掌握有限，神祇的掌控力和鬼怪的破坏力都被夸大，不管丰收歉收，都要有大型的祭祀驱疫仪式。这些仪式的主题是年，参与的各个角色也多以年为名。这些角色的扮演者多为世袭，年作为姓氏，或即由此而来。

一说齐桓公以祖父名中的年字为氏，不尽可信。

Ài
爱(愛)

| 金文 | 小篆 | 隶书 | 草书 | 行书 | 楷书 |

【造字本义分析】，上边的构件"旡"是义符，本义为张大嘴巴叹气；下边的构件"心"是义符。爱字的本义是心里有所想的人

或事而不得见面，因此叹息。小篆字形在下方增加义符"夊"，表意为奔走。为了心里在意的人和事奔波，也是爱。

【姓氏起源推测】爱是种情绪，较为抽象。唯一可能演化为姓氏的线索，是某人对某一事物十分钟爱，给自己取一个社会性符号，叫作爱某某。

自号，是爱作为姓氏的源头。

中原王朝和周边的部族有语言差异，在相互交往中，将外族的姓名音译，也可能是爱氏的源头。唐朝时，回鹘国相爱邪勿出使中原，唐朝皇帝赐其汉姓爱，名弘顺。爱弘顺的后人以爱为氏。

Yáng
阳（陽）

| 甲骨文 | 金文 | 小篆 | 隶书 | 草书 | 行书 | 楷书 |

【造字本义分析】，左边的构件"阜"是义符，本义为山坡；右边的构件"昜"是兼有表意功能的声符，本义为日光。阳字的本义是日光照到的山坡。

【姓氏起源推测】山之南、水之北，因为日照时间长，称阳，多用于地名。

地名，是阳作为姓氏的源头。

西周时有阳国，春秋时被齐国所灭，遗民有的以阳为氏。

东周时，景王封自己的小儿子樊在阳邑，称阳樊。阳樊一族为避乱迁往燕国，以阳为氏。

Tóng
佟

佟	佟	佟	佟
隶书	草书	行书	楷书

【造字本义分析】左边的构件"人"是义符；右边的构件"冬"是兼有表意功能的声符，本义为一个结绳记事周期的结束。据字形推断佟字的本义是负责收纳整理一年记事资料的人。

【姓氏起源推测】整理记事材料是极为重要的职责，负责此事的官职或以佟为氏。大篆小篆都没有佟字，或许因为记录整理的职责由史完成，不必画蛇添足再造一个佟字。佟姓多来自东北一带的部族，或许是因为该地域冬季漫长，中原以来自冬季的人为线索，新造佟字作为当地人的社会性符号。

官职、外号，是佟作为姓氏的源头。

一说夏朝有史官终古氏，其后人有的以佟为氏。按，如果没有古代文献文物中有佟字的证据支持，此说很难成立。

七一 第五言福 百家姓终

Dìwǔ
第五

| 小篆 | 隶书 | 草书 | 行书 | 楷书 |

【造字本义分析】  ，上边的构件"竹"是义符，下边的构件"弟"是兼有表意功能的声符。弟字的本义是用绳索依次缠绕戈柄，加一个竹的义符，第字的本义是用绳索按次序将竹片连接在一起。

| 甲骨文 | 金文 | 小篆 | 隶书 | 草书 | 行书 | 楷书 |

【造字本义分析】 三，五字的本义是刻画计数。另有字形 乂，所表本义是用绳结计数。

【姓氏起源推测】第，由缠绕的行为演化出次序的含义。五，不论刻画还是结绳，都是为了计数。第五，一定是基于一个有排序规则的群体。

西汉初，为抑制原齐国王族在地方的势力，将属于齐王族的田氏分为八支强行外迁，令其以第一到第八为氏。东汉时，第五氏出了名臣第五伦，家族一时辉煌，而其他七支则逐渐衰落，或暗中改回田氏。

Yán
言

甲骨文　　金文　　小篆　　隶书　　草书　　行书　　楷书

【造字本义分析】，下边的构件"舌"是义符；舌尖处的短横是指事符号，表意为舌尖活动所发出的信息。言字的本义是口中发出的有具体含义的声音。

【姓氏起源推测】言是口中发出的有具体含义的声音。造字是官方行为，不大可能为民间的话语交流造一个言字。言最初应该是指君王的话，或是以声音形式发布的官方通知。

负责发言的官职，或以言为名。在言字不再为官方独有之后，民间口才出众的人也或许被加一个言的社会性符号，如孔子的弟子言偃。

官职、外号，是言作为姓氏的源头。

Fú
福

甲骨文　　金文　　小篆　　隶书　　草书　　行书　　楷书

【造字本义分析】，左边的构件"示"是义符，本义为上天所呈现的有预兆性的天象，也指祭祀；右边的构件"畐"是兼有表

意功能的声符，本义为酒坛。福字的本义是因为用美酒祭祀天神而获得的美好的回报。

【姓氏起源推测】福是天神给予的护佑和回报，是大家共同的祈盼，因此多用于人名。好运不断的人，被认为是天神赐福，或被加一个福的社会性符号。

人名、外号，是福作为姓氏的源头。

四方部族在和中原文化交流中，与福发音相近的名字也常被音译为福，是福作为姓氏的另一个源头。

百家姓终

百家姓

赵钱孙李　周吴郑王　冯陈褚卫　蒋沈韩杨
朱秦尤许　何吕施张　孔曹严华　金魏陶姜
戚谢邹喻　柏水窦章　云苏潘葛　奚范彭郎
鲁韦昌马　苗凤花方　俞任袁柳　鄡鲍史唐
费廉岑薛　雷贺倪汤　滕殷罗毕　郝邬安常
乐于时傅　皮卞齐康　伍余元卜　顾孟平黄
和穆萧尹　姚邵湛汪　祁毛禹狄　米贝明臧
计伏成戴　谈宋茅庞　熊纪舒屈　项祝董梁
杜阮蓝闵　席季麻强　贾路娄危　江童颜郭
梅盛林刁　钟徐邱骆　高夏蔡田　樊胡凌霍
虞万支柯　昝管卢莫　经房裘缪　干解应宗
丁宣贲邓　郁单杭洪　包诸左石　崔吉钮龚
程嵇邢滑　裴陆荣翁　荀羊於惠　甄曲家封
芮羿储靳　汲邴糜松　井段富巫　乌焦巴弓
牧隗山谷　车侯宓蓬　全郗班仰　秋仲伊宫
宁仇栾暴　甘钭厉戎　祖武符刘　景詹束龙
叶幸司韶　郜黎蓟薄　印宿白怀　蒲邰从鄂

索咸籍赖　　卓蔺屠蒙　　池乔阴鬱　　胥能苍双
闻莘党翟　　谭贡劳逄　　姬申扶堵　　冉宰郦雍
郗璩桑桂　　濮牛寿通　　边扈燕冀　　郏浦尚农
温别庄晏　　柴瞿阎充　　慕连茹习　　宦艾鱼容
向古易慎　　戈廖庾终　　暨居衡步　　都耿满弘
匡国文寇　　广禄阙东　　欧殳沃利　　蔚越夔隆
师巩库聂　　晁勾敖融　　冷訾辛阚　　那简饶空
曾毋沙乜　　养鞠须丰　　巢关蒯相　　查后荆红
游竺权逯　　盖益桓公　　万俟司马　　上官欧阳
夏侯诸葛　　闻人东方　　赫连皇甫　　尉迟公羊
澹台公冶　　宗政濮阳　　淳于单于　　太叔申屠
公孙仲孙　　轩辕令狐　　钟离宇文　　长孙慕容
鲜于闾丘　　司徒司空　　亓官司寇　　仉督子车
颛孙端木　　巫马公西　　漆雕乐正　　壤驷公良
拓跋夹谷　　宰父谷梁　　晋楚闫法　　汝鄢涂钦
段干百里　　东郭南门　　呼延归海　　羊舌微生
岳帅缑亢　　况郈有琴　　梁丘左丘　　东门西门
商牟佘佴　　伯赏南宫　　墨哈谯笪　　年爱阳佟
第五言福　　百家姓终